CHAMBRES D'HÔTES ET HÔTELS D'EXCEPTION

178 chambres d'hôtes, gîtes et hôtels de charme en France

Texte :
Marie-Dominique Perrin

Photographies :
Romain Boutillier, Patrice Hauser,
Emma Luvisutti, Christophe Valentin

hachette

6
6

Édito

Toujours plus belles, encore plus exceptionnelles... La dernière mouture 2014 est à la mesure de la surenchère orchestrée depuis plusieurs années dans le paysage hôtelier français. Plus d'offres et autant de paradoxes... Plus d'adresses en ville, plus de gîtes urbains, mais aussi davantage de demeures au plus près de la nature, bohèmes, discrètes ou écolo.

Qu'elles soient modestes – *Le Poulailler* en Eure-et-Loir et *Les 3 Collines* en Loir-et-Cher –, qu'elles soient glamour – *Du Côté de chez Anne* à Strasbourg – ou bien coquines – *Vice Versa* à Paris –, *Singulière* en Aveyron, vintage dans le Quercy ou en Baie de Somme, design à Tourcoing ou à l'Isle-Jourdain, les belles adresses qui enchanteront vos week-ends se renouvellent saison après saison...

Allure de *Madone* à Apt, inclinaison orientaliste à Honfleur, Art Nouveau à Colmar, romantique et littéraire aux belles *Plumes* à Paris, *arty* chic dans les Alpilles ou le Luberon, *arty* à prix mini en Ille-et-Vilaine... Glamour qui redonne de l'amour : c'est *Haec Hotia* au Touquet. Époustouflante de créativité, c'est la *Villa 1901,* à Nancy.

Le phénomène du toujours plus haut, toujours plus beau gagne les cabanes dans les arbres qui se métamorphosent en châteaux, et même en zoos !

Marie-Dominique Perrin

CHAMBRES D'HÔTES ET HÔTELS
D'EXCEPTION

Sommaire

NORD-OUEST 16

Carte p 8-9

• Sauf indication contraire, les tarifs annoncés s'entendent pour une nuit en chambre double, petit déjeuner inclus, et varient en fonction de la saison et du standing. Les tarifs des petits déjeuners et des repas au restaurant ou en table d'hôtes sont indiqués pour une personne.

• Le détail des prix est indiqué dans les informations pratiques de chaque adresse.

• Voir aussi toutes les adresses classées par prix pp. 209-211.

• Les éditions Hachette déclinent toute responsabilité sur les prix indiqués, qui pourraient évoluer en cours d'année. Merci de votre compréhension.

Pour l'ensemble des adresses de ce guide, nous avons différencié les hôtels des chambres d'hôtes par le picto suivant :

h h h h

A
B
ANGLETERRE
Manche
1
2
3
4
Cherbourg
La Maison sur le Quai p. 25
Barneville-Carteret
St-Lô
Agon-Coutainville
Coutances
MANCHE
50
Vire
Perros-Guirec
Trébeurden
L'Accroche-Cœur p. 43
La Villa Esprit de Famille p. 44
Roscoff
Paimpol
Lannion
St-Quay-Portrieux
Cancale
Mont-St-Michel
La Butte p. 29
Brélidy
Plélo
St-Malo
Le Royal Émeraude p. 45
FINISTÈRE
29
Guingamp
Brest
St-Brieuc
Dinan
CÔTES-D'ARMOR
22
La Maison Jaune p. 42
BRETAGNE
Plomodiern
Châteaulin
Douarnenez
Mûr-de-Bretagne
ILLE-ET-VILAINE
35
Les Demeures de Marie p. 40
Les Patios p. 41
Quimper
Pontivy
Rennes Attitude p. 39
Rennes
Pont-l'Abbé
La Carri'Air p. 30
Quimperlé
Josselin
Ploërmel
Laval
Guilvinec
Concarneau
MORBIHAN
56
Manoir Dalmore p. 31
Lorient
Les Jardins d'Hysope p. 37
Vilaine
Larmor-Plage
Gîtes Chocolat et La Voile p. 36
Auray
Vannes
Redon
La Perle de Quéhan p. 33
Carnac
Lueurs des Îles p. 35
Châteaubriant
Loiré
Plume au Vent p. 32
La Trinité-sur-Mer
LOIRE-ATLANTIQUE
44
Candé
Villa Bel Ange p. 34
La Corderie p. 38
Guérande
St-Joachim
Les Arbres Rouges p. 50
Belle-Île-en-Mer
St-Nazaire
Ancenis
Sauzon
La Baule
Loire
Le Voyage Extraordinaire + De la Terre à la Lune p. 46
Nantes
La Maison dans les Bois p. 45
MAINE-ET-LOIRE
49
Pornic
Demeure Les Arabesques p. 49
Le Jardin de Retz p. 48
Cholet
Rocheservière
Noirmoutier-en-l'Île
La Demeure de Saint-Fiacre p. 51
OCÉAN ATLANTIQUE
La Roche-sur-Yon
St-Gilles-Croix-de-Vie
VENDÉE
85
Fontenay-le-Comte
Les Sables-d'Olonne
La Tranche-sur-Mer
CHARENTE-MARITIME
17
50 km

BELGIQUE
PAS-DE-CALAIS 62
NORD-PAS-DE-CALAIS
NORD 59
SOMME 80
Somme
Dieppe
Saint-Valery-en-Caux
SEINE-MARITIME 76
Fécamp
Étretat
HAUTE-NORMANDIE
Nord-Est – pp. 6-7
Le Havre
Honfleur
Seine
Rouen
Réglisse et Pain d'Épices p. 26
La Maison de Lucie p. 27
OISE 60
PICARDIE
Oise
AISNE 02
Aisne
ARDENNES 08
Le Crayon p. 18
Les Plumes p. 19
Le Grey Hôtel p. 20
Hôtel Fabric p. 21
Vice Versa Hôtel p. 22
Le Kipling Hôtel p. 23
Joséphine Hôtel p. 23
Le Platine Hôtel p. 24
Le BLC Design Hôtel p. 24
Caen
Cormeilles
CALVADOS 14
Lisieux
EURE 27
Vernon
Enghien-les-Bains
Évreux
BASSE-NORMANDIE
Orne
St-Germain-en-Laye
Versailles
PARIS
MARNE 51
CHAMPAGNE-ARDENNE
Argentan
Silly-en-Gouffern
Montfort-L'Amaury
SEINE-ET-MARNE 77
Le Manoir de la Prise Tarot p. 28
ORNE 61
Le Poulailler p. 57
Moutiers-au-Perche
Provins
Bagnoles-de-l'Orne
Alençon
Eure
Chartres
Nocé
Le Grand Monarque p. 55
La Maison Paradis p. 56
AUBE 10
Fontainebleau
MAYENNE 53
Sillé-le-Guillaume
Nogent-le-Rotrou
EURE-ET-LOIR 28
Pithiviers
La Maison d'Élise - Le Doyenné p. 54
Le Mans
Châteaudun
LOIRET 45
Montargis
Yonne
PAYS DE LA LOIRE
SARTHE 72
Orléans
Les Deux Saints Jean p. 58
La Flèche
Loir
Les 3 Collines p. 59
La Ferté-St-Aubin
Gien
YONNE 89
Les Lodges du Zoo de La Flèche p. 52
Blois
Le Mousseau p. 61
CÔTE-D'OR 21
Angers
LOIR-ET-CHER 41
Tours
Amboise
Loire
Le Hameau des Vignes p. 60
CHER 18
Saumur
L'Hôtel de Biencourt p. 62
BOURGOGNE
Fontevraud-l'Abbaye
Chinon
Les Sentinières p. 63
Vierzon
Loches
La Corroirie p. 64
NIÈVRE 58
Noyant-de-Touraine
INDRE-ET-LOIRE 37
CENTRE
Bourges
Indre
Le Gîte de La Poignardière p. 65
Issoudun
Cher
St-Amand-Montrond
Loire
INDRE 36
Châteauroux
VIENNE 86
SAÔNE-ET-LOIRE 71
DEUX-SÈVRES 79
Sud-Est – pp. 10-11
La Châtre
ALLIER 03
Sud-Ouest – pp. 8-9
Vienne
Creuse
CREUSE 23
AUVERGNE
POITOU-CHARENTES
HAUTE-VIENNE 87
LIMOUSIN
PUY-DE-DÔME 63

A
B
ANGLETERRE
BELGIQUE
Manche
Dunkerque
Calais
La Villa Providence p. 77
Boulogne-sur-Mer
Hesdin-l'Abbé
St-Omer
Hazebrouck
Villa Paula p. 72
Lille
Le Touquet
NORD-PAS-DE-CALAIS
Laventie
Haec Otia p. 74
Hôtel Castel Victoria p. 76
Montreuil-sur-Mer
L'Auberge de la Grenouillère p. 78
Lens
PAS-DE-CALAIS 62
Douai
Valenciennes
Les Tourelles p. 70
Arras
NORD 59
Les Pilotes p. 69
Avesnes-sur-Helpe
La Garçonnière p. 68
Cambrai
SOMME 80
Somme
Péronne
Amiens
St-Quentin
Vervins
SEINE-MARITIME 76
Dury
AISNE 02
HAUTE-NORMANDIE
PICARDIE
ARDENNES 08
Seine
Laon
Rethel
OISE 60
Beauvais
Compiègne
Étouvelles
Aisne
Clermont
La Maison de Paille p. 71
Oise
St-Jean-aux-Bois
Reims
Chantilly
Épernay
CALVADOS 14
EURE 27
BASSE-NORMANDIE
Châlons-en-Champagne
PARIS
MARNE 51
Vitry-le-François
ORNE 61
CHAMPAGNE-ARDENNE
Eure
Nogent-sur-Seine
AUBE 10
EURE-ET-LOIR 28
Troyes
MAYENNE 53
SARTHE 72
Sens
Villeneuve-sur-Yonne
LOIRET 45
Yonne
Nord-Ouest – pp. 4-5
Le Château de la Resle p. 94
Showroom MC2 p. 93
Chablis
Loir
Auxerre
YONNE 89
Montbard
Loire
La Borde p. 96
PAYS DE LA LOIRE
Le Château du Deffand p. 95
Le Pavillon Saint-Vincent p. 97
La Grange de Laure p. 91
LOIR-ET-CHER 41
CENTRE
Cosne-sur-Loire
Pouilly-en-Auxois
MAINE-ET-LOIRE 49
Saulieu
INDRE-ET-LOIRE 37
Indre
CHER 18
NIÈVRE 58
BOURGOGNE
Château-Chinon
INDRE 36
Nevers
Autin
Cher
La Vache Ecolodge p. 92
SAÔNE-ET-LOIRE 71
DEUX-SÈVRES 79
VIENNE 86
ALLIER 03
Charolles
POITOU-CHARENTES
Creuse
AUVERGNE
Sud-Ouest – pp. 8-9
Vienne
CREUSE 23
LIMOUSIN
PUY-DE-DÔME 63
Sud-Est – pp. 10-11

C
D
50 km
1
2
3
4
ALLEMAGNE
LUXEMBOURG
Charleville-Mézières
Vouziers
MEUSE
55
Thionville
Verdun
Sarreguemines
Forbach
Obersteinbach
Wissembourg
MOSELLE
57
Metz
Lembach
Haguenau
LORRAINE
Bar-le-Duc
Languimberg
Monswiller
BAS-RHIN
67
La Wantzenau
La Villa 1901 p. 80
Nancy
Saverne
Le Nussbaum p. 86
Schiltigheim
St-Dizier
Turquestein-Blancrupt
ALSACE
Strasbourg
MEURTHE-ET-MOSELLE
54
Quetsch et Mirabelle p. 85
Natzwiller
Obernai
Marne
Meuse
Neufchâteau
La Vancelle
Moselle
VOSGES
88
Baldenheim
Hôtel Chut p. 81
La Cerise sur le Gâteau p. 83
Du Côté de chez Anne p. 84
Bar-sur-Aube
Vittel
Épinal
Sélestat
Riquewihr
Couleurs, Bois & Spa p. 79
Chaumont
Turckheim
Colmar
Remirmont
Le Valtin
Le Quatorze p. 87
Villa Élyane p. 88
HAUTE-MARNE
52
Kruth
HAUT-RHIN
68
Langres
HAUTE-SAÔNE
70
TERR. DE BELFORT
90
Mulhouse
Lure
Rhin
Vesoul
Belfort
Altkirch
Seine
Saône
Le Sainans p. 90
CÔTE-D'OR
21
FRANCHE-COMTÉ
Montbéliard
DOUBS
25
Dijon
Doubs
Besançon
Nuits-St-Georges
Hôtel Le Sauvage p. 89
Villers-le-Lac
SUISSE
Dole
Port-Lesney
Beaune
Pontarlier
Arbois
Chalon-sur-Saône
Malbuisson
Ste-Usuge
Courlans
Louhans
Cluny
JURA
39
Rhône
Mâcon
HAUTE-SAVOIE
74
ITALIE
RHÔNE-ALPES
AIN
01

A
B
LOIRE-ATLANTIQUE 44
MAINE-ET-LOIRE 49
VENDÉE 85
Bressuire
DEUX-SÈVRES 79
Parthenay
St-Martin-de-Ré
Ars-en-Ré
L'Océan p. 100
La Rochelle
Niort
Surgères
La Maison du Baloir p. 102
Hôtel Napoléon p. 101
Châtelaillon-Plage
Rochefort
St-Jean-d'Angély
Saintes
CHARENTE-MARITIME 17
Cognac
Charente
Royan
Soulac-sur-Mer
Jonzac
OCÉAN ATLANTIQUE
Pauillac
Blaye
Le Clos de la Bardanne p. 135
Domaine du Freyche p. 133
Lacanau
Libourne
La Villa d'Ô p. 137
Bordeaux
St-Émilion
Hôtel des Dunes p. 139
5 Lasserre p. 136
Carré Vigne p. 134
Cap-Ferret
Hôtel Côté Sable p. 138
Arcachon
Martillac
Garonne
Langon
Fleur des Pins p. 140
GIRONDE 33
LANDES 40
AQUITAINE
Hôtel de la Plage p. 142
Mont-de-Marsan
Maison de la Prade p. 142
Grenade-sur-l'Adour
Dax
Adour
Hôtel 202 p. 141
Mimbaste
Les Hortensias du Lac p. 143
Pouillon
Eugénie-les-Bains
Bayonne
Hôtel de la Plage p. 143
Hôtel de Silhouette p. 144
Biarritz
Urt
Château-monastère de Saint-Mont p. 124
Saint-Jean-de-Luz
Guéthary
La Bastide-Clairence
La Maison d'Elhorga p. 145
Bidarray
PYR.-ATLANT. 64
Pau
Saint-Jean-Pied-de-Port
La Maison de Béatrice p. 117
Lourdes
St-Savin
1
2
3
4
ESPAGNE
Gavarnie
50 km

C
D
Nord-Ouest – pp. 4-5
Nord-Est – pp. 6-7
Sud-Est – pp. 10-11
CHER
18
BOURGOGNE
CÔTE-D'OR
21
INDRE-ET-LOIRE
37
CENTRE
NIÈVRE
58
Châtellerault
Indre
Cher
Vienne
INDRE
36
Poitiers
ALLIER
03
SAÔNE-ET-LOIRE
71
VIENNE
86
POITOU-CHARENTES
La Creuzette p. 106
Creuse
Loire
Limoges
Bellac
HAUTE-VIENNE
87
Guéret
CREUSE
23
Aubusson
AIN
01
RHÔNE 69
La Maison de Compostelle p. 103
Le Prieuré du Puy-Marot p. 105
CHARENTE
16
LIMOUSIN
Hôtel du Verrou p. 104
Angoulême
Ussel
PUY-DE-DÔME
63
LOIRE
42
Allier
La Maison Lotus du Domaine de Montagenet p. 126
CORRÈZE
19
AUVERGNE
ISÈRE
38
Brantôme
Les Jardins de Brantôme p. 125
L'Ambroisie p. 127
Biras-Bourdeilles
Tulle
Brive-la-Gaillarde
CANTAL
15
HAUTE-LOIRE
43
RHÔNE-ALPES
Périgueux
DORDOGNE
24
La Maison de Marquay p. 132
Le Vieux Logis p. 128
Bergerac
Sarla-la-Canéda
Dordogne
Rocamadour
ARDÈCHE 07
La Villa Marguerite p. 129
Pujols
Châteaux dans les Arbres p. 130
LOT
46
Aux Caprices de l'Aubrac p. 111
Laguiole
Aubrac
Figeac
Entraygues-sur-Truyères
L'Annexe de l'Aubrac p. 110
DRÔME
26
Puy-l'Évêque
Cahors
Lot
Villeneuve-sur-Lot
LOZÈRE
48
La Domaine de l'Isle-Basse p. 108
Lalbenque
Aveyron
Rodez
La Singulière p. 112
LOT-ET-GARONNE
47
Agen
Le Moulin de Jouenery p. 114
TARN-ET-GARONNE
82
MIDI-PYRÉNÉES
Millau
VAUCLUSE
84
Les Bruhasses p. 118
Condom
La Dame de Courties p. 120
Montauban
Albi
Tarn
GARD
30
Lectoure
AVEYRON
12
Le Château d'eau de Lagraulet-du-Gers p. 119
La Campestre p. 121
TARN
81
BOUCHES-DU-RHÔNE
13
Auch
Gimont
Toulouse
Castres
LANGUEDOC-ROUSSILLON
L'Échappée belle p. 122
GERS
32
HÉRAULT
34
Tarbes
HAUTE-GARONNE
31
Les Pesques p. 115
Bagnères-de-Bigorre
St-Gaudens
Mirepoix
AUDE
11
HAUTES-PYRÉNÉES
65
St-Girons
Foix
Aude
Lou Désirat p. 116
ARIÈGE
09
Bagnères-de-Luchon
MER MÉDITERRANÉE
AND.
PYRÉNÉES-ORIENTALES
66
1
2
3
4

A
B
1
2
3
4
Nord-Est – pp. 6-7
Sud-Ouest – pp. 8-9
VIENNE
86
POITOU-
CHARENTES
CENTRE
INDRE
36
CHER
18
NIÈVRE
58
BOURGOGNE
SAÔNE-ET-LOIRE
71
ALLIER
03
Moulins
Le Pal p. 148
Montluçon
Creuse
Cher
Loire
Allier
Saône
Rhône
Vichy
La Maison
Dauphin p. 149
Roanne
Le Château de
Champlong p. 150
Villefranche-
sur-Saône
Bourg-
en-Bresse
AIN
01
HAUTE-
VIENNE
87
CREUSE
23
PUY-DE-DÔME
63
RHÔNE 69
La Maison de
Joséfine p. 152
Lyon
LOIRE 42
LIMOUSIN
Clermont-
Ferrand
Hôtel Les
4 Épices p. 151
Vienne
CORRÈZE
19
St-Étienne
ISÈRE
38
Brioude
HAUTE-LOIRE
43
Mauriac
AUVERGNE
CANTAL
15
Le Puy-
en-Velay
Hôtel du Golf p. 171
DORDOGNE
24
Aurillac
St-Flour
Valence
Les Chambres
d'Amis p. 174
ARDÈCHE 07
AQUITAINE
Montsalvy
Privas
Drôme
LOZÈRE
48
DRÔME
26
LOT-ET-
GARONNE
47
LOT
46
Lot
Mende
Aubenas
Montélimar
MIDI-
PYRÉNÉES
Le Mas des Sources du
Domaine du Fayet p. 176
Le Château de Balazuc p. 175
Nyons
Aveyron
Florac
Le Clos Violette p. 190
La Carolisle p. 191
Artishow p. 192
AVEYRON
12
Les Remparts p. 188
Orange
Alès
Au Coin des Figuiers p. 189
Carpentras
GARD
30
VAUCLUSE
84
Uzès
Hôtel La Suite p. 177
TARN-ET-
GARONNE
82
Tarn
Mas de l'Amarine p. 184
L'Hôtel Gounod p. 186
Le Sommeil des Fées p. 186
Mas Lou Figoulou p. 187
Nîmes
Avignon
Cavaillon
Coté Lourmarin p. 187
Le Galinier de Lourmarin p. 193
TARN
81
HÉRAULT
34
Mon Jardin
en Ville p. 180
Arles
BOUCHES-
DU-RHÔNE
13
GERS
32
Montpellier
Le Domaine
des Layres p. 179
Aix-en-
Provence
HAUTE-
GARONNE
31
Sète
Saintes-Maries-
de-la-Mer
Marseille
Béziers
À l'Ombre des Pins p. 180
Les Chambres d'Andréa p. 178
Casa Ortega p. 181
Mama Shelter p. 182
Hôtel 96 p. 183
Villeneuve-
lès-Béziers
Carcassonne
ARIÈGE
09
Narbonne
AUDE
11
Aude
LANGUEDOC-
ROUSSILLON
PYRÉNÉES-
ORIENTALES
66
Perpignan
AND.
Céret
Argelès
Colioure
MER
MÉDITERRANÉE
ESPAGNE
50 km

C
D
FRANCHE-COMTÉ
Ain
JURA 39
SUISSE
Thonon
Genève
Morzine
Chez La Fine p. 158
Chalet-Hôtel Crychar p. 159
HAUTE-SAVOIE 74
Sur l'Alpe p. 157
Les Servages d'Armelle p. 161
À Côté p. 153
Chamonix-Mont-Blanc
Le Domaine du Chainet p. 156
Annecy
La Ferme d'Émilienne p. 160
La Féline Blanche p. 162
La Ferme de Cupelin p. 163
Belley
Le Chalet Christine p. 155
La Ferme du Chozal p. 166
Aix-les-Bains
Le Clos du Lac p. 154
Chalet Colinn p. 168
Chambéry
La Bouitte p. 167
Les Suites du Lac p. 164
ITALIE
RHÔNE-ALPES
Altapura p. 169
SAVOIE 73
L'Hermitage p. 165
Le Christiana Hôtel p. 170
Grenoble
Le Château des Girards p. 172
Hôtel La Balme-Alphand p. 197
Hôtel de la Chaussée p. 198
Briançon
HAUTES-ALPES 05
Gap
PROVENCE-ALPES-CÔTE D'AZUR
Barcelonnette
Digne-les-Bains
ALPES-DE-HAUTES-PROVENCE 04
Green Ecolodge p. 202
Le Mas des Andéols p. 195
ALPES-MARITIMES 06
La Madone p. 194
Le 2 Bed & Bistrot p. 204
Moustiers-Ste-Marie
Vence
Menton
Hôtel Les Colonnes p. 199
La Bouscatière p. 200
Cagnes-sur-Mer
MONACO
La mOma p. 203
Grasse
Nice
Moulin Saint-François p. 203
Antibes
VAR 83
Hôtel Mademoiselle p. 201
Cannes
Draguignan
Saint-Raphaël
St-Maximin-la-Ste-Baume
St-Tropez
Le Château de Sable p. 196
Toulon
Le Lavandou
Hyères
Bastia
Calvi
Lumio
HAUTE-CORSE 2B
Corte
CORSE
Ajaccio
U Quarciu p. 205
CORSE DU SUD 2A
Propriano
Sartène
Cala Longa
Bonifacio
1
2
3
4

Région Nord-Ouest

Île-de-France
Basse-Normandie
Bretagne
Pays de la Loire
Centre

Plan p. 9, D2

Paris

• 25, rue de Bouloi – 75001 Paris
Tél. 01 42 36 54 19
contact@hotelcrayon.com
www.hotelcrayon.com

• 26 chambres : 129-299 € selon le standing et la saison. Suite junior « Esquise Exquisse » : 269-468 €. Petit déjeuner : 12 €.
Wifi gratuit.

–> Ouvert toute l'année.

Le Crayon

Folie-chromie d'une maison de vacances à Paris...

Christophe Sauvage, manager d'Elegancia Hôtels, et l'artiste Julie Gauthron ont imaginé Le Crayon... un univers un peu fouillis, comme les demeures d'aujourd'hui, avec livres abandonnés dans chaque chambre. En vitrine sur la rue, *honesty bar* avec frigo, où chacun se sert au salon. La réception a été abandonnée au profit d'un mobilier vintage, passionnément chiné, signé Paulin, Pinch ou Fritz Hansen sous un ciel de luminaires noir et or de Tom Dixon, au milieu de sculptures en fil de fer oniriques créées par Julie. Au fil des étages, on flatte autant les audaces que les nostalgies... Photos à l'appui : de vacances à la mer, de tribus d'enfants, parents et grands-parents. Les couleurs se télescopent : orange-indigo, violet-turquoise, moutarde-mordoré, vert pomme, prune et rose corset. Des placards industriels cohabitent avec des rideaux pixellisés par Missoni, des miroirs en laiton avec des mosaïques d'émaux. Dans ce lieu atypique, plus proche de la maison d'hôtes que de l'hôtel, on se sent glisser dans un mouvement régressif de pulsions artistiques enfantines avec des patchworks de papiers peints de Tres Tintas, qui déroulent leurs gribouillis de visages et de feuillages, semblant – au quatrième – émerger d'une jungle inspirée par le Douanier Rousseau. C'est à cet étage qu'on trouve la chambre « Esquise Exquisse » où se sont éclatés, un après-midi, les enfants des propriétaires. On prête des crayons aux hôtes, qui poursuivent cette « œuvre » unique !

Coups de cœur de l'auteur :

Une galerie, une broc', une demeure totalement débranchée du classicisme de l'hôtellerie environnante.

À voir, à faire :

Le musée du Louvre (www.louvre.fr).
Le quartier du Marais et ses hôtels particuliers.

Plan p. 9, D2

Paris

• 10, rue Lamartine
75009 Paris
Tél. 01 55 07 88 00
info@lesplumeshotel.com
www.lesplumeshotel.com

• 35 chambres et suites : à partir de 159 € selon le standing et la saison.
Petit déjeuner : 15 €.
Wifi gratuit. Room service. Honesty bar.

–> Ouvert toute l'année.

Les Plumes

Voyage au cœur des belles lettres...

Pour ce nouvel hôtel, la Compagnie hôtelière de Bagatelle (Le Seven, le Platine, le Vice Versa) a fait appel au cabinet Bastie, associé cette fois-ci à la styliste Pascale de la Cochetière. Résultat : un décor qui retricote dans l'air du temps, le temps des amants terribles, leurs amours épistolaires... Cabriolet et sièges Napoléon III, chapeau à plumes et nœud pap, le lobby donne le ton : jaune passion. On chemine au fil des étages et des couloirs aux moquettes en chevrons, qui filent jusqu'à la suite-grenier du septième étage au lit rond sur parquet brûlé, baignoire à pied et siège vêtu d'un sac à grains twisté avec des tapisseries vieil or-argent, ouverte sur les toits en zinc de Paris. Mais l'essentiel est ailleurs... Posé sur le regard de deux amants imprimés sur les coussins de la chambre « Juliette et Victor » en camaïeu de gris-bleu, tamisé par des abat-jours en forme de corset renversé. Ici, une moustache qui sourit sur une glace. Là, une cave de bouteilles d'absinthe en trompe l'œil dans le placard de « Paul et Arthur », qui, sous un ciel d'orage, évoque les amours tumultueuses des deux amants, nullement dupes de l'ambiguïté de leurs sentiments. « Mets ton front sur mon front et ta main dans ma main. Et fais moi des serments que tu rompras demain » (Paul Verlaine, 1866)... Noir ou gris, rayures Oxford, flanelle en tête de lit, effet dentelle et rose pastel, vaudeville en filigrane par le trou d'une serrure... Bienvenue chez « George et Alfred », qui joue double jeu avec un amant dans le placard...

Coup de cœur de l'auteur :

Ce petit plus avec les acrostiches libertines des correspondances des amants, où tout est dit : « J'ai couché avec toi et il me semble que j'ai dormi dans le lit des étoiles » (Victor à Juliette, le 16 février 1875).

À voir, à faire :

Le musée de la Vie romantique, dans les souvenirs de George Sand. Les statues de cire du musée Grévin (www.grevin-paris.com).
Une vente à l'hôtel Drouot (www.drouot.com).

Plan p. 9, D2
Paris

• *Sophie et Yves Gazil*
12, rue de Parme
75009 Paris
Tél. 01 55 31 93 93
contact@legrey-hotel.com
www.legrey-hotel.com

• *33 chambres : à partir de 170 € selon le standing et la saison. 1 suite : à partir de 250 €. Petits déjeuners : 9 et 15 € (19 € en chambre). Wifi gratuit. Room service. Parking privé payant.*

–> Ouvert toute l'année.

Le Grey Hôtel

Douze nuances de gris...

Sophie aime « le gris parce qu'il est une non couleur, qui se nourrit des autres couleurs ». *Grey* argent, *grey* safran, *grey* poupre ou *grey* charron... Sophie, ancienne directrice de la communication d'une importante entreprise de peintures, et son papa, propriétaires (qui vivent au Grey !), ont fait appel, eux aussi, au cabinet Bastie pour interpréter la liste de leurs envies... de gris ! Réception en béton ciré et lobby dallé de grès cérame, dessiné par Patricia Urquiola, réchauffé par des tapis gris d'Anatolie glissés sous des méridiennes de Sarah Lavoine. Élégance d'un mobilier signé Elsa Joseph, chauffeuses Designers Guild, tissus Nobilis, Pierre Frey ou Missoni, sculptures en fil de fer de Julie Gauthron fixées au fil des murs, jeux de suspensions en variations de gris ambré au plafond. Dans les chambres, sièges couture culottés de chevrons, de tartans, de pieds-de-poule ou de pieds-de-coq posés sur des moquettes qui composent avec la géométrie des papiers peints, toujours en déclinaison de gris, du perle au tourterelle, de l'aubergine à l'anthracite. Au dernier étage, comme il se doit, une suite qui fait maille à part avec une fresque d'Hervé Half réinterprètant les perspectives sur les toits gris zinc de Paris. Le Grey Hôtel comme une valse à douze temps, raffinée et intemporelle, qui revisite tout en douceur l'éternel chic parisien...

Coup de cœur de l'auteur :

Une discrétion raffinée, tout en nuances, pour cet hôtel à l'atmosphère délicieusement apaisante.

À voir, à faire :

Idéal pour les sorties parisiennes, à proximité des Grands Boulevards, de l'Opéra, des théâtres, des Grands Magasins.

Plan p. 9, D2

Paris

• 31, rue de la Folie-Méricourt
75011 Paris
Tél. 01 43 57 27 00
info@hotelfabric.com
www.hotelfabric.com

• 33 chambres à partir de 180 €.
Petit déjeuner-buffet : 10 €.
Wifi gratuit. iPad à disposition.
Espace bien-être en cave avec hammam et salle de massage cosy. Coach sportif sur demande.
Juke-box tactile dans la salle de fitness.

–> Ouvert toute l'année.

Hôtel Fabric

Ménilmontant et ateliers d'artisans…

C'est l'esprit qui souffle dans cette ancienne fabrique de poussettes, revue et corrigée par le génie de l'architecte Vincent Bastie qui, en collaboration avec Patrice Henry et la décoratrice Agnès Louboutin, a revisité le passé industriel du quartier. Grandes vitres à carreaux en façade. Au lobby, murs de brique et structures métalliques servent d'écrin à un buffet de mercerie et un meuble à clapets, éclairés par des gros projos et des boules à miroirs. Trente-trois chambres réparties sur quatre étages en cinq tonalités déterminées par des têtes de lit cloutées de gros œillets. Les moquettes des couloirs imprimées de néons phosphorescents rendent hommage au Paris canaille, quand celles qui courent dans les chambres, portant l'effigie de boulons ou d'écrous, renvoient à la destinée initiale des lieux. Lustres bobines et cages en fil de fer. Chaises Tolix et caisses de transport en guise de placard et de chevets. Sur les oreillers, des fleurs de pissenlit évoquent les jardins ouvriers et, sur les rideaux les oiseaux stylisés, les pigeons de Paris. Popu et chic à la fois !

Coup de cœur de l'auteur :

À la fois chic et raccord avec le passé ouvrier du quartier.

À voir, à faire :

À mi-chemin entre le canal Saint-Martin, Bastille et République, le quartier Oberkampf pullule de bars branchés et d'ateliers de créateurs.
Le cimetière du Père-Lachaise (www.pere-lachaise.com).

Plan p. 9, D2

Paris

• 213, rue de la Croix-Nivert
75015 Paris
Tél. 01 55 76 55 55
info@viceversahotel.com
www.viceversahotel.com

• 37 chambres : 149-365 € selon le standing et la saison. Petit déjeuner : 15 €. Wifi gratuit.

—> Ouvert toute l'année.

Vice Versa Hôtel

Quand la reine du corset phantasme sur les sept péchés capitaux...

Chez elle, il y a forcément du sur-mesure et de la frivolité, du falbala et de la provoc ! Chantal Thomass a signé cet hôtel boudoir avec la complicité de Vincent Bastie. Le lobby résulte de leurs visions croisées d'un paradis blanc. On descend en enfer au hammam en sous-sol, où vous attend Lucifer sur fond d'émaux rouges et noirs. Certaines chambres sont très *girly*, telles les chambres « Envie », qui entraînent dans une frénésie de shopping au quatrième étage. L'espace est compté, mais l'imaginaire débridé dans un dressing en trompe l'œil. Par ici la *money*, les chambres du premier sont nettement plus masculines, qui parlent d'avarice sur fond de mur Chicago. Au second, la colère voit rouge. Sous ciels d'orage, c'est rock'n roll et tags à tous les niveaux, révolver au sol et poignards fichés dans les murs. Pour dormir sans cauchemar, faisons l'éloge de la paresse au cinquième. Les chambres sont bucoliques et champêtres avec leurs oiseaux en cage et leurs envolées de papillons. Oubliez l'orgueil, au troisième, avec ses chambres très pompéïennes. Couleurs Ladurée, pieds de table en roudoudou, réservez plutôt les gourmandises au rez-de chaussée. Lit rond, allure macaron, tons framboise, vert amande et rose bonbon. Belle marquise en tête de lit, chaise cupcake, assiettes en porcelaine aux murs, parce qu' « un péché sucré n'est pas vraiment un péché » ! Mes préférées sont celles du sixième étage, où la luxure entre en scène, qui se déshabille en silhouettes de soie et dentelles frivoles, s'encanaille en satin rose et lacets dénoués autour d' un volupteux cliché d'Ellen Von Unwerth.

Coups de cœur de l'auteur :

Un univers... so glamour. Personnellement je ne succomberai ni à la colère, ni à l'orgueil, ni à l'avarice... Mais à la paresse, à la gourmandise, à l'envie, à la luxure... Sans modération !

À voir, à faire :

Les différents salons de la porte de Versailles. Une pause au parc Georges-Brassens, sans oublier son marché de livres anciens (sam. et dim.).

Le Kipling Hôtel

Plan p. 9, D2

Paris

• 65, rue Blanche -75009 Paris.
Tél. 01 55 31 91 99 – contact@kipling-hotel.com
www.kipling-hotel.com

• 40 chambres : à partir de 150 € selon le standing et la saison.
Petit déjeuner en cave voûtée : 15 €:
Wifi gratuit.

–> Ouvert toute l'année.

Nostalgie coloniale et jungle exotique déployées du lobby aux chambres, interprétés comme la maison de Kipling, où il aurait posé ses malles sur des kilims aux patchworks bigarrés, entre des murs tendus de cuir de Cordoue, éclairés par des lanternes chinoises. Retour du Siam au ton de vert céladon et de vert rizières pour la suite du dernier étage où, par-dessus les toits, se profile le dôme du Sacré-Cœur. Bleu de Chine et violine, taupe et marron glacé : les chambres aux tapisseries orientalistes s'endorment dans l'atmosphère sensuelle des pluies de fin de mousson...

Joséphine Hôtel

Plan p. 9, D2

Paris

• 67, rue Blanche – 75009 Paris
Tél. 01 55 31 90 75
contact@hotel.josephine.com
www.hotel-josephine.com

• 41 chambres : à partir de 155 € selon le standing et la saison.
Petit déjeuner en cave : 15 €.
Wifi gratuit.

–> Ouvert toute l'année.

Inspiration cabaret... Il twiste l'âme de *South Pigalle* avec l'histoire de Joséphine Baker sur fond de modernité vintage, revue par la décoratrice Julie Gauthron. Quarante et une chambres aux tapisseries bigarrées, aussi lumineuses qu'effacées en variations de basilic-citron, de violette-tomate, de mûre-mangue juteuse. Un mobilier industriel s'encanaille autour de dentelles de jarretière

ou de luminaires French cancan. Le lobby fait tapisserie autour d'une somptueuse et voluptueuse méridienne aux fleurs de cimetière, et toujours une arabesque sur la ligne d'un placard, sur le contour d'une tête de lit. Alors, on danse ?

Le Platine Hôtel

Plan p. 9, D2

Paris

• Pierre Martin Roux
20, rue de l'Ingénieur-Robert-Keller – 75015 Paris
Tél. 01 45 71 15 15
info@platinehotel.fr – www.platinehotel.fr

• 46 chambres : 159-345 € selon le standing et la saison. Petit déjeuner : 15 €.
Wifi gratuit. Spa, sauna, hammam, espace fitness. Massage de 1h : 90 €. Patio.

–> Ouvert toute l'année.

Flash-back sur les années Marilyn quand elle s'appelait Norma Jean... Dans une mise en scène orchestrée par Vincent Bastie. La magie se poursuit dans le salon-bar au mobilier jaune poussin et bleu canard, explose dans la salle des petits déjeuners aux sièges en moleskine et tables en Formica zinguées, couleurs bleu et rose nacré, sur fond panoramique de New-York... la nuit ! Lits ronds et capitons en céramique rouge baiser pour les chambres « Marilyn ». Plus cosy, les « Hollywood », noir et jaune citron, déroulent une pellicule de cinéma depuis la moquette jusqu'au plafond. Les « 5 » imposent le parfum préféré de la belle, tandis que les « Roses » s'épanouissent sur des moquettes aux fleurs généreuses. Les clichés – souvent inédits – d'André de Dienes et de George Barris renouent avec une jeune beauté, cheveux au vent, qui n'avait pas 20 ans et ne s'appelait pas encore Marilyn...

Le BLC Design Hôtel

Plan p. 9, D2

Paris

• 4, rue Richard-Lenoir – 75011 Paris

Tél. 01 40 09 60 16
reservation@blcdesign-hotel-paris.com
www.blcdesign-hotel-paris.com

• 29 chambres : à partir de 130 € selon le standing et la saison. Petit déjeuner en bar ouvert : 15 €.
Wifi gratuit.

–> Ouvert toute l'année.

En accord avec le Palais de la femme voisin, l'hôtel rend hommage aux femmes – ni divas, ni mannequins – passantes anonymes, photographiées tout en vérité, dans la rue, par la designer-photographe Lise-Laure Batifol. En couloir, elles s'exposent dans des caissons lumineux. Dans les chambres, elles enveloppent de leurs bras, d'une épaule dénudée, d'un battement de paupière, d'une mèche égarée, le dormeur ou la dormeuse pour les emporter dans la douceur du repos. Mention particulière à cette délicieuse petite africaine aux tresses enchantées, dont on ne voit que la coiffure dans la « 105 », qui joue un dos à dos malicieux dans la « 104 »... Salut l'artiste !

Plan p. 8, B2

Calvados

• Laurence Berdeaux
14, rue de la Mer – Quai Letourneur
14520 Port-en-Bessin
Tél. 07 77 22 24 70
info@lamaisonsurlequai.com
www.lamaisonsurlequai.com

• Gîte (4 pers.) : 750-1 300 € selon la saison.
6 juil.-30 août, location uniquement à la quinzaine.
Hors saison, la maison peut être louée pour
de courts séjours, à partir de 2 nuits.
2 chambres, 2 salles de bains, grande terrasse.
Wifi gratuit.

–> Fermé en janv.

La Maison sur le Quai

Ça plane pour les goélands et les gourmands...

En front de mer, surélevée sur la jetée, le vent caresse d'un coup d'aile sa terrasse, d'où les hôtes sont aux premières loges pour suivre l'alternance des marées. Cette demeure, exécutée par un charpentier de marine, typique des maisons de pêcheurs avec ses huisseries et ses lambris, dégage un charme fou. Établie sur trois niveaux, elle s'accorde aux tonalités des ciels de Normandie, bleu-blanc et gris goéland. Couleur duvet de mouettes et espaces épurés. Juste quelques sièges en rotin contemporain, deux paires de Tolix et des petits zincs, du coco de mer, une rame en bois, des filets de pêche et puis des luminaires au look d'échassiers des grèves pour ponctuer un univers à la blancheur laiteuse. Sans ostentation, dans un style cabanon, nimbé des lumières changeantes de l'avant-port en fonction des marées, elle évoque nos tendres années, la nostalgie des châteaux de sable, les vacances à la mer, quand on regardait filer les voiliers, toujours présents côté déco. Depuis la terrasse, par les fenêtres, on ne se lasse pas d'observer le mouvement des chalutiers et des bateaux de plaisance qui se croisent.

Coup de cœur de l'auteur :

Apaisante, reposante mais vivante !

À voir, à faire :

Crustacés et poissons frais directement des pêcheurs aux consommateurs, chaque matin sous la halle voisine. La fête de la coquille Saint-Jacques chaque année autour du 11 nov. Un resto sympa à expérimenter en famille (jeux pour enfants) : Le Bistrot d'à Côté (tél. 02 31 51 79 12).

Plan p. 9, C2

Calvados

• Éric Blondeau et Frédéric Ledour
61, rue Haute
14600 Honfleur
Tél. 02 31 87 84 80
contact@chambres-honfleur.fr
www.rpe-chambres-honfleur.fr

• 5 chambres : 110-120 € selon la saison.
2 nuits : 160-170 €.
Lit suppl. : 20 €. Lit bébé gratuit.
Wifi gratuit.

–> Fermé en janv.

Réglisse et Pain d'Épices

À Honfleur, la rue Haute est aussi la plus basse de la cité.

Histoire de marées... Au bout d'une petite impasse, c'est dans l'espace très intimiste de deux anciennes maisons de pêcheurs qu'Éric et Frédéric ont trouvé leur bonheur. Ils ont maquillé de bleu leurs volets qui referment leurs intimités sur un salon d'accueil tout velours, drapé de Jouy noir et blanc, sur des chambres cosy. Ils ont conservé à la « Champêtre » ses pans de bois, permettant ainsi de lui offrir un petit salon aux sièges revêtus de carreaux rouges et une chambre aménagée dans l'ancienne chaufferie, dont ils ont préservé le mur de pierre. Une jolie indienne aux tonalités d'automne se prélasse sur le lit encadré de lampes de chevet aux tôles de voiliers. Sous les combles voguent l'« Océanic », tournée vers l'estuaire, et la « Transat », tournée vers le port. Tout est en concordance. La « Gustavienne », très romantique, en habits rose framboise, et la « Pompadour » font exception. Pour cette dernière, c'est le lit en demi-corbeille déniché dans un dépôt-vente qui a présidé à son nom et à son décor, mise en scène autour d'une commode Louis XV. Le plus rigolo, c'est la salle des petits déjeuners, traitée à la mode d'un bistrot de pêcheurs avec ses lambris repeints en bandeaux rouge coquelicot, sa cheminée qui collectionne les ustensiles en fer blanc laqués rouge, son mur tapissé de casseroles émaillées et d'assiettes rétro.

Coups de cœur de l'auteur :

Le côté maison de poupée, la cuisine-salle à manger pétillante de gaieté.

À voir, à faire :

Le vieux bassin et les galeries d'art.
L'étonnante église Sainte-Catherine et son clocher.

Plan p. 9, C2

Calvados

• 44, rue des Capucins
14600 Honfleur
Tél. 02 31 14 40 40
info@lamaisondelucie.com
www.lamaisondelucie.com

• 9 chambres : 150-200 € selon le standing.
3 suites : 250 et 315 €. Lit suppl. (dans la suite « Loft ») : 40 €.
Petits déjeuners : 12, 18 ou 22 €.
Wifi gratuit. Spa oriental sous voûte de brique et vitraux couleur d'ambre. Garage fermé sécurisé.

–> Ouvert toute l'année.

La Maison de Lucie

Parfum d'Orient. Un petit quelque chose entre Shéhérazade et Pierre Loti...

Sont-ce les bambous de la cour-jardin qui nous mettent la puce à l'oreille, l'enfilade des salons aux boiseries chaleureuses, aux velours couleur de mûre, inspirées de l'époque Napoléon III, habités de chesterfields en cuir havane, ou bien encore le piano, les tonalités d'ambre et de bois exotiques qui nous parlent d'autres rivages, d'autres voyages ? C'est ici que naquit la poétesse Lucie Delarue-Mardrus dont, seuls les gens de la génération années 1950 se souviennent pour avoir récité ses strophes aujourd'hui portées par la nostalgie de l'enfance... J'ai visité la chambre « N°3 » aux rideaux moirés vert canard, avec vue sur tous les clochers de Honfleur, la grande suite du premier aux tissus mordorés, la suite traversante aux tonalités orangées, pimentée de bleus de Tanger. La lumière filtrée par les vitraux de Martial Mayel pénètre sans effraction dans cet univers Art nouveau réactualisé dans le goût du XXIe siècle. Face au bar – magnifique – en bois sculpté et imitation cuir, face à la cheminée au parefeu en éventail, on se croirait dans un fumoir moyen-oriental. Le jardin d'hiver, en véranda, habité de cactus et de portraits de maharajahs distribue l'extension de la demeure, où se sont installées cinq nouvelles chambres. Appliques tambours de pluie et chapeau vert des rizières. Chapeau bas à la suite du « Pavillon » pour son décor à l'exotisme raffiné. Retour des colonies et parfum d'Éthiopie...

Coup de cœur de l'auteur :

Ici/ailleurs ! Entre demeure actuelle et charme suranné.

À voir, à faire :

Les maisons Satie, pour se plonger dans l'univers détonnant de l'artiste.

Le musée Eugène-Boudin, autre enfant du pays.

Planc p. 9, C2

Orne

• Hervé Courtois et Christophe Charbonneau
7, boulevard Brochard – La Prise Tarot
61140 Bagnoles-de-l'Orne
Tél. 02 33 37 44 06 et 06 08 30 30 50
manoirprisetaro@orange.fr
www.manoir-prise-tarot.fr

• 2 chambres : 75 €. 1 suite : 95 € pour 2 pers., 110 € pour 3 pers. Lit suppl. : 15 €.
2 autres chambres doivent ouvrir prochainement dans l'ancien atelier.
Wifi gratuit.

–> Ouvert toute l'année.

Le Manoir de la Prise Tarot

Intemporel...

Le manoir a été baptisé du nom de la lignée de juges de paix qui habitaient ici à la fin du XVIIIe siècle. Aujourd'hui propriété de deux antiquaires, il vit avec son temps sans oublier celui d'avant... Ouverte sur un jardin de roses, en place d'un jardin de ronces, la salle à manger donne le ton avec ces beaux tableaux aux cadres dorés, passion d'Hervé, avec ces trésors accumulés à la façon de cabinets de curiosités, marotte de Christophe. Il faut un sacré talent et beaucoup de goût pour composer ces tableaux de bibelots, comme le peintre compose ses natures-mortes. Courant sur des tomettes de récupération, les chambres ont emprunté leurs appellations aux figures féminines qui ont compté dans la vie de la station thermale. Ainsi Madame Laurence, épouse d'un Égyptien, qui fit construire l'école, un manoir en forêt et une chapelle. Sur fond de Jouy sépia, sur lequel s'appuie une tête de lit Louis XVI relookée de cuir noir, elle parade autour d'une malle de voyage XVIIIe, tandis que sa ravissante salle de bains au drapé de grappes de roses et de visages d'anges, évoque un retour des colonies plus contemporain. « Madame d'Espinay » est paradoxalement nettement moins excentrique que son égérie – qui s'habillait en homme et vivait à la Tanière avec des loups. En revanche, « Madame Dernière » (en l'honneur de la dernière fille de Louis XV, qui venait prendre les eaux à Bagnoles) joue les belles rebelles, très actuelle sur un superbe parquet d'origine.

Coups de cœur de l'auteur :

L'atmosphère intemporelle et l'accueil.

À voir, à faire :

Le spa à la pomme de la station thermale (www.bo-spathermal.com). Une promenade dans la forêt des Andaines. Les week-ends champignons concoctés par les propriétaires. Un détour par leur boutique d'antiquités.

Plan p. 8, A2

Finistère

• *Hôtel La Butte*
12, rue de la Mer
29260 Plouider – Tél. 02 98 25 40 54
info@labutte.fr – www.labutte.fr

• *21 chambres vue mer : à partir de 116 €.*
Restaurant : menus 46-86 € ; formule 3 plats du jour : 25 € à midi en sem., boissons comprises ; 29 € le soir en sem.
Piscine intérieure. Spa avec 3 salles de massages, sauna, hammam, douche norvégienne, tisanerie.

–> Ouvert toute l'année.

La Butte

60 ans ! Et plein d'idées pour que se poursuive la saga familiale...

D'un restaurant ouvrier, Chez Becam, qui n'a rien à voir avec un quelconque joueur de foot, mais tout à voir avec sa fondatrice Jeanne-Yvonne, grand-mère de l'actuelle propriétaire. Reconnue aussi pour ses qualités d'organisatrice de banquets et de bals, vouée aux gémonies par le curé de l'époque qui n'avait pas compris qu'elle faisait œuvre de charité envers les jeunes du village. Sur la baie de Goulven, c'était l'adresse de référence à la ronde. André Verchuren, *himself*, vint « mettre le feu avec son accordéon » ! Avec les années et les qualités d'entrepreneur de son fils Hervé, l'auberge s'est embourgeoisée, devenant petit hôtel et restaurant de qualité. Et quand Solène, la fille d'Hervé, rencontre à l'école hôtelière de Strasbourg Nicolas, devenu depuis son mari et le chef réputé de La Butte, l'histoire s'est poursuivie avec la bénédiction et les regards croisés de Jeanne-Yvonne et d'Hervé, immortalisés par Franck-Emmanuel Rannou dans la spacieuse et élégante salle de restaurant. C'est ici que, dans une atmosphère irradiée par les lueurs de la cave ouverte, complice d'intimités voilées par des rideaux légers, Nicolas donne toute la dimension de son talent autour du précieux vivier que lui procure la mer si proche, avant que les desserts délicieux de Malika Bergot ne ferment le bal des papilles, tout en délicatesse. Solène et Nicolas ont voulu prolonger les plaisirs du palais avec le lobby ensoleillé par les flaques de couleurs des toiles abstraites de Frédérique Quellec. Les chambres en tonalités blanche et ficelle sont pimentées par les clichés de Frédéric Grullier aux thèmes de mer et de dunes.

Coups de cœur de l'auteur :

Une histoire de transmission réussie, un séjour bien-être et un restaurant qui mérite le détour.

À voir, à faire :

Se laisser aller aux douceurs d'un vrai spa avec vue sur la baie de Goulven. Modelages et soins visage à partir de 75 €, « Mignardises de soins » 39 €/30 min. Les dunes de Keremma. Char à voile dans la baie de Goulven.

Plan p. 8, A3

Finistère

• Maëva Joffe et Jean-Marie Le Naour
19, rue de Sainte-Catherine
29930 Pont-Aven
Tél. 06 48 72 95 99
lacarriair@gmail.com
www.lacarriair.com

• 2 chambres-cabanes avec terrasse : 119 et 129 € en BS, 139 et 149 € en HS. Lit suppl. : 29 €. Petit déjeuner livré le matin par le monte-charge. Table d'hôtes : « Panier de la M'Air » 58 €, « Pique-nique dans les airs » 25 €.

–> Fermé en janv.

La Carri' Air

Diversifications, re-convertion…

Jean-Marie, agriculteur à une poignée de kilomètres de là, et Maëva n'en sont plus à une diversification près... Après le centre de loisirs et le labyrinthe de maïs qui fait le bonheur des enfants à la ferme, ils ont investi, sur les hauts de Pont-Aven, le territoire d'une ancienne carrière de moellons. Deux lodges dans un premier temps (l'idée est d'en installer quatre) sont nés avec le printemps 2013, suspendus à flanc de carrière entre pins maritimes, mimosas et petits chênes. Derrière ses grandes baies vitrées, la « Vision'Air » au toit végétallisé dévoile un intérieur inspiré par le mobilier cérusé et les tissus de cale, couleur de farine, de Maisons du Monde. On contemple, depuis le bain, la lande environnante. La seconde cabane est plus étonnante encore... La bien nommée « Cachoti' Air » est camouflée dans un nid de branches. Sur sa terrasse, des sièges couleur anis jettent leurs éclats acidulés autour d'une table, réédition vintage. À l'intérieur, esprit cabanon ensoleillé par les tonalités jus d'herbes de son plaid en lin non tissé, par son rideau en velours côtelé qui oscille du pistache au vert pré, son tapis méché, bleu d'orage, qui fait pendant à une commode turquoise. Une tête de lit colorisée aux tonalités fanées des barques de pêcheurs s'appuie sur un pan de mur vert canard. Une cache d'escalier ravira les enfants, prompts à grimper sur la mezzanine où les attendent deux couchages. Depuis la balustrade sécurisée, ce sont eux qui surveilleront les parents !

Coups de cœur de l'auteur :

Des cabanes aussi belles, c'est rare ! Tendance et pepsy avec le petit plus des moutons noirs d'Ouessant pour tondre le terrain !

À voir, à faire :

Pont-Aven, la cité de Gauguin, ses galeries de peintres et le Christ Jaune à la chapelle de Trémalo. Nizon, capitale de l'art rural, avec l'association Hang'Art (www.asso-hangart.com) le dernier dimanche de septembre.

Plan p. 8, A3

Finistère

• Céline Jamet et Arnaud Tétard
Plage de Port-Manec'h – 7, corniche de Pouldan
29920 Névez
Tél. 02 98 06 82 43
contact@manoirdalmore.com
www.manoirdalmore.com

• 6 chambres : 100-130 € en BS, 120-160 € en HS selon le standing.
4 suites : 180 € en BS, 220 € en HS.
Lit suppl. : 15 €. Petit déjeuner : 14 €.
Restaurant sur place : menus 20 et 26 €, carte 45-50 €.
Wifi gratuit. Sauna. Plage abritée à deux pas.

–> Ouvert toute l'année.

Manoir Dalmore

En gaélic, dalmore signifie « grand champ à proximité de la mer »...

C'est aussi le nom d'un whisky célèbre que les clients de ce petit hôtel dégustent, le soir, face aux cheminées de granit et briques mélangées, cadrées de panneaux de bois sculptés, typiquement bretons. Le manoir a été construit par une Australienne d'origine écossaise passionnée de peinture – d'où son ancrage proche de Pont-Aven –, suspectée d'espionnage en 1940, emprisonnée, puis décédée sans héritier. Le manoir fut vendu à la bougie et acheté par les arrière-grands-parents d'Arnaud. Il a été transformé en hôtel en juillet 2011. Un emplacement de rêve avec sa grande terrasse en balcon au-dessus de Port-Manec'h, l'un des plus jolis petits ports de Bretagne. Carcasse d'origine et mécanisme à l'ancienne et à l'anglaise pour ouvrir portes et fenêtres de ces chambres aux noms de lieu-dit, tel « Kerascoët » avec vue sur la chapelle Saint-Nicolas, établie sur son parquet d'origine, avec le lit positionné devant la cheminée aux céramiques orangées. La douche s'est logée sous le cœur de granit de l'escalier. « Kerdruc », vue mer et salle d'eau en bow-window. « Glénan », d'esprit Belle Époque et « Pouldan » dans un cocon blanc... En cave, la salle de jeux, installée dans l'ancienne citerne, dessert le sauna et deux suites : « Belon » et « Aven » qui déploient leurs moquettes rayées face aux grandes terrasses privatives en balcon sur la plage.

Coup de cœur de l'auteur :

On se croirait revenu aux Vacances du petit Nicolas *!*

À voir, à faire :

Le sentier côtier jusqu'à Kerdruc. Les maisons en pierres debout de Kerascoët et Kercanic. Les jardins anglais de Rospico (www.jardins-rospico.com).

Plan p. 8, A3-B3

Morbihan

• *Élisabeth Rabot*
4, venelle Notre-Dame – 56340 Carnac
Tél. 06 16 98 34 79
rabot.carnac@wanadoo.fr
www.plume-au-vent.com

• *2 chambres : 80-90 € selon la saison.*
Les 2 chambres ensemble : 115-125 € pour 3 pers., 145-155 € pour 4 pers.
Wifi gratuit.

–> Ouvert toute l'année.

Plume au Vent

Son nom lui vient de la BD préférée d'Élisabeth…

C'est une petite maison de village au détour d'une venelle. Je la connaissais depuis longtemps. Trop bien cachée, je l'avais un peu oubliée. J'y suis retournée. Le salon a changé, plus dépouillé, où deux bancs de marine jouent le dos à dos aux côtés d'un jouet anglais et d'une superbe maquette de voilier. La bibliothèque, passion d'Élisabeth, est toujours là, sur laquelle plane un vol d'oies sauvages, qui nous invite à faire une pause avant que le marchand de sable nous entraîne à « Marée Haute » où, autour de la couette en lin bleu, les voliges ont été repeints en blanc. On s'y endort en rêvant de littérature et de grand vent. Face à nous, une seconde bibliothèque de livres recouverts de papier kraft aux étiquettes à l'ancienne, écrites à l'encre de Chine, et une collection d'affiches représentant l'héroïne de *Plume au Vent*. Les fauteuils clubs ont déserté le salon. On les retrouve à « Marée Basse », une chambre plus ado qu'adulte, tapissée de BD faisant référence à la voile et aux bateaux. La belle salle de bains est occupée par un banc de marin et un ban de poissons suspendus. Douche et lavabo en support de résine, encore plus beau qu'un béton ciré. À l'heure du petit déjeuner, on se retrouve autour de la grande table de la salle à manger où, face à la cheminée de granit, traînent encore rames et barque, planche de sardines et gros poissons en bois. Mais quand la girouette bleu-de-gris tourne sa tête en direction du soleil, on se prend pour des oiseaux à picorer tartines et petits gâteaux dans le nid de vieux hortensias et de jeunes oliviers du patio.

Coup de cœur de l'auteur :

Une maison qui se renouvelle et gagne en charme au fil des années.

À voir, à faire :

Carnac, ses dolmens et ses menhirs.
Pêche à pied sur les plages du Men Du et de Saint-Colomban. La baie de Quiberon.

Plan p. 8, A3-B3

Morbihan

• Jean-François Quintin
7 bis, route de Québan
56470 Saint-Philibert
Tél. 02 97 55 01 94 et 06 61 66 27 57
jeff.quintin@wanadoo.fr
www.laperledequehan.com

• Deux cabanons (4-6 pers.) : 500-640 €/sem. en BS, 1 000 € en juil.-août. Linge sur demande avec supplément.
Wifi gratuit.

–> Ouvert toute l'année.

La Perle de Quéhan

Cabanons ostréicoles…

On aborde les lieux par un hangar de vente et de dégustation. Puis, on découvre un petit restaurant d'ostréiculteur, plus cap-ferrien que breton, entre ses planches peintes aux couleurs du temps, où l'on déguste huîtres, coquillages et crustacés, sans oublier le far breton au caramel-beurre salé. Troisième génération d'ostréiculteurs sur les bords de la Crac'h, Jean-François, rompu aux règles du commerce, marche avec son temps en dynamisant l'entreprise familiale créée par son grand-père. Après le bistrot ostréicole, deux gîtes d'hôtes. L'un au-dessus de l'autre. Rouge pour l'un, bleu pour l'autre. Deux cabanes ostréicoles, baignées de lumière au-dessus d'un bras de mer, conçues pour quatre à six personnes. À quatre c'est parfait ! On vit à l'aise entre deux chambres – dont une pour les enfants, aux lits habillés de couettes aux effigies de marins – et le salon. Là, un canapé gris galet, posé face à une table basse bricolée à partir de palette peintes aux couleurs du cabanon, est en harmonie avec ses coussins. Cuisine américaine et terrasses suspendues à l'ombre des parasols et du grand pin qui s'épanouit sur la berge.

Coup de cœur de l'auteur :

En été, du hangar branché à la terrasse sur la rivière de Crac'h, pour un apéro au soleil couchant, c'est the place to be !

À voir, à faire :

Saint-Philibert avec une chapelle du XVIIe s., la biscuiterie La Trinitaine et les plages de sa presqu'île. Auray, au fond de son estuaire, l'une des plus jolies cités de caractère de Bretagne.

Plan p. 8, B3

Morbihan

• *25, route des Plages – Saint-Philibert*
56470 La Trinité-sur-Mer
Tél. 02 97 50 23 44
www.lavillabelange.com

• *2 chambres : 80-120 € selon la saison. 3 suites junior : 120-180 €. Suite « Rozael » : 150-210 €. Suite « Anaël » : 180-260 €. 3 appartements : 160-190 € en BS, 240-300 € en HS. Réduction sur la totalité du séjour à partir de 3 nuits. Lit suppl. : 30 €. Petit déjeuner buffet : 15 €.*
Bar à tapas de 17h-21h. Table d'hôtes sur résa. : 22-45 €.
Wifi gratuit. Service de baby-sitting sur demande. Parking privé.

–> Ouvert toute l'année.

Villa Bel Ange

Coups de cœur de l'auteur :

Lumineuse et idéalement située face à la mer.

À voir, à faire :

Les nombreuses formules proposées par l'hôtel dont « Instants Découverte » : une sortie à la demi-journée en bateau avec skipper dans le golfe du Morbihan, incluant une pause huîtres et vin blanc (5 350 € jusqu'à 6 pers.).

Avec la bénédiction des anges du panthéon breton…

Inondée de lumières, en balcon sur l'anse de Saint-Philibert, la grande pièce à vivre déploie ses ailes au ton du sable des plages. Climat doux, relaxant, au calme sous une pinède qui descend au bras de mer. Tous les espaces de cette vaste demeure balnéaire des années 1930 sont traités dans un même esprit bord de mer. Depuis la petite « Hagiel », délicieuse dans ses tons de rouge camélia, jusqu'à la suite « Zacharel », imaginée comme un cabanon de mer avec ses voliges poudrés et sa terrasse avec vue. Kitchenette en prime et mobilier blanc, couleur de galet ou gris anthracite. Pour chaque chambre, un nom d'ange breton… ou même d'archange, tel « Gabriel », accessible aux personnes à mobilité réduite, auquel un mobilier cérusé confère un charme discret. L'un des appartements, « Séraphiel », conçu pour deux parents et deux enfants, a conservé son mur de pierre. La suite « Rozaël » délivre la plus belle vue sur l'anse marine. Nuptiale est la suite « Anaël » avec son lit rond et sa terrasse de plein pied sur le jardin, son Jacuzzi privé sous les pins. Pierre-Yves, natif d'Auray, rodé aux stations de la Côte d'Azur et des Alpes, qui gère l'hôtel avec compétence, vous mettra sur la piste de tous les trésors du coins…

Plan p. 8, B3

Morbihan

• Isabelle et Lionel Jégou
39, rue du Lenn – 56870 Baden
Tél. 06 07 50 10 17
lueur-des-iles@orange.fr
www.lueur-des-iles.com

• 5 chambres : 92-117 € en BS selon le standing, 120-145 € en HS.
Table d'hôtes : 35 €, hors vins.
Wifi gratuit. Jacuzzi, sauna.
Massages sur résa. : 60 €/h. Piscine.

–> Ouvert toute l'année.

Lueur des Îles

Relax and slow-design...

D'abord, ils ont cherché à rénover. Puis, ils sont tombés sur ce terrain à 300 m des berges du golfe du Morbihan. Alors, Isabelle et Lionel ont imaginé une demeure avec de vastes volumes, une aile privée, une aile pour les hôtes, réunies par la grande voilure d'une charpente contemporaine. Aujourd'hui, sous la tombée d'une gigantesque hotte de cheminée, l'immense pièce à vivre déploie ses tables en bois et ses *looms* chocolat-cannelle. Une patère y expose bougeoirs en raku bleuté et flacons. Des branches, des lustres en branches, des poufs en troncs d'arbres animent l'espace tourné vers le jardin en espalier conduisant à la piscine et au Jacuzzi en luminothérapie. À l'étage, le repos des hôtes est assuré dans un décor épuré. Un « Air Bleuté », qui s'apparente plutôt à un air marin, flotte dans la première. Un soleil rouge enflamme la salle de bains d'« Horizon Lointain », qui voyage autour de malles, sous des luminaires en dentelles de rotin. Le « Rayon du Poète » est plus nature entre bois bruts et troncs lessivés. En rez-de-jardin, les hôtes s'éveillent dans la douceur « Blanc Nacré » d'un plaid douillet et d'un coussin nuagé, ou bien dans l'évocation d'une « Rose d'Antan » que contemplent deux oiseaux rose bonbon autour d'un duo de fauteuils, l'un rose poudré, l'autre camélia. Derrière ses baies vitrées, « Blanc Nacré » dispose d'une belle terrasse privative délivrant, dès l'aube, sous les pins maritimes, une vue superbe dans les brumes qui montent du golfe...

Coups de cœur de l'auteur :

Une demeure contemporaine zen et idéalement située.

À voir, à faire :

Une virée en kayak de mer depuis la base nautique Varec'h à Baden (www.bretagne-kayak.com). Le golf de Baden (www.as-golf-baden.com), le long de la rivière Auray.

Plan p. 8, A3

Morbihan

• 34, avenue des Quatre-Frères-Leroy-Queret
56260 Larmor-Plage
Tél. 06 70 38 58 23 et 09 67 20 97 81
contact@uncoinchezsoi.net
www.uncoinchezsoi.net

• Gîtes : 95 € la nuit, 180 € les 2 nuits du w.-e.
Linge et ménage inclus.
Thé, café, lait fournis. Pour le reste, la boulangerie est au coin de la rue...
Wifi gratuit.

–> Ouvert toute l'année.

Gîtes Chocolat et La Voile

Falquerho a encore frappé !

Après les Gîtes Gourmandise et Souvenirs d'Enfance (voir Insolites), Yann Falquerho, associé à Virginie – qui œuvre au sein du cabinet Design Desirable –, se pourlèche les moustaches, avec cette fois, le Chocolat ! Conçu pour deux adultes et deux enfants, ce gîte invite à la gourmandise autour de son grand pot de Nutella gonflable, de son présentoir gavé de tablettes Meunier ou Nestlé. Au passage, on révise l'appareil digestif de la vache. Dans la belle cuisine ouverte, autour d'une table Baumann en formica et de ses chaises en bakélite, on a droit à toute la panoplie des caisses à tablettes de chocolat, des étagères à Michoko, Cacolac, Milka et autres livres de recettes. Plus rétro, les collections de moules à madeleines, de silhouettes de Pâques, qui passent en revue tout le cheptel printanier, de l'œuf au lièvre, du coq au homard en passant par le canard, sans oublier tous les saints du panthéon breton. Mais que fait ce siège d'arracheur de dents dans un coin du living ? Il est censé mettre en garde contre les excès... de gourmandise !

Coup de cœur de l'auteur :

1, 2, 3, 4, 5... gîtes, l'humour en plus !

À voir, à faire :

C'est dans une ancienne laverie que Yann a installé « Curieusement ». Objets insolites, chinés, rééditions de jouets anciens, gourmandises indémodables et créations d'artistes du Grand Ouest, vous allez craquer ! (tél. 06 70 38 58 23)

Hissez la grand'voile...

Ce gîte-là est bricolé uniquement à partir de voiles fabriquées à Lorient, à partir du JPK qui a fait deux fois la Transat. Sa voile a été récupérée, morcelée, découpée pour en faire un tapis, des jetés de lit et de canapé, des poufs, des rideaux, des coussins, des sets de table et même la couverture d'un mini-fauteuil. Autour de l'idée que se fait Yann Falquerho de la « grande mare », il fait barboter des canards en plastic sous les combles du loft éclairé par une lampe montée sur une botte en caoutchouc. Un kit de boîtes de sardines de survie traîne sur la table. La chambre est en total look voileux et piquets à fanions.

Vache de dentiste...

Plan p. 8, B3

Morbihan

• Lieu-dit Kerhallec
56250 Trébfléan
Tél. 09 67 01 50 61
contact@lesjardinsdhysope.fr
www.lesjardinsdhysope.fr

• 5 chambres : 95-140 € selon la saison.
Gîte « Terre » (2 pers.) : 110 € la nuit, petit déjeuner compris. Gîtes « Botanique » et « Authentic Aquatique » (4 pers.) : 170 €. Ménage et linge inclus.
Wifi gratuit. Spa.

–> Ouvert toute l'année.

Les Jardins d'Hysope

Une invitation à la relaxation...

Au sein d'un domaine breton qui a revisité son vaste espace dans un style très contemporain, Nadège, esthéticienne professionnelle, qui dispose de son propre spa au cœur du logis, gère les gîtes, qui peuvent être loués à la nuitée et dont les espaces sont délimités par des murets de galets prisonniers de clôtures en fer. Couleur de rouille et d'orange flamboyants pour l'élégant gîte « Terre », qui ceinture sa tête de lit avec une superbe collection de poteries en terre. Tonalités groseille et violine pour le grand séjour avec cuisine intégrée du gîte « Botanique », où un grand canapé Pompadour en bois d'Angel et sa bergère assortie, au velours fuschia, se sont assis entre des chaises en moleskine violettes et des bouquets de buis. Esprit bois flotté pour l'« Authentic Aquatique » aux tons vitaminés d'hortensias bleus, qui intègre le mur de pierre de l'ancienne longère. Les bleus s'apaisent, les lumières se tamisent quand on passe du salon aux chambres qui invitent à la relaxation...

Coups de cœur de l'auteur :

Élégants et contemporains. Spa à domicile.

À voir, à faire :

Le château du Plessis-Josso (www.plessis-josso.com), exemple de manoir breton. Vannes et son quartier médiéval, ses remparts et son Jardin aux Papillons (www.jardinauxpapillons.com).

Plan p. 8, A3-B3

Morbihan

• Soisick et Patrick Boulch
Rive Eva-Jouan
56360 Le Palais – Belle-Île-en-Mer
Tél. 02 97 31 44 78
corderiebelleile56@gmail.com
http://corderiebelleile56.over-blog.com

• 1 suite : 110 €, 90 € à partir de 2 nuits.
Wifi gratuit.

–> Ouvert toute l'année.

La Corderie

Entre mer et campagne…

Au port du Palais. Une suite unique ! Pleine vue sur la rive du troisième bassin, où se dandinent les voiliers et accostent les petits bateaux de retour de pêche. La maison est implantée sur l'emplacement d'un ancien chantier naval, transformé par la suite en corderie, puis en voilerie. Plus tard, le lieu servit de dortoir à des saisonnières qui travaillaient dans une usine de sardines. La porte coulissante, la grande baie vitrée et la structure industrielle du bâtiment accentuent son caractère. En opposition, l'intérieur est tout cocon, blanc et gris pastel. Tout en nuances, des boiseries au-dessus de lit éclairé d'oreillers couleur d'ajoncs. Un ton typiquement breton que l'on retrouve sur les appliques, les chevets, la bougie qui éclaire la table basse et un pan de mur du salon. On s'y déplace à l'aise depuis la salle d'eau à la blancheur immaculée jusqu'à la cheminée laquée, entre fauteuils, réédition XVIIIe, et Récamier pour mieux s'accouder lorsqu'on a pêché un livre dans la bibliothèque abondamment fournie. Sous le regard d'un visage de femme dans le vent des îles et des années 1930 !

Coup de cœur de l'auteur :

La mémoire de l'île en accord avec le décor.

À voir, à faire :

La découverte de la plus grande des îles bretonnes et de sa citadelle. L'espace dédié à Sarah Bernhardt à la pointe des Poulains.

Plan p. 8, B3

Ille-et-Vilaine

• Véronique Littmann
4, rue du Capitaine-Dreyfus
35000 Rennes
Tél. 06 31 64 61 38
rennesattitude@yahoo.fr
www.rennesattitude.com

• 6 appartements : 105 € pour 2 pers., 170 € le w.-e. de 2 nuits. Lit suppl. : 15 €. Wifi gratuit. Écran plat. Cafetière.

–> Fermé 25 juil.-20 août.

Rennes Attitude

1,2,3 et 4 apparts en ville...

Dans la grande mouvance des chambres d'hôtes urbaines, Véronique propose de petits appartements, entièrement rénovés au cœur de Rennes. Esprit récup' pour le « Gîte Romance ». Sur le parquet du salon se prélassent deux fauteuils cannés éclairés par une lampe composée à partir de bobines. Derrière le rideau, la chambre se dévoile, virant du mastic au gris. Plaid laineux, tapis méché. La spécialité de Véronique, ce sont les lustres. Bricolé, ici, à partir d'un seau transparent personnalisé avec des lettres et des livres. La jeune femme compose ainsi des univers pleins d'imagination à partir de menus objets du quotidien. Atmosphère gourmande pour le « Gîte Chocolat », où des fauteuils-clubs ravivent un esprit colonial autour d'une table en malle de cale enguirlandée de boules lumineuses. Des appliques en pots de Nutella, une coulée de chocolat sur la porte coulissante de la chambre. Plaid polaire, évidemment couleur chocolat. Au-dessus, « Souvenirs d'Enfance » ravive ceux des marelles du cours élémentaire. Un grand tableau qui sent encore la craie prend la pause sous un lustre confectionné avec un ancien jeu de quilles. Un autre est garni de jeux de plages. Une chaise de classe en guise de luminaire, un vélo accroché au mur et des appliques en ardoises d'écolier. L'« Appart des Beaux-Arts » est situé dans la rue d'à côté. 32m² de tonalités gris-bleu dans une atmosphère atelier d'artiste, où de vieilles poutres dénudées séparent les espaces. Cette fois sous un lustre aux crayons et pinceaux !

Coup de cœur de l'auteur :

Imagination toujours débridée, mais 10/10 : salut l'Artiste !

À voir, à faire :

Situation idéale sur les quais, pour une balade pédestre dans les centres médiéval et classique de Rennes. Le parlement de Bretagne est à 3 min. et le musée des Beaux-Arts (www.mbar.org) est voisin.

Plan p. 8, B3

Ille-et-Vilaine

• Marie et Christophe Roussel
Le Haut-Méhault – 35740 Pacé
Tél. 07 86 42 99 38
contact@lesdemeuresdemarie.com
www.lesdemeuresdemarie.com

• 2 chambres : 89-99 € selon le standing.
2 suites : 125-135 €. 1 double suite en rez-de-jardin avec terrasse privative : 145 €. Lit suppl. : 20 €.
Petit déjeuner : 12 €.
Table d'hôtes : 27 €, hors vin. Dîners aux chandelles.
Wifi gratuit. Spa, hammam : 15 € la séance pour 2 pers., salon d'été avec Jacuzzi.

–> Ouvert toute l'année.

Les Demeures de Marie

Coups de cœur de l'auteur :

La boutique à croquer sur le palier. La maison de Marie est un show-room et tout son mobilier est à vendre, mis en situation dans ses chambres d'hôtes.

À voir, à faire :

Rennes, la place des Lices et son fameux marché le sam. matin. Le golf de La Freslonnière (www.golfdelafreslonniere.com).

Fondations antérieures au XIIIe siècle, esprit XVII-XVIIIe et design d'aujourd'hui…

Cette maison de maître approvisionnait jadis Rennes en cidre. C'est le talent de Marie, sa propriétaire, pour mixer entre eux mobilier et accessoires, qui rend cette demeure à la fois intemporelle et très actuelle. Entre les murs de pierre et de brique décroutés, face à la cheminée en granit du salon, autour d'un duo de fauteuils contemporains se bousculent les retraits et les ajouts des temps qui passent. Les glaces démultiplient les volumes, les tons gris-beige donnent de la clarté depuis le vestibule jusqu'à la cuisine et sa fausse verrière ouverte sur le jardin. Les tables voltigent entre nappes superposées, orchidées et bougeoirs allumés pour composer le décor singulier de petits dîners en amoureux. Partout d'amples pelisses en fausse fourrure, couleur de glacier. Salle de bains aux émaux mastic-nougat, veillée par deux ours en embuscade ou salle d'eau boudoir dans laquelle parade un canapé chesterfield immaculé. Armoire Brantôme ou armoire suédoise, les atmosphères se superposent en harmonie sous la belle charpente des combles, autour d'une bergère, couleur charbon, derrière des volumineuses lampes chapeautées d'abat-jours en fausse fourrure dans la plus spacieuse des chambres. Dans chacune, Marie a arrêté le temps au tempo du néo-XVIIIe qu'elle affectionne, sous forme de grandes horloges cloutées sur les murs.

Les Patios

Plan p. 8, B3

Ille-et-Vilaine

• Christine et David Etcheverry
1, impasse du Vieux-Bourg
35760 Saint-Grégoire
Tél. 02 99 68 79 35
contact@le-saison.com
www.le-saison.com

• 5 chambres : 190-210 € selon le standing.
Les banquettes se transforment en lit d'enfant (50 €). Lit bébé gratuit.
2 salles de restaurant (www.le-saison.com) : menus 47-90 €, carte.
Wifi gratuit.
Piscine sur planches en couloir de nage.

—> Ouvert toute l'année.

Bulles de design et bulles de bonheur...

À 16 ans, David Etcheverry quitte son Pays basque natal pour faire ses classes à Paris. Arrivé par hasard en Bretagne, il y reste par amour et vole de ses propres ailes. Un jour, il trouve une vieille longère en ruines aux portes de la capitale bretonne. Il finit de détruire ses murs au profit de bâtiments revêtus de lattes de pin Douglas. Il ouvre d'abord un restaurant gastronomique au design audacieux où, au fil des saisons, il imagine ses plats comme un couturier sa collection. Opiniâtre, David, épaulé par son épouse Christine, sait aller jusqu'au bout de ses rêves en ouvrant, en 2011, cinq chambres à la déco futuriste. Spacieuses et lumineuses, elles ont été agencées, chacune comme un cocon spatial. Tout en rondeur, chaleureuses dans les perspectives, avec des ouvertures sur des coins de nature, escortées de salles de bains avec vasques en corian, baignoires ovoïdes en acrylique ou douches ultra-design. Elles se déclinent en... cinq saisons. Le printemps ouvre le bal en tonalités de fleurs de camélias sur un parterre de fleurs roses. L'été emprunte son jaune au ton des boutons d'or, que rehausse un tapis noir mordoré et prolonge un jardin fou de chèvrefeuille, lavande et graminées. L'automne est flamboyant dans ses tonalités de brique orangée, relevées par l'érable japonais. Quand vient l'hiver, couleur de galets, c'est un tapis d'élèbores et de roses de Noël qui s'offre au regard derrière la baie vitrée. La cinquième saison des Patios, c'est la saison préférée des propriétaires, qui décline tous les verts de la nature du verveine au citron vert. Comme une gourmandise à savourer jusqu'au bout de la nuit...

Coups de cœur de l'auteur :

Le concept, où tout est en concordance à l'image des restaurants. L'un ouvert sur le jardin, l'autre plus cocooning. Ils reprennent les tonalités des chambres. Murs en éclats de lumière fluo, lustres origami et étonnants guéridons roulants très design pour chaque table.

À voir, à faire :

Une balade à pied ou à vélo sur la voie verte aménagée le long du canal d'Ille-et-Rance. À Rennes, les Champs Libres (www.leschampslibres.fr) de l'architecte Christian de Portzamparc, espace culturel qui intègre le musée de Bretagne et l'espace des Sciences.

Plan p. 8, B3

Ille-et-Vilaine

• Marc Douezi
La Janaie
35133 Parigné.
Tél. 02 99 95 69 88 et 06 25 04 60 26
maisonjaunejanaie@gmail.com.
www.lajanaie.fr

• 3 chambres : 75-85 € selon la saison.
Lit suppl. : 15 €. Lit bébé : 10 €.
Table d'hôtes : 2 plats 10 €, hors boissons ; 3 plats 15 €.
Wifi gratuit.
Tout le mobilier créé par Marc est à vendre.

–> Ouvert toute l'année.

La Maison Jaune

Inspirée par la géométrie de Mondrian et les couleurs de Mirò

Rouge à l'extérieur et puis, verte, bleue à l'intérieur. Rien que des couleurs primaires. Marc est designer. Il a conceptualisé cette ancienne grange pour en faire à la fois un show-room de ses créations, une demeure d'hôtes et une maison d'échanges entre artistes. Comme un grand loft en rase campagne, ouvert sur le jardin. Ses sièges sont inspirés du Bahaus, de Le Corbusier. Tables basses, table d'échec, chaises et mobile à la manière de Calder. S'y côtoient des grands noms du design. Un piétement de Leleu a été retravaillé à sa façon, un trophée en guidon et selle de vélo montée à celle du taureau de Picasso. Dans les vastes espaces de vie, des tapis iraniens couvrent la dalle de ciment des sols, les murs sont peints de couleurs vives. La chambre bleue s'accoquine au vert pour faire voyager les hôtes d'une affiche à un tableau. La verte se marie au jaune autour d'un thème végétal, où l'arbre est omniprésent. Sur le lit de la rouge, un jeté de laine bouillie noire accentue la couleur jaune d'un pan de mur. Pas de raison pour autant de se perdre dans l'alphabet des couleurs très personnel de Marc, puisqu'il ne tourne qu'autour des essentiels !

Coups de cœur de l'auteur :

La magie et la géométrie des couleurs. Un univers particulier qui étonne et enchante en pleine campagne.

À voir, à faire :

La tourbière de Landemarais à Parigné. Le parc botanique de Haute-Bretagne au Châtellier (www.parcfloralbretagne.com). Fougères, la ville des écrivains, haut-lieu de la chouannerie.

Plan p. 8, B2

Ille-et-Vilaine

• Nathalie et Jean-Joël Schlicklin
9, rue Thévenard
35400 Saint-Malo
Tél. 02 99 40 43 63 et 06 07 10 80 22
accrochesaintmalo@gmail.com
www.accrochecœursaintmalo.fr

• 5 chambres dont 1 suite familiale : 78-120 € selon la saison. Lit suppl. : 30 €. Wifi gratuit.

–> Fermé pendant les vacances scolaires de fév.

L'Accroche-Cœur

Dans vos rêves : du gîte et du roulis.

Et pour cause... Dans Saint Malo, intra-muros, cette taverne était, à son origine en 1623, un fameux repaire de corsaires. Sous ses poutres de galions, entre ses murs de pierre qui ont pris du ventre avec les siècles, passe le souffle de l'Histoire. Nathalie et Jean-Noël, malouins d'adoption depuis vingt-cinq ans, lorgnaient depuis belle lurette sur l'établissement qui, sous leur « règne », est passé de 12 à 5 chambres, distribuées au fil d'un escalier enroulé autour d'un mât de bateau. « Brieg », la familiale, aux vertes tonalités acidulées a tout prévu dans la chambre des enfants aux lits superposés : jeux, livres et écran plat. Dans la chambre « Tugdual », blanche et épurée, un fauteuil Art déco, laissé dans le jus fané de son semis fleuri, crâne fièrement face à une affiche rare de *La Chair de Poule* de Julien Duvivier. « Pol » est rose bonbon, un peu Baby Doll, très féminine autour de ses bergères de style Louis XV quand sous un ciel étoilé, « Patern » voit la vie couleur émeraude. Pour « Mac Law », emblème du diocèse de Saint-Malo, installée sur son plancher XVIIe, le violet épiscopal s'imposait, tempéré par une bergère rose mordoré. On admire la superbe toile de lin enduite de Patrick Serc qui navigue sur le mur. Derrière chaque tête de lit, d'astucieuses penderies et du kouing-aman frais chaque matin au petit déjeuner.

Coup de cœur de l'auteur :

Le charme des siècles accordé au nôtre.

À voir, à faire :

Une perle si rare dans Saint-Malo intra-muros, autant en profiter (parcours historique et autres circuits-découverte disponibles sur le site de l'office de tourisme, www.saint-malo-tourisme.com).

Plan p. 8, B2

Ille-et-Vilaine

• *Myriana et Jean-François*
19, place du Canada
35400 Rothéneuf-Saint-Malo
Tél. 02 99 20 12 30, 06 26 14 33 93
et 06 81 27 12 35
contact@villaespritdefamille.com
www.villaespritdefamille.com

• *3 chambres : 69-99 € selon la saison. 2 suites (4 pers.) : 79-109 €. Lit suppl. : 20 €, enfant 12 €. 2 gîtes (4-5 pers.) : 79-109 €. Linge et ménage inclus.*
Petit déjeuner : 10 €, enfant 5 €.
Panier pique-nique sur résa.
Massage crânien sur résa. : 10-15 €.
Baby-sitting. Location de vélos.

—> Fermé la 2e quinzaine de janv.

La Villa Esprit de Famille

Coup de cœur de l'auteur :

Un véritable esprit « villa de famille » adapté à notre époque.

À voir, à faire :

À deux pas : l'école de voile (www.snbsm.com) sur la plage de cet ancien repaire de corsaires. Les rochers sculptés de Rothéneuf.
Le manoir de Limoëlou, demeure de Jacques Cartier (www.musee-jacques-cartier.fr).

Dans la tradition des « Hôtels de la Plage », version 2013…

Depuis que Jean-François et Myriana l'ont reprise et y ont mis leur grain de sel, il y a comme un souffle de vent frais, de jeunesse qui s'est engouffré entre les murs de la villa. Ça tient d'abord à son histoire, puis à cette sympathique famille recomposée… À marée haute : six enfants à demeure. À marée basse : quatre ! Couleurs bayadères dans la salle des petits déjeuners, installée dans un lumineux jardin d'hiver, entre longue table, style comptoir de mercerie, et fauteuils-clubs. Les suites familiales sont baignées des « Lumières de la Baie », couleur de galets. Chacune dispose d'une petite chambre et d'un salon. Certes, les salles d'eau sont riquiqui, mais les thèmes toujours rigolos. Il en va ainsi pour « Régates au Large », où l'on s'endort sous un grand pavois en révisant l'alphabet maritime inscrit au plafond. Les « Bords de la Rance » ont été imaginées comme un carrelet de pêcheur, tonalités ficelle et corail, autour d'une guérite en planches qui délimite l'espace salle d'eau et des toiles de vieux gréement en guise de rideaux. Parfums de docks et tissus de cale au « Quai n° 7 », qui peut être privatisée avec « Retour des Îles » qui, sous son baldaquin violine, évoque le passé maritime de Saint-Malo et de l'Île Maurice, où Myriana a ses racines…

Le Royal Émeraude

Plan p. 8, B2

Ille-et-Vilaine

• Nathalie et Joël Moro
1, boulevard Albert-1er – 35800 Dinard
Tél. 02 99 46 19 19
www.hotelemeraudeplage.com

• 47 chambres : 215-250 € selon le standing et la saison. 2 suites : 475-650 €. Lit suppl. enfant : 40 €. Lit bébé : 12 €. Petit déjeuner : 19,50 €. Carte room-service. Salon de thé en après-midi. Wifi gratuit. Salle de remise en forme. Hamman. Appareils de fitness, table automassante : 20 €. Parking : 17 €.

–> Ouvert toute l'année.

Quand voyager était un art… Édifiée à la belle époque des bains de mer, cette somptueuse villa, connut bien des hôtes célèbres. Revu de pied en cape en 2006, le Royal Émeraude affiche d'emblée un esprit british en ses salons. Son impressionnant bar en malle de voyage tressée comme une nacelle de montgolfière donne le ton… Univers paquebot au premier étage, qui navigue sur des moquettes émeraude aux éclats de vagues et tonalités havane. Au second, c'est l'Orient-Express qui vous invite en ses wagons… *so chic !* Le troisième est dédié aux pionniers de l'Aéropostale. Quant au Pigeonnier avec son lit de biais, il séduit les amoureux qui roucoulent, adossés à des coussins de cale. Les suites, aussi selectes que cosy, ouvertes en balcon sur la plage de l'Écluse, raviront une clientèle exigeante.

La Maison dans les Bois

Plan p. 8, B3

Loire-Atlantique

• 161, lieu-dit Le Vaud – 44521 Oudon
Tél. 02 51 14 13 82 et 06 89 67 18 41
rouquayrol.philippe@wanadoo.fr
www.lamaisondanslesbois.fr

• 2 chambres : 69 €.
Espace bien-être. Sauna : 12 €/30 min. pour 2 pers.
Salon-bibliothèque.

–> Ouvert toute l'année.

Trois hectares de pins et de chênes, à 800 m de la Loire et à une trentaine de kilomètres de Nantes. L'idéal pour cette maison dans les bois, inondée de lumière et habillée de bardages en pin Douglas. Terrasse privée dans les feuillages. Sol en résine à effet béton lissé pour une première à la couette blanche, réchauffée par un plaid pixellisé mauve et vert. Un panneau mural aux multiples visages met de la magie sur un pan de mur. Une salle d'eau en harmonie s'est installée derrière une porte coulissante. Rien ne manque ! Il y a même des chevreuils qui, en bons voisins, viennent saluer les hôtes au soleil couchant…

Plan p. 8, A3-B3

Loire-Atlantique

• 86, quai de la Fosse
44000 Nantes
Tél. 09 67 20 97 81
contact@uncoinchezsoi.net
www.uncoinchezsoi.net

• « Le Voyage extraordinaire » (4 pers.) : 130-160 € selon la saison. « De la Terre à la Lune » (6 pers.) : 200-240 €. Tarifs à la sem. sur demande. Pour les petits déjeuners, tous les liquides sont fournis, prévoir le solide... Wifi gratuit.

–> Ouvert toute l'année.

Le Voyage extraordinaire et De la Terre à la Lune

Quand Yann Falquerho revisite ses classiques...

L'enfant de Nantes, nourri aux voyages de Jules Verne, se devait de rendre hommage au plus populaire des écrivains nantais. Associé à Virginie Leildé, la discrète, c'est derrière une porte cochère des quais de Nantes, que ces deux-là ont concocté deux appartements d'hôtes en rez-de-chaussée. Fidèle à son esprit, Géo Trouvetout, notre scénographe un peu fou, et sa complice ont bricolé meubles industriels et planches de containers pour fabriquer des cloisons entre les espaces de vie et les espaces de nuit. Mots et merveilles de Jules Verne quand la porte se referme sur « Le Voyage extraordinaire » entièrement équipé de mobilier de récupération, entre bois brut, ferraille et laine bouillie. Ouvrir le sas et passer « De la Terre à la Lune » est un autre voyage... On y découvre un monde de fusées et de vaisseau spatial et, pour le confort, une grande chambre au lit blanc réchauffé par un plaid polaire, une baignoire dans un atelier façon serre. Une porte de grange coulissante permet, six marches plus bas, d'accéder à un vaste salon. Sans bouger du canapé anglais, on a l'illusion d'une intrusion sur la chaussée, sans être perturbé, mais plutôt fasciné par le carrousel des voitures slalomant sur

les quais. Sous un aéroplane accroché au plafond, on relit Jules Verne à la lueur d'un authentique réverbère. Entre rideaux de cale et cylindre en fonte d'obus où se sont logés cuisine, toilettes, douche et même une niche pour enfant rêveur, le fantastique de Jules Verne reprend corps. Pourtant, c'est au sous-sol qu'il délivre le plus inattendu avec cette chambre posée sur des tomettes de cave. Entourant l'alcôve, c'est un sentier de curiosités qui s'offre au dormeur, entièrement voué à l'auteur de *Vingt mille lieux sous les mers*. Avec, en prime, la représentation de l'écrivain en copeaux de papier, une œuvre de Lionel Le Scornec qui ensoleille les lieux de son crayon lumineux... Et qui n'est pas sans rappeler *Les Anneaux* de Buren qui s'allument le soir, sur les quais d'en face...

Coups de cœur de l'auteur :

Yann et Virginie ou les magiciens de Jules Verne ! Leurs rêves croisés pour que rêvent vos nuits.

À voir, à faire :

Les parcours-découverte du voyage à Nantes (www.levoyageanantes.fr). Le château des ducs de Bretagne (www.chateau-nantes.fr). Le musée Jules-Verne (www.nantes.fr/julesverne).

Plan p. 8, B4

Loire-Atlantique

• Jean et Michelle Blondeau-Raederstoerffer
1, chemin des Mousseaux
44210 Pornic
Tél. 02 40 82 02 29 et 06 30 07 07 66
lejardinderetz@orange.fr
www.lejardinderetz.fr

• 3 chambres : 95 et 115 €. 5e nuit offerte mars-oct.
L'orangerie peut être louée à la journée pour des réceptions.
Wifi gratuit dans certaines pièces.
Parking clos gratuit.

–> Ouvert toute l'année.

Le Jardin de Retz

C'est le repos du jardinier...

Une oasis où le temps est suspendu à l'éclosion d'un camélia, au frémissement d'une branche de pin. On pénètre dans ces salons de végétation au fouillis savamment étudié, habités par une brocante de circonstance, comme on investirait des jardins secrets... Les chambres ont la douceur exquise des petits matins de campagne à la mer, quand le soleil menace... Tendance gustavienne pour la suite « Hosta », qui prend le large au travers d'un jardin d'hiver au mobilier drapé de capuchons en lin et coton blanc. Rideaux en organza, boutis en grisaille et salle d'eau joliment vitrée à la façon d'un ancien atelier. Les talents conjugués de Michelle, la maîtresse de maison, et d'une amie, l'une donnant le trait de crayon, l'autre le coup de peinture, ont déroulé une pastorale sur un pan de bois. Michelle cultive encore ce style XVIIIe, qu'elle affectionne, dans la chambre « Glycine », en harmonie de gris souris et de gris tourterelle et jusque dans l'orangerie, transformée selon sa fantaisie en Ateliers confitures ou couture, en salon de thé... *So romantic !*

Coup de cœur de l'auteur :

Une atmosphère délicatement surannée qui colle à merveille à cette maison-jardin.

À voir, à faire :

Balade le long de la corniche de Gourmalon. Promenades en mer à bord d'un trimaran (www.fleurdesail.com)

Plan p. 8, B4

Loire-Atlantique

• Catherine Herrouin
La Bogetterie
44710 Port-Saint-Père
Tél. 02 40 47 80 42 et 06 80 50 32 47
contact@demeure-arabesques.com
www.demeure-arabesques.com

• 3 chambres : 90-125 € selon le standing et la saison. Lit suppl. : 25 €.
Table d'hôtes le w.-e. sur résa. : 35-48 € selon le menu. Wifi gratuit.
Sauna privée dans la chambre « Roland Petit ».

–> Ouvert toute l'année.

Demeure Les Arabesques

Coups de cœur de l'auteur :

Un univers magique, une situation idéale entre Nantes et Pornic.

À voir, à faire :

Planète Sauvage (www.planetesauvage.com), une vraie réserve avec loups et big five à Port-Saint-Père. Les plages de Pornic à 20 min.

L'Arabesque ? Un mouvement de danse que Catherine a enseigné pendant vingt-huit ans !

Catherine et son mari ont jeté leur dévolu sur une ancienne borderie du XVIe siècle. À partir de la maison d'origine, lambrissée de bois vanille par les anciens propriétaires, ils ont offert une belle extension à leur domaine, dans un style cabanon de mer. Une chaise Art nouveau à la colonne vertébrale sculptée dans une chambre, un fauteuil aux pattes arquées et à la colonne élancée chez sa voisine, deux assises cloutées au dossiers ailés dans la troisième... Les chambres sont toujours dédiées à leurs danseurs préférés. Élégance racée de la « Roland Petit », où une robe de bal vintage invite à un pas de danse, entre la chaise africaine et les tissus moirés or-nougat ou rouge-orangé. Chez « Patrick Dupont », on pénètre dans le registre plus baroque d'un univers composé autour d'une tête de lit importée d'Italie, pimentée d'une touche indienne aux miroirs or-argent-émeraude. La « Maurice Béjart » fait le grand écart d'un cuir râpé à un tapis moucheté, couleur de fumée. Rideaux crème, festonnés de bandeaux de plumes, lit à la tête en cuir, réchauffé par une fausse fourrure au ton léopard. Les soirs d'été, les hôtes ravis savourent en terrasse plateau d'huîtres et verres de muscadet, face à la piscine cadrée par une végétation plus méditerranéenne qu'atlantique.

Plan p. 8, B3

Loire-Atlantique

• Jacques Guihot et Vincent Louis
570, route de Carquefou – 44240 Sucé-sur-Erdre
Tél. 02 51 81 15 00
info@lesarbresrouges.com
www.lesarbresrouges.com

• 4 chambres : 113-120 € selon le standing.
1 suite : 139 €. Lit suppl. : 28 €.
Menus d'hôtes servis en tables individuelles : 39 €.
2 piscines (une d'été et une ouverte toute l'année avec nage à contre-courant, jet tonique, siège massant, en accès direct avec peignoirs depuis les chambres).
Wifi gratuit. TV.
–> Ouvert toute l'année.

Les Arbres Rouges

Chic et tonique...

Ils se sont inspirés d'un tableau de Vlaminck pour donner son nom à leur maison. Car, hormis des pots rouges à l'entrée et un arbre japonais dans le grand parc, qui ondule en direction de l'Erdre, nul arbre rouge à l'horizon ! Côté déco, en revanche, la couleur est au rendez-vous dans le grand volume contemporain, qui multiplie ses salons, face à une baie par laquelle les lumières pénètrent à profusion. Fauteuils douillets, tapis méché, mobilier de créateurs, éléments vintage à l'image du papier peint d'Élitis qui s'expose face à un véritable bar d'hôtel, très *70's* chic. Un grand mur en forme de vague permet aux hôtes de déguster leur cocktail préféré et de papoter au zinc sans gêner les voisins, admiratifs du travail des jeunes artistes que les propriétaires exposent au salon. À commencer par eux-mêmes, sous forme d'autoportraits. Qui est Vincent ? Qui est Jacques ? En tout cas : salut les artistes ! Par ses couleurs, ses matières, ses mouvements, sa déambulation, leur demeure est relax... Velours caramel et pan de mur peau de zèbre au salon des petits déjeuners. Couettes blanches, pelisses châtaigne, bois naturel ou tonalités cuivrées, verveine, pomme verte, jasmin. On souligne l'élégance du sol carrelé, couleur de fumée, d'une salle de bains, la mise en scène d'un lit en biais, du glacé d'un papier peint aux rayures british. Le loft au jardin privilégie la vue et le vaste boudoir contemporain d'un vrai salon de bain.

Coups de cœur de l'auteur :

Le parti-pris contemporain des lieux, la galerie d'art dans le couloir des chambres, les deux piscines qui permettent de se baigner en toute saison.

À voir, à faire :

La vieille ville de Nantes,
la cathédrale Saint-Pierre-et-Saint-Paul.
Canoë ou kayak sur l'Erdre (club-kayak-erdre.fr).

Plan p. 8, B4

Loire-Atlantique

• Thomas Alperstedt
44690 Saint-Fiacre-sur-Maine
Tél. 02 40 43 46 33
contact@lademeure.fr
www.lademeure.fr

• 2 chambres : 120 €. 1 suite (4 pers.) : 200 €.
Wifi gratuit. TV dans les chambres doubles.
Spa, Jacuzzi, balnéothérapie.

–> Ouvert toute l'année.

La Demeure de Saint-Fiacre

Ils ont trouvé une ruine... Ils ont créé une gentilhommière du XXIe siècle...

Ici vivaient jadis les grands-parents de la mère de Victor Hugo, sur ces « gras moutons », terres nourricières d'une ancienne seigneurie, dont ils furent vraisemblablement les régisseurs. Thomas, d'origine allemande, et son compagnon, aux attaches nantaises, se sont emballés pour ce beau domaine entre Sèvre et Maine. Saint Fiacre étant le protecteur des jardiniers, c'est David qui s'y est collé pour composer un jardin face aux vignes. Féru d'Histoire et de photographie, Thomas s'est passionné pour l'église Saint-Fiacre voisine, dont il a colorisé les clichés de vitraux, exposés dans le déambulatoire conduisant à l'espace des hôtes. Trois chambres spacieuses se sont partagé les niveaux. « La Boréale », piquée de vert verveine, habitée par deux fauteuils en skaï vert sapin, rayonne sous les flashs de tableaux d'aurores couleur d'émeraude. Mosaïques vert pomme pour sa salle de bains. « L'Australe », en tonalités safran et chocolat s'est entichée de sièges bas, réinterprétés façon vintage. Tableaux *Orientaliste* et *Retour de voyages*... « L'Orientale », en mezzanine, a poudré de blanc ses murs de pierre. Les travées des anciens murs extérieurs débouchent dans la maison des vendangeurs, transformée en salle des petits déjeuners, éclairée par un lustre en forme de nid...

Coups de cœur de l'auteur :

L'accueil, la modernité des lieux. Beaucoup de tableaux et de bibelots ethniques.

À voir, à faire :

Thomas vous contera la première bataille de la guerre de Vendée, qui se déroula sur le vallon d'en face, les histoires de fées et de sorcières, qui alimentent la chronique locale.
Parcourir le vignoble et visiter Clisson.

Plan p. 9, C3

Sarthe

• Le Tertre Rouge
72200 La Flèche
Tél. 02 43 48 19 19 et 02 43 48 19 14
www.zoo-la-fleche.com et www.safari-lodge.fr

• Lodges (43 m², jusqu'à 6 pers.), dotés chacun d'un jardin privatif de 300 m² : 125-215 € pour 1 adulte selon la saison, enfant 3-11 ans 69-79 €, enfant 0-3 ans gratuit.
Petit déjeuner, dîner, accès au parc compris.
Repas raffiné, réalisé par l'un des meilleurs chefs de la Sarthe.
Wifi gratuit. TV.

–> Ouvert de mi-fév. à mi-nov.

Les Lodges du Zoo de La Flèche

Géants de l'Arctique ou Seigneurs d'Indonésie ?

Créé après la guerre par Jacques Bouillault, un naturaliste passionné, le premier parc animalier de France a été racheté en 2003 par un enfant de La Flèche, qui galopait déjà dans ses allées, enfant, avec, pour meilleurs copains, les petits-fils du créateur. Dans les souvenirs de Stéphane, il y a le grand air, des jours au milieu des animaux et des nuits dans les paddocks pour assister à la mise bas d'une girafe. Débordant de projets pour le terrain de jeu de son enfance, il inaugure, au printemps 2013, quatre lodges pour s'éveiller au milieu de l'Arctique, dans Hudson et Alaska, pour assister à la sieste des tigres blancs d'Indonésie, dans Bali et Sumatra. Nichés au cœur d'enclos de conifères et de bruyères, les deux premiers ont emprunté leur décor aux trappeurs et aux pionniers nord-américains. Hyper chic entre sapins et rondins, pelisses et bois ravinés, trophées d'élans et skis d'antan. Avec kayak ou traîneau à huskies aux plafonds. Et sous les auvents : établi buriné, vieux tonneaux et lampes

tempêtes. Un chemin de copeaux de bois permet de passer de l'un à l'autre, de gagner, derrière sa porte importée d'Asie, Bali, suivi de Sumatra. Les tigres blancs ont quitté la jungle indonésienne pour une forêt de bambous sur un vallon sarthois. Les soieries aux verts des rizières ont remplacé les fourrures, les têtes de lit en bambou et le mobilier en tresse de bananier, les gros cuirs havane et les tabourets en peaux. Partout, une longue galerie en terrasse côté jardin, un salon extérieur, un autre intérieur, ultra-confort et décor soigné dans les moindres détails avec une chambre parentale sous baldaquin contemporain, une chambre d'enfants aux trois lits superposés taillés dans des troncs d'arbres, une grande salle d'eau avec douche à l'italienne, lavabos en pierre ou en bois fossilisé. Toutes les baies vitrées sur les loups ou les tigres, qui pointent leurs museaux pour se familiariser avec les visiteurs du soir... Quatre lodges Madagascar les ont rejoints dès l'été pour vivre au milieu des lémuriens... taquins !

Coups de cœur de l'auteur :

Très typé, ultra-confortable et magnifiquement décoré.

À voir, à faire :

14 ha de parc, 1 200 animaux, 3 spectacles et des dizaines d'animations, un restaurant de plein air sur le domaine... Que demander de plus ?

Plan p. 9, C3
Sarthe

• Corinne et Jean-Yves Herman
8, rue du Doyenné – 72000 Le Mans
Tél. 02 43 47 85 11
lamaisondelise-doyenne@orange.fr
www.restaurant-lamaisondelise.fr

• 5 chambres : 95-135 € selon le standing.
Petit déjeuner compris.
Restaurant : formule midi (lun.-ven.) : 17,90 €.
Menus à partir de 36 €, carte.
Wifi gratuit. TV.

La Maison d'Élise Le Doyenné

Un jardin secret au cœur de la cité Plantagenêt...

Une volée d'escalier et vous gagnez l'une des cités médiévales parmi les mieux préservées de France, avec ses ruelles pavées, ses enseignes médiévales et ses colombages d'un autre âge. La Maison d'Élise est sise à deux pas de la cathédrale, pleine vue sur la place des Jacobins. Précédée par un joli jardin ombragé où se déploient les tables de l'été, cette demeure de caractère du XVIIIe était jadis l'aumônerie des lycées. Depuis 2009, elle est le siège d'un restaurant gastronomique orchestré par Jean-Yves Herman. Et comme certains convives souhaitaient y dormir, son épouse, Corinne, a installé dans les étages cinq chambres d'hôtes aux atmosphères croisées où le mobilier de style Louis-Philippe cohabite sur les parquets d'origine avec les critères du confort actuel. Tapis moelleux aux arabesques orangées. Une tonalité que l'on retrouve en liseré sur les oreillers assortis aux couettes blanches. Ni bibelot, ni fanfreluches superflus... L'ensemble est net et sans surcharge. Avec, dans chacune des chambres, une kitchenette à disposition. Les deux salles de restaurant participent à l'élégance des lieux et à la reconnaissance des artistes manceaux qui exposent épisodiquement leurs œuvres sur les murs en duo de tons gris-pivoine.

Coups de cœur de l'auteur :

La sobriété alliée à l'élégance des lieux dotés d'un jardin en ville...

À voir, à faire :

Visite de la cité Plantagenêt et de la magnifique cathédrale Saint-Julien dont les origines remontent au XIe siècle. Le musée de Tessé, le musée des 24 Heures. L'abbaye cistercienne de l'Épau fondée par la Reine Bérengère,veuve de Richard Cœur de Lion.

Plan p. 9, C3

Eure-et-Loir

• *22, place des Épars*
28000 Chartres
Tél. 02 37 18 15 15
info@bw-grand-monarque.com
www.bw-grand-monarque.com

• *50 chambres : 129-200 € selon le standing.*
5 suites : 160-220 €.
Petit déjeuner : 15 €.
Restaurant gastronomique « Le Georges » (fermé dim.-lun.) : menus 51, 59 et 90 €. Brasserie en jardin d'hiver : formule « Bien-être » 30 € (lun.-sam.).
Bar-lounge.
Wifi gratuit. Spa, hammam, sauna, bassin polaire, tisanerie : 15 €/pers. Salles de réception.
Garage : 8 €.

–> Ouvert toute l'année.

Le Grand Monarque

Les générations passent...

Les siècles s'effacent et le Grand Monarque règne toujours sur cette place des Épars qui l'a vu naître au XVIIIe siècle, reconnu dès l'origine comme l'un des plus célèbre relais de poste du royaume. En 1968, Georges (dont le restaurant porte le nom) et son épouse Geneviève l'ont installé au diapason des hôtels qui comptent au pays de France. Georges a initié la Paulée des Vins de Loire, manifestation de référence pour les œnologues, a imaginé des soirées aux accords mets et vins, qui perdurent encore pour le plus grand bonheur des hôtes. Leur fils, Bertrand, et son épouse, Nathalie, ont repris le flambeau, épaulés au restaurant gastronomique par la brigade d'un chef étoilé, Laurent Clément. Printemps 2012, grand coup de fraîcheur sur les chambres du Grand Monarque où se marièrent des princes. Nathalie a choisi pour elles d'élégants damassés, aux tonalités d'or, d'ivoire et d'ébène : la couleur des monarques. Tentation velours d'un plaid douillet et des oreillers de jour. Le plus beau : les salles d'eau avec leurs nymphes au bain dans les lueurs, toutes en douceur, d'une palette rose violine d'émaux à effet vitraux. Atmosphère boudoir chic et charme. Une étoile au Michelin et un spa à l'huile de lin... Entre art de vivre et gourmandise, l'hôtel est en concordance avec son temps... Fidèle au poste !

Coup de cœur de l'auteur :

L'hôtel de tous les accords, en concordance avec sa ville et ses évènements.

À voir, à faire :

Une matinée de soins au spa – magnifique – concocté par Nathalie dans la grande lignée des plus beaux spas d'hôtels. Chartres en lumières, où tous les soirs, de mi-avril à mi-septembre, 29 sites majeurs de la ville sont scénographiés pour un fantastique spectacle onirique gratuit.

Plan p. 9, C3

Eure-et-Loir

• Gaël Garreau, Daniel Chevé et Lionel Cottin
34, avenue d'Aligre – 28000 Chartres
Tél. 02 37 22 59 76
lamaisonparadis@orange.fr
www.lamaisonparadis.com

• 3 chambres : 100-160 € selon le standing et la saison. 2 suites-gîtes : 170 €/nuit en sem., 180-200 €/nuit le w.-e. selon la saison.
Lit suppl. : 40 €.
Table d'hôtes : 35 €.
Wifi gratuit. Terrasse au jardin. Transats et baldaquin face au couloir de natation.
Parc de 4 500 m².

–> Fermé en janv.-fév.

La Maison Paradis

Coup de cœur de l'auteur :
Le charme atypique de sa façade.

À voir, à faire :
*La cathédrale et le centre d'interprétation du vitrail (www.centre-vitrail.org).
Le château de Maintenon (www. chateaudemaintenon.fr).*

Comme une volière habitée...

Précédée par un étang qui faisait office de piscine au XIXe, cette demeure a été érigée entre les années 1820-1830 dans le style d'une petite folie arborée avec une partie de ses bois classés. Propriété du couvent de la Visitation jusqu'à la Révolution, puis Hôtel Beaurepaire, cette belle singulière coula des jours heureux avec ses précédents propriétaires dans l'ombre de ses beaux arbres tricentenaires. Ce sont eux qui la parèrent de nobles boiseries au salon, installèrent une bien belle salle à manger dans l'une de ses ailes. Gaël, Daniel et Lionel lui ont sagement conservé son esprit Louis XV-Louis XVI, revisité par des têtes de cerf en céramique sur une console, un autoportrait d'un peintre royal veillant sur leurs convives. Papier peint aux musiciens et moquettes épaisses : les chambres cultivent le charme romantique XIXe et les critères bourgeois d'une belle embellie cosy. Dans les anciennes serres flanquées d'une tourelle où l'on stockait l'eau se sont installées deux suites-gîtes. « Entre Les Buildings » signe une audacieuse décoration, dans laquelle entrent en scène toutes les références new-yorkaises depuis le panoramique du salon jusqu'à la chambre aux news-papers, en passant par la douche avec skyline de New-York en céramique grise.

Plan p. 9, C2

Eure-et-Loir

• Cécile et Franck Schmitt
Campagne Chez Nous
Le Relais du Bourg – 28340 Rohaire
Tél. 02 37 37 67 88 et 06 30 77 17 74
cecile@chez-nous-campagne.com
www.chez-nous-campagne.com

• Cabane : 110 € pour 2 pers., 150 € pour 4 pers.
Lit suppl. : 20 €.
Pique-nique de produits locaux sur demande : 15 €, hors vins.
Wifi gratuit. Toilettes sèches dans la cabane.
Salon de thé. Brocante de créateurs et objets de création.

–> Ouvert toute l'année.

Le Poulailler

Basse-cour et bohème fusionnelle...

Ce couple d'anciens parisiens a choisi de faire pousser leurs « trois poussins » au grand air et au milieu d'une fantastique basse-cour où se bousculent joyeusement coqs, poulettes, poulets de ferme et de collection. Nourris à la com' culturelle et à la création artistique, Cécile et Franck ont investi cet ancien corps de ferme, dans lequel ils ont d'abord ouvert une brocante, totalement irrésistible, où se côtoient artistes et créateurs du Perche et d'Orient. Puis, ils ont imaginé un hébergement passionnément poulaille ! Alors, dans le pré s'est dressée une belle cabane en planches grisées, reçue en kit et construite au long de deux week-ends mécano. La personnaliser fut un jeu d'enfant pour Cécile, qui s'est régalée à lui dessiner un parterre de zincs, abreuvoirs, arrosoirs, trémis à poussins, à couvrir son lit de couette, édredons et oreillers de Pierre Frey, parcourus de poules blanches à crêtes rouges. *Cot cot* sur fond de planches orange. En guise de chevet : une couveuse à gaz. En guise de table basse, une carriole de marché à volaille ; de banc, une caisse de transport à lièvres. Sans compter les portes de clapiers avec fil de fer à poule, les coussins en sacs de minotier, le tabouret de FaFa des Bois réalisé à partir d'un siège de charrue monté sur pied. Sans eau, ni électricité, on s'éclaire à la bougie. Ça amuse les parents, tandis que les enfants grimpent le perchoir à poules avec vue sur la basse-cour... On se réveille au chant du coq, on picore les framboises en se rendant à la salle de bains, en dur, au fond du jardin...

Coups de cœur de l'auteur :

Un charme fou, un lieu original.

À voir, à faire :

Le château de la Ferté-Vidam, la forêt de Senonches et le circuit « Forêts et belles demeures » (www.parc-naturel-perche.fr).

Plan p. 9, D3

Loiret

• Katia et Alain Dufourcq
Les Janins
45220 Melleroy
Tél. 02 38 95 39 43
http://perso.orange.fr/alain.dufourcq/gite.html
www.chambresdhoteslesdeuxsaintsjean.com

• 3 chambres : 60-65 € selon le standing.
Lit suppl. : 25 €.
Table d'hôtes : 22 €, boissons comprises.
Wifi gratuit.

–> Ouvert toute l'année.

Les Deux Saints Jean

Quelque chose entre Tolstoï et Aladin...

D'apparence, c'est une longère noyée sous les feuillages et les fleurs sauvages, dont l'origine est antérieure à 1789. En fait, trois demeures reliées en une seule. Alain et Katia sont iconographes. Quand ils ont cherché un lieu, pas trop éloigné de Paris pour installer les chevaux de Monsieur et l'atelier de Madame, c'est un rayon de compas qui les conduisit ici, entre Puisaye et Loiret. La maison était grande : ils se sont dit que la partager serait bien. Les portes se sont alors ouvertes sur des sols aux superbes terres cuites d'origine, pieusement conservées dans les rides du temps. Sous les poutres, entre les pans de bois, les hôtes, épris comme eux de calme et d'intemporalité, découvrent un univers un peu baroque, un peu forestier, très conte de fées... Un bivouac entre les forêts de Saint-Pétersbourg au temps de la Pérestroïka et le désert du Thar sans les maharajahs. À l'image d'une datcha baladine, qui aurait fait un détour par les rizières de Bali, sympathisé avec les geishas de Kyoto, dans la « Chambre de Chloé »... Avec les filles de Mirabai, sous les lampions de Hoi An, avec les pêcheurs du Mékong et les babouchkas des plaines d'Ukraine, dans celle de « Katia », aux nuances de prune et de rouge. La « Chambre de Lucie » est encore plus éclectique, qui fait cohabiter dans un camaïeu de violette et de groseille, bouquets de blé du Loiret, indiennes soyeuses et chaise dorée XVIIIe. Si l'ensemble vous semble théâtralisé, tout s'explique : Katia et Alain ont aussi travaillé dans le décor de théâtre...

Coup de cœur de l'auteur :

Une atmosphère si particulière entre authenticité et conte de fées.

À voir, à faire :

Le château de la Bussière et son parc.
L'arboretum des Barres à Nogent-sur-Vernisson.

Plan p. 9, C3

Loir-et-Cher

• Catherine Taralon et Marc Broussard
La Béchoterie
41800 Couture-sur-Loir
Tél. 06 07 28 66 63
catherinetaralon@3collines.com
www.3collines.com

• 2 chambres-cabanes : 80 €.
Table d'hôtes sur résa. : 25 €.
Wifi gratuit. TV. Jardin et terrasse privatifs.

–> Ouvert Pâques-Toussaint.

Les 3 Collines

Ils ont parcouru la France, couru d'autres continents...

Pour témoigner de la beauté des choses et du talent des artisans avant de déposer leurs bagages, stylos et appareils photos au pays de Ronsard. Une journaliste et un photographe en leur jardin... Ils ont mis en application, au cœur de cette fermette en pierre de tuffeau, pour eux-mêmes et pour leurs hôtes, tout ce qu'ils ont appris au fil de leurs reportages. Pour tirer le meilleur parti de la modestie d'un lieu : le laisser dans le jus de son âge, tout en l'inscrivant dans l'intemporalité du temps. Il en va ainsi pour la cuisine aux pavés usés, aux murs couleur d'opaline. Tout est AB®, des plantations aux peintures. Celles, intérieures, d'une première cabane en bois de châtaignier adossée au pignon de la maison, n'échappent pas à la règle. Tapissée de bois de coffrage aux tonalités de thym et de fleurs de thym, la chambre accueille les hôtes dans une intimité douillette. Des tons sourds de verdure et de labour, un petit mobilier rafraîchi, un siège en skaï années 1940 habitent l'espace. Une porte à deux battants dévoile une petite salle d'eau, façon buanderie, avec sa bassine percée, qui fait office, de lavabo, et sa douche cimentée. La magie opère encore en terrasse, ponctuée de zincs fleuris, de vasques garnies de verveines mauves de Buenos-Aires. Et comme la cabane se sentait un peu seule, Marc et Catherine lui ont donnée une petite sœur au printemps dernier, traitée dans le même esprit mais à deux lits.

Coup de cœur de l'auteur :

L'œil du photographe et celui de la styliste ont uni leurs talents en toute simplicité... mais très étudié.

À voir, à faire :

Les stages photos proposés par Marc. Et bientôt, certainement les stages jardinage...
Au village : le manoir de la Possonnière, maison natale de Ronsard. Le circuit des villages troglodytes de la vallée du Loir.

Plan p. 9, C3

Loir-et-Cher

• *Émilie Merieau*
130, chemin des Rouliers
41400 Saint-Julien-de-Chédon
Tél. 02 54 32 14 23 et 06 88 82 30 74
www.lehameaudesvignes.fr

• *4 chambres : 105 €, 120 € pour 3 pers., 135 € pour 4 pers. 1 suite : 200 €. Gîte (10 pers.) : 500 € le w.-e., 800 €/sem. Linge et ménage inclus. Wifi gratuit.*

–> Ouvert toute l'année.

Le Hameau des Vignes

Les chambres ont empruntés leurs noms aux parcelles et aux cuvées de la propriété...

Émilie était fleuriste à Tours. Son mari, vigneron au village. Lorsqu'elle l'a rencontré, tentée par l'aventure de la chambre d'hôtes (une activité qui pouvait coller avec celle de son époux), Émilie n'a plus hésité à sauter le pas au cœur de cette ancienne maison vigneronne, qu'ils ont entièrement restructurée et recomposée dans le goût d'aujourd'hui. Sols en pierres blanches dans les salles d'eau importées d'Espagne, couettes blanches et plaids matelassés velours dans les chambres. Couleur nougat chez « Fleuve Blanc », tonalité lin chez « Cœur de Roche », grise aux « Grands Champs », violine au « Bois Jacou ». Des rideaux de coton blanc-beige à jours voilent les fenêtres. Les commodes et les chevets ont été dénichés chez Flamant, Amadeus, Kartell ou tout simplement chinés chez les antiquaires, comme ce bloc-lavabo rétro. Récupéré dans un château de Sologne, il a été remonté dans la salle de bains des « Grands Champs », où une demi-bergère au velours gris, à liseré parme, aristocratise les lieux, quand les tableaux rigolos de Simsa ou de Magalie Bucher jouent, ailleurs, l'impertinence de mise... Tapis verveine et ravissante tête de lit en lin tapissier pour « Cœur de Roche » à la charpente haut perchée et sablée, hissée dans les anciens greniers au parquet blond, en chêne massif. Cet étage est celui des familles qui prennent leurs aises. La suite « Bois Jacou » héberge deux chambres, deux petits lits en mezzanine, trois salles d'eau et trois écrans plats...

Coup de cœur de l'auteur :

Une demeure d'aujourd'hui, élégante et accueillante.

À voir, à faire :

Le vignoble et les caves voisines.
Les ateliers dégustation, jeux œnologiques et art floral proposés par les propriétaires.
Les châteaux de Chenonceaux et de Montpoupon.

Plan p. 9, C3-D3

Loir-et-Cher

• Yannie Campo Casso
41600 Chaumont-sur-Tharonne
Tél. 02 54 88 53 92 et 06 85 07 50 57
ylc@demeure-lemousseau.com
www.demeure-lemousseau.com

• 2 chambres et 1 suite : 199 et 240 €, petit déjeuner compris. 4 gîtes dont « Le Canard » : 260 €. Petit déjeuner : 15 €.
Piscine, étang. Salles de repos dans les écuries : billard, jeux, ping-pong, baby-foot, salle de gym.
La maison qui dispose de boxes reçoit les cavaliers avec leurs chevaux. Le manège peut être loué pour des réceptions (500 pers. assises).
Wifi gratuit.

–> Ouvert toute l'année.

Le Mousseau

C'est la Sologne des belles propriétés...

À l'orée du parc se dresse une fière gentilhommière de briques, construite en 1850. En retrait, un étang au cœur de soixante-quinze hectares de forêt. Autant dire la Sologne pour terrain de promenade ! L'atmosphère vénerie gagne toutes les pièces de la demeure, depuis le vestibule au siège rond à capitons jusqu'aux boiseries des salons ornés de généreux et splendides bouquets de saison. Partout, des tableaux, des tapis précieux, et puis une vraie cuisine de château, dans laquelle trône un énorme billot au milieu d'un pêle-mêle savamment ordonné, où l'on trouve paniers suspendus, tranchoirs et terrines à gibier. C'est là qu'on papote, qu'on se tient autour d'un café pour partager les découvertes du jour et de la forêt avant de gagner l'une des trois chambres de l'étage au confort feutré, habillées de Jouy aux tons chauds. Dans les dépendances du domaine, la suite « Le Canard », aux tonalités de champagne rosé et tête de lit à l'ébénisterie de belle facture, ancre l'esprit Sologne dans un environnement à la fois intemporel et contemporain. L'ancienne maison du jardinier est coquette à souhait. Le centre de ralliement des hôtes, c'est la « Maison du Cerf » aux beaux trophées, installée dans les anciennes écuries. On se réchauffe aux premiers frimas devant la cheminée, au creux de canapés emmitouflés de peaux et couvertures moelleuses. Ne manque plus que le son des cors de chasse...

Coups de cœur de l'auteur :

Au cœur de la forêt, la cuisine de rêve, l'atmosphère très Sologne, et nouveau : le magnifique espace « Réceptions ».

À voir, à faire :

Chaumont-sur-Tharonne.
Le château de la Ferté-Saint-Aubin (www.chateau-ferte-st-aubin.com). Le golf des Aisses (27 trous, www.aissesgolf.com) à 10 min.

Plan p. 9, C3
Indre-et-Loire
• 7, rue Balzac
37190 Azay-le-Rideau
Tél. 02 47 45 20 75
contact@hotelbiencourt.fr
www.hotelbiencourt.com

• 17 chambres : 64-88 € selon le standing.
Lit suppl. : 12 €.
Petit déjeuner : 9,50 €, moins de 10 ans 4 €.
Wifi gratuit. Réfrigérateur à dispo.

–> Ouvert de fin mars à mi-nov.

L'Hôtel de Biencourt

Un changement de vie les a fait retourner sur les bancs de l'école...

Monsieur travaillait dans l'aéronautique, son épouse connaissait la région. Ils rêvaient d'hôtellerie avec une idée bien précise : un hôtel comme à la maison. Un ancien relais de poste, transformé en hôtel après la guerre, les attendait à Azay-le-Rideau, au pays des châteaux... Il s'était installé dans la première école de filles de la cité, à l'époque de Napoléon III, dont on a retrouvé tous les documents. Ensuite, une école de garçons lui fit face. Désormais, une cour-jardin fait le lien entre les deux bâtiments d'origine, clos par un ancien et très haut mur qui devait, jadis, faire office de jeu de paume pour le village. On pénètre dans l'ancienne école de filles en marchant sur un beau sol en carreaux de ciment. Sur les murs, des fresques joliment esquissées soulignent l'ancienne vocation des lieux sous forme de marelle, d'arbre généalogique, de fables, de pages d'écriture ou de calcul. Sobres et élégantes, les chambres s'endorment dans des tonalités grisées, drapées de rideaux de lin. Seuls, les jetés de lits légers, de style Madura, rapportés d'Inde par les propriétaires, un peu globe-trotteurs, apportent leurs touches délicates de couleurs turquoise, vert céladon, rose indien, rose bougainvillé aux lieux. Traitement à l'identique pour les chambres installées dans l'école des garçons. Avec une préférence pour les belles perspectives de la suite « Degas » ou de la chambre « Marx Ernst », sans oublier celles de « Calder », « Balzac », « Rabelais »... Que des p'tits gars du coin !

Coups de cœur de l'auteur :

Sur le mur du Jeu de Paume, des cornes sont fichées. Énigme... Deux explications possibles. Version tourangelle : lorsqu'un événement heureux se produisait dans une maison, on plantait des cornes sur un mur. Version plus terre à terre : si l'on était pauvre et qu'on n'avait pas les moyens de s'offrir du fer forgé pour retenir la vigne-vierge, on mettait des os d'animaux...

À voir, à faire :

Le château d'Azay-le-Rideau évidemment, le plus féminin des châteaux de la Loire.
La Loire à vélo (www.loireavelo.fr).

Plan p. 9, C3-C4

Indre-et-Loire

• Sylvie et Jean-Marie Krantz
12, allée des Sentinières – 37210 Vouvray
Tél. 02 47 24 72 99 et 06 77 90 93 83
www.chambre-hote-sentinieres.com

• 2 chambres : 60-65 € selon le standing. 2 suites : 75 € et 89 €. Lit suppl. : 10 €. Petit déjeuner servi en chambre, dans la salle de séjour ou les jardinets privatifs. Jean-Marie, taileur sur verre, offre un verre de vouvray à ses hôtes. Wifi gratuit.

–> Ouvert toute l'année.

Les Sentinières

Un troglo de fleurs !

D'abord, ce sont elles qui s'imposent, et puis la succession de menus jardins étalés au pied du coteau devant la vigne, la Cisse et la Loire entre charmilles et chèvrefeuille. Sylvie et Jean-Marie ont la main verte et du cœur à l'ouvrage. Tandis que Jean-Marie pioche, bine et sarcle, Sylvie décore... Après avoir abattu la maison sise sur la propriété, ils en ont édifié une nouvelle avec ossature bois, lazurée de blanc, comme un chalet au jardin. Puis, ils se sont attaqués aux caves troglodytes. Une première suite y a vu le jour dans des tons de rouge pivoine au style très « Campagne Déco », avec sa commode noire de Maisons du Monde, son petit mobilier à la modestie romantique, ses boutis façon toile à matelas, ses rideaux en coton torchon, son lit d'enfant en fer blanc. Deux fauteuils devant la cheminée attendent une flambée. Le piano, lui, attend que l'un des hôtes fasse ses gammes... Salle d'eau aux bandeaux acidulés, également troglo. La chambre d'hôtes s'est isolée, précédée d'un jardinet de roses anciennes qui exhalent leur parfum dès que le printemps revient. Plus petite, mais tout aussi charmante que la suite, habillée de rouge groseille, habitée par un petit mobilier en osier. Ici, la commode est ivoire. Un tapis réchauffe les dalles blanches face à la cheminée en pierre de tuffeau. Une petite salle d'eau avec bol-lavabo. Une seconde chambre vient d'éclore, toujours dans des tons de gris et de bordeaux, avec son escalier qui distribue la chambre et la salle de bains. Sous les poutres apparentes, on se sent protégé, lové dans la pierre tendre...

Coup de cœur de l'auteur :

Une maison en harmonie entre jardin parfumé et unité de tons : rouge, zinc, gris et vert-de-gris.

À voir, à faire :

La découverte du vignoble de Vouvray et le musée de la Vigne et du Vin du château de Moncontour (www.moncontour.com).

Plan p. 9, C4
Indre-et-Loire
• Jeff de Mareüil
Route de Loches – 37460 Montrésor
Tél. 06 80 43 38 75
corroirie@orange.fr
www.corroirie.com

• 2 chambres : 85 et 125 €.
Dîner aux chandelles sur résa. : 35 €/pers., vin compris.
Wifi gratuit.
–> Ouvert toute l'année.

La Corroirie

L'église de ce château-monastère installé au creux d'un vallon tourangeau a été consacrée en 1208 par Jean sans Terre !

Récupéré par la famille de Jeff il y a une centaine d'années, cet incroyable ensemble féodal intègre derrière ses douves gangrénées par les roseaux un ancien monastère chartreux et un logis seigneurial. Ses toits, couleur de pain brûlé, qui ont fait des vagues sous les vents de tous les siècles passés, abritent deux chambres à l'atmosphère hors du temps, où pas moins d'une dizaine d'artistes et artisans ont apporté leur concours pour installer un décor médiéval contemporain. En particulier, celui de la « Chambre Seigneuriale » au mur pigmenté de rouge incandescent, sur lequel se sont adossés deux têtes de lit en ogives, aux cuirs brodés, cadrées de patères familiales, rehaussées de plateaux exécutés par un ébéniste du coin. Un coffre de Cordoue, un autre en marqueterie de nacre de Damas, rehaussent la médiévalité ambiante avec un parfum de croisades en toile de fond. La seconde chambre, toute monacale, est à la fois en accord avec le tempo du lieu et une déco épurée de notre temps. Son vestibule au papier peint vert doré, à effet damassé, réalisé suivant la technique de la planche par les Atelier d'Offard, précède une chambre aux pigments sable, couleur ciment, drapée de chanvre très rêche (importé en Europe par Henri II Plantagenêt, le père de Jean sans Terre). Une simple lampe en branches, un prie-dieu chiné dans une église tourangelle désaffectée. Monacale et... intemporelle.

Coup de cœur de l'auteur :

Jeff de Mareüil, le seigneur des lieux, a les yeux malicieux d'un historien, un peu comédien, un peu magicien qui ensorcelle ses hôtes pour mieux leur faire réviser l'Histoire, mine de rien...

À voir, à faire :

Sur place, la visite incontournable du monastère des frères Chartreux et de l'église, où les moisissures se sont débrouillées toutes seules pour dessiner des fresques incroyables.
La chartreuse du Liget à deux roues de carrosse.
Le village de Montrésor.

Plan p. 9, C4

Indre

• *Mohera et Steve Richard*
36700 Châtillon-sur-Indre
Tél. 06 10 13 64 98
contact@lapoignardiere.fr
www.lapoignardiere.fr

• *Gîte (10 pers.) : 600 € le w.-e. en BS, 750-1 100 €/sem. selon la saison. 4 chambres et salles de bains dont une accessible aux handicapés. Linge et ménage inclus.*
Wifi gratuit. Hammam, piscine intérieure chauffée. Accès piscine extérieure du château.

—> Ouvert toute l'année.

Le Gîte de La Poignardière

D'une génération à l'autre...

Le goût de l'accueil, Mohera en a hérité, jeune fille, lorsque sa maman a ouvert la porte de ce joli castel berrichon ancré aux portes de la Touraine et ses chambres, années 1980, sa table aux plats du dimanche aux hôtes de passage. Alors, suivant ce bel exemple, en compagnie de son mari, Steve, Mohera a investi les dépendances de la ferme attenante au domaine pour la transformer en un gîte, bien dans l'air du temps. On y pénètre par une grande cuisine-pièce-à-vivre aux murs égayés de tableaux aux fleurs de cerisier, habitée par un mobilier de famille. Ce vaste espace se double d'un grand salon contemporain posé sur un plancher brûlé. Conçu pour accueillir une dizaine de personnes, le gîte, ouvert sur le jardin, dispose de quatre chambres. Des tommettes anciennes et des planchers en bois brûlé couvrent les sols en alternance. Des salles d'eau sont tapissées de galets. La première aile héberge une chambre, couleur fuschia pour les parents, une autre, tonalité violette pour les enfants. Une superbe chambre au ton de gris perle dans la seconde aile qui affectionne les rééditions de petits meubles XVIIIe tandis qu'une quatrième chambre adosse son lit sur un caillebotis de bois blond et expose un très original meuble de métier au design d'aujourd'hui.

Coup de cœur de l'auteur :

Un gîte superbement agencé et dans l'air du temps.

À voir, à faire :

La cité royale et le château médiéval de Loches (www.chateau-loches.fr). Le zoo-parc de Beauval à Saint-Aignan (www.zoobeauval.com). Le château de Valençay (www.chateau-valencay.fr).

Région Nord-Est

Picardie
Nord-Pas-de-Calais
Lorraine
Alsace
Franche-Comté
Bourgogne

Plan p. 10, A1

Somme

• François Hardy
38, rue Ledien – 80100 Abbeville
Tél. 06 08 25 80 09
madamepeel@live.fr
www.lagarconniere.org

• 3 chambres : 79, 84 et 89 € en sem., 99 € le w.-e.
Wifi gratuit.
Écran plat, cafetière dans toutes les chambres.

–> Ouvert toute l'année.

La Garçonnière

Coup de cœur de l'auteur :

Un charme fou, intemporel et urbain.

À voir, à faire :

La collégiale Saint-Vulfran à Abbeville. L'Abbaye de Saint-Riquier et son Festival de musique en juillet. Les muches de Domqueur (www.muches-de-domqueur.fr), d'insolites caches souterraines.

N'empêche : les filles adorent… aussi !

A priori bien nommé, avec sa façade de briques aux volets noirs, son petit côté désuet avec une prédominance de bleu anglais. Les pastels irradient dans la bibliothèque entre cuir essoufflé et coussins au velours mordoré, entre grand canapé couvert d'un tartan bleuté et tourne-disque années Yéyé. Le salon possède un charme à peine suranné, que l'on doit sans doute à ses tableaux chinés sur fond de portes où s'effacent les placages accumulés par les années. Le palier révèle la passion du maître de maison pour les clichés de célébrités des années 1950, 60, 70, 80, accumulés à la façon des bistrots consacrés, entre une lithographie de Cocteau, dans la cage d'escalier, et une affiche de Billy Wilder, qui a donné son nom à la maison, dans la salle des petits déjeuners d'esprit flamand. La Garçonnière, c'est comme une madeleine de Proust qu'on s'approprie. Les chambres ont été baptisées avec humour « Allures de Garçons » ou « Garçon du Nord ». Celle-ci est en dominante orange et turquoise, composée en harmonie avec la toile imprimée de Marcel Dyf, dénichée, enroulée dans son tube par François. Le vintage rebondit d'une chambre à la suivante, d'une décade à l'autre, autour d'un guépard années 1940, qui prend la pose sur une commode années 1950 dans la lumière d'une lampe années 1960, autour d'une verrière années 1940 où dort un lion irisé en céramique. On y croise des bottes cavalières qui ont bien cavalé, on s'extasie face à une maquette du *Saint Pol*, un bateau de pêche années 1950, fil rouge du « Garçon de Cabine ». Ouvrez la porte de la salle de bains. Vous serez salué par deux p'tits culs de bassets noirs qui ont perdu la tête !

Plan p. 10, A1

Somme

• Laurence Gautier
62, rue de la Ferté
80230 Saint-Valery-sur-Somme
Tél. 03 22 60 80 39
laurence.gautier@lespilotes.fr
www.lespilotes.fr

• 25 chambres : 110-250 €. Lit bébé gratuit.
Petit déjeuner : 10 €.
Bistrot : 25-50 €. Bar (huîtres, assiettes de charcuterie, sélection de vins...) : 15-30 €.
Wifi gratuit.

–> Ouvert toute l'année.

Les Pilotes

Accrochez-vous... Tornade vintage sur la baie !

L'hôtel Les Pilotes a pris le nom du café où, au XIXe, se réfugiaient les pilotes qui dirigeaient les bateaux. La baie de Somme est un peu notre Scandinavie à nous... Côté baie, la moitié des vingt-cinq chambres sont en accord avec l'horizon marin de l'estuaire où s'envolent les oiseaux migrateurs, où s'épanouissent en pluie d'étoiles des fleurs de nuit. Côté rue, afin de compenser le manque de vue, c'est un festival *funky* de teintes pop et de mobilier vintage qui s'offre au regard. À l'image de ce petit trésor de bureau en bois-rotin-papier collé dans la n° 17. Fatiguée des hôtels insipides qui ponctuaient sa vie d'analyste financière, Laurence Gautier, familière de la baie depuis 25 ans, a repris en compagnie de quatre associés ce petit hôtel de Saint-Valery en bout de course. Pour ses beaux yeux, Laurence s'est muée en architecte d'intérieur, y a ouvert un bistrot dès mars 2012. L'hôtel, lui, a véritablement pris son envol six mois plus tard. À la fois rigolo et cocooning. Avec ses moquettes épaisses imprimées de faux parquet ou de cailloux cassés, avec ses murs tapissés de papier peint japonisant de Miss Print, vraisemblablement influencée par Mackintosh. La passion de Laurence pour les tissus l'a menée à un filon de destockage d'un stock de tissus de costumes d'hommes... Écossais ou Prince de Galles, rayures chemise ou quadrillage à la laine bouillie, pied-de-coq ou pied-de-poule, tweed et tartan écossais, tissu Dormeuil ou Chanel drapent les fenêtres, recouvrent sièges et coussins, plaids et couvertures de lit. C'est décalé. Ça déborde de vitalité !

Coups de cœur de l'auteur :
Esprit vintage décalé et vue sur la baie.

À voir, à faire :
La baie de Somme à bord d'une pirogue (www.kayak-somme.com).
Un détour au bout de la rue par La Sardine (www.la-sardine.com) pour faire provision de produits locaux, véritablement bio.

Plan p. 10, A1
Somme

• *2, rue Pierre-Guerlain*
80550 Le Crotoy
Tél. 03 22 27 16 33
info@lestourelles.com
www.lestourelles.com

• *35 chambres : 75-108 € selon le standing et la saison. Lit suppl. (moins de 14 ans) : 25-30 € selon la saison.*
Petit déjeuner : 11 €.
Restaurant sur place : menus 24 et 36 €, formule lunch 19 € à midi (lun.-ven.).
Wifi gratuit.

–> Ouvert toute l'année.

Les Tourelles

Un hôtel de pionniers sur la baie...

Ici, les ciels se déshabillent en dentelles de tendresse. Degas, Sisley et tous les peintres de la baie les ont courtisés, noyant sur une même palette tous ces camaïeux de mauves, de gris, de verts, de bleus et de dunes, ces paysages de genèse du monde, qui enchantèrent le parfumeur Guerlain, propriétaire au début du XXe siècle de ce bâtiment aux élégantes tourelles avec, à ses pieds, la mer. Nimbé de lumières, il a séduit, il y a une vingtaine d'années, pas moins de 120 associés, dont le souhait était d'inventer une sorte d'hôtel idéal, dans lequel ils seraient les premiers clients... Si leur utopie a vingt ans, l'hôtel n'a rien d'un survivant. Depuis, malgré le succès, les prix n'ont pas flambé ! Inspiration scandinave. Des espaces à vivre jusqu'aux chambres à dormir, c'est un joyeux mélange de bois flotté, de mobilier décapé, de tableaux joliment fanés. Comme si toute la déco avait depuis son origine vécu là, entre les murs de ce beau manoir à la façade coquelicot, au charme intemporel, immergé dans les tonalités capricieuses de la baie. À chaque heure changeante, elles se dévoilent derrière chaque fenêtre, au long d'une terrasse investie dès les premiers soleils par tous les gourmands d'une cuisine marine et picarde de qualité.

Coups de cœur de l'auteur :
La vue, le charme intemporel des vacances à la plage.

À voir, à faire :
Le parc ornithologique du Marquenterre.
Le chemin de fer de la baie de Somme (www.cfbs.eu).
Les jardins de l'abbaye de Valloire (www.abbaye-valloires.com).

Plan p. 10, A2-B2

Oise

• Anne et Dominique Charlent
185, route de Gisors
60390 La Houssoye
Tél. 03 44 81 41 63 et 06 70 82 63 69
lachaise.verte@orange.fr
www.lachaiseverte.fr

• Maison de Paille : 80 €. Lit (de camp) suppl. : 10 €.
Coin repas.
Point wifi. Sauna. Massages sur demande.
Ping-pong.

–> Ouvert 1er mai-30 oct.

La Maison de Paille

100 % Nature !

Sans électricité, ni chauffage, ni eau courante, débranchée des portables mais très confortable. Anne et son mari, artisan relieur, ont acheté il y a quelques années sur un coup de cœur, au bout d'un village-rue carrossé de briques, une demeure pleine de charme, qu'on croirait échappée d'un tableau de Renoir. Après un premier galop d'essai avec une chambre rétro dans la maison, monsieur qui voulait un atelier au jardin, eut une révélation une nuit d'insomnie : que la construction soit écologique et démontable en cas de besoin… D'atelier, la dite construction s'est muée en logis d'hôtes au fond du jardin. Toit végétalisé, murs en torchis de chaux, sable, chanvre et paille, sol en déchets de bois. Côté mobilier, rien n'a été acheté, tout a été récupéré. Depuis le lit bas, drapé d'un semis de fleurs coquelicot, jusqu'au vieux poste radio en chevet, monté sur une tablette en paille, en passant par la cagette à fruits en guise de table basse. Une réserve de six litres d'eau est à disposition des hôtes pour une toilette de chat au gant et savon naturel. On jette l'eau de la bassine par la fenêtre après usage pour arroser les fleurs. Pour plus de confort, le nec plus ultra, c'est le sauna de cave en pierres de taille, escortée d'une douche thermostatique entre des cloisons de tôle ondulée. Les toilettes ? Elles sont sèches, façon cabane bohème sur fond de friche industrielle. On les atteint, de nuit, au fil d'un tuyau amphibie entre ver de terre et luciole rampante…

Coups de cœur de l'auteur :

Apprendre à débrancher la fée électricité grâce à une malle garnie de lampes – torche, frontale et solaire –, à débrancher du portable si on le souhaite, avec une caisse sur laquelle on appose un scellé à votre arrivée. Le pire, c'est qu'on la laisse bien en évidence. Tentation, si tu nous tiens !

À voir, à faire :

L'abbatiale de Saint-Germer-de-Fly. La cathédrale inachevée de Beauvais. Un peu plus au nord : Gerberoy, l'un des Plus beaux villages de France et les jardins du peintre Henri Le Sidaner.

Plan p. 10, B1
Nord

• Julie Boulanger
44, rue Ma Campagne
59200 Tourcoing
Tél. 06 12 95 97 97
julie@villapaula.fr
www.villapaula.fr

• 2 chambres et 2 suites : 120-210 €
selon le standing et la saison.
Lit suppl. : 30 €.
Wifi gratuit.
Jacuzzi dans le jardin. Massage sur résa.

—> Fermé 3 sem. en août.

Villa Paula

Villa noire pour nuits blanches...

Ou vice versa... Tel est le tempo que Julie a voulu pour cette somptueuse villa Art déco imaginée en 1929 par l'architecte Charles Bourgeois pour la famille d'un banquier. Les vastes volumes de cette bâtisse exceptionnelle dotée d'un parc, véritable poumon vert au cœur de la ville, qui n'avaient pratiquement pas changée depuis l'origine, correspondait tout à fait au projet de Julie : créer au cœur de la métropole lilloise, branchée art moderne, des chambres d'hôtes où luxe, raffinement et espace ne seraient pas comptés. Julie aime les œufs au plat... sous forme de luminaire signé Michel Froment, et puis les chapeaux, plutôt style capeline de Constance Guisset, qui coiffent palier et salon, d'où la perspective s'arrête sur un tableau ultra-tonique, couleur turquoise, de l'artiste lillois Guillaume Moisson. La salle à manger a pieusement conservé le mobilier et le placage en loupe d'orme et clins d'œil asiatiques d'origine créés tout exprès pour la demeure par la Maison Leleu. Au-dessus du magistral escalier en marbre veiné irradie un vitrail aux flammes émeraude-

turquoise. Chaque chambre a son revers et son style : *black & white*. À la Villa Paula, si les couleurs sont basiques, la géométrie est plus subtile qui, ici, fait écho aux losanges des rideaux, qui, ailleurs, se taillent en biseaux. Les pieds nus s'enfoncent dans la moquette aussi épaisse qu'immaculée. Julie, c'est la ouate qu'elle préfère... Sur laquelle se repose le mobilier tout en rondeur du jeune designer belge, Laurent Echevin. « Suite Noire » aussi sombre qu'un labo photo avec son salon, jardin de nuit, qui s'est offert la réédition d'un bureau de Pierre Paulin. Sans pour autant broyer du noir, sa sœur jumelle s'endort sur fond de papier peint japonais en lin tissé d'Élitis, s'accorde au mobilier en bois brûlé, au parement d'ardoises disposé à la façon de briques charbon dans la salle de bains. Dans son pendant, immaculée et douillette à souhait, plane l'ombre d'une femme oiseau montée sur stilettos, enrobée de peaux de bêtes et de tapisseries reptiles. Dans la salle d'eau : carreaux métro et carreaux de ciment aux étoiles de diamant !

Coup de cœur de l'auteur :

Julie maîtrise à merveille son sujet avec une vraie passion pour les designers et les artistes, qu'elle n'hésite pas à exposer dans sa demeure.

À voir, à faire :

La métropole lilloise vibre autour de l'art contemporain : le musée européen d'Art moderne de Villeneuve-d'Ascq (www.musee-lam.fr), les expositions à La Piscine, chef-d'œuvre Art déco de Roubaix (www.roubaix-lapiscine.com) et le MUba à Tourcoing (www.muba-tourcoing.fr).

Plan p. 10, A1

Pas-de-Calais

• Marie-Josée et Audrey François
Avenue de l'Atlantique
62520 Le Touquet-Paris-Plage
Tél. 03 21 06 46 62
contact@demeure-hote-haecotia.fr
www.demeure-hote-haecotia.fr

• 2 chambres : 110-190 € selon la saison.
3 suites : 170-250 €. Lit suppl. : 30 €.
3 appartements : 450-800 €/sem. pour 2 pers., 600-100 €/sem. pour 4 pers., 850-1300 €/sem. pour 6 pers.
2 gîtes traités dans le même esprit : « Majorelle de Y » et « Hélène de Rochas », mêmes tarifs que les suites.
Table d'hôtes : 2 plats 30 €, 3 plats 39 €. Produits frais.
Wifi gratuit. Écran plat dans les chambres.
Hammam, massages sur demande. Piscine.
Terrasse avec transat. Vélos sur résa.

–> Ouvert toute l'année.

Haec Otia

Quand l'Amour emprunte des chemins détournés...

Quand l'amour des uns sert à redonner de l'amour aux autres... Des bow-windows en rotonde, un vaste jardin aménagé par Sophie Bancquart, paysagiste passionnée... Cette superbe maison de style anglo-normand fut achetée par sa nouvelle propriétaire, à la suite d'un grave problème de santé. Victime elle-même de ce que la vox populi appelle pudiquement « une longue maladie » et s'en étant sortie, la propriétaire s'est émue de la détresse des plus jeunes d'entre nous frappés par la leucémie. C'est ainsi qu'elle a créé une seconde maison dans le but de recevoir les enfants en rémission, le temps de quelques jours de vacances dans un lieu paisible et beau, loin des turbulences des hôpitaux. Son idée de génie ? Faire financer son projet par l'ouverture d'une maison d'hôtes dont tous les bénéfices seraient reversés à la Fondation. Et, comme la dame au grand cœur voit les choses en grand, c'est une demeure aussi glamour qu'« amour » qu'elle propose à ses hôtes. D'entrée, on ressent l'élégance racée des lieux en pénétrant dans le vaste salon, où un mobilier qui revisite le style Art déco, à l'origine de la station balnéaire, crâne la tête haute au salon. La salle à manger, à l'indicible bleu Tiffany, habitée de sièges velours pivoine et champagne, donne le ton d'un raffinement cadré

de beaux clichés années 1950-1960... Les chambres sont dotées pour la plupart d'un vrai salon, ponctué en leitmotiv d'une cheminée en brique, décorée par un styliste contemporain. Ainsi « Kelly », tendue de toile façon Jouy couleur d'orange, de galuchat couleur zan, éclairée de lampes en cuir cellier. Jeux de transparences en gris argent, tweed et capitons couleur champagne, la « Suite Monsieur Dior » est posée sur un parquet décapé, embrassée de rideaux pied-de-poule, adossée à un papier peint aux paons bleus extrêmement raffiné. Dans sa salle d'eau à l'italienne, à effet miroirs mercurisés, les lavabos sont montés sur des émaux bleu nuit-argent. La chambre « Mademoiselle Gabrielle » est un peu son pendant, qui rend hommage à Coco Chanel sur fond de papier peint aux losanges bleu nuit et or. Salle de bains, style reine de Saba au tapis scoubidou, *black & white*. La « Suite Ralph's » est très Lauren, tapissée de Jouy bleu indigo, en harmonie avec le drap de laine, façon tartan, au ton de havane tendu sur un mur, aux céramiques vietnamiennes. « Blanc Courrèges » est glamour à succès. Son ciel de lit qui, ailleurs, paraîtrait kitsch à souhait se révèle du plus bel effet, souligné de coussins bisous rétro. La cerise sur le projet : une piscine surdimensionnée dont le plancher remonte pour faire office de... salle de bal ! Si le cœur vous en dit. Glamour, on vous dit !

Coups de cœur de l'auteur :

Une beauté rare et le sentiment de faire une bonne action en se faisant tellement plaisir. Un cocon rare !

À voir, à faire :

Char à voile sur la plage du Touquet. Le golf du Touquet. Sports équestres (centre-equestre-letouquet.ffe.com).

Plan p. 10, A1

Pas-de-Calais

• 11, rue de Paris
62520 Le Touquet-Paris-Plage
Tél. 03 21 90 01 00
info@castel-victoria.com
www.castel-victoria.com

• 21 chambres : 85-135 € selon le standing et la saison. 2 suites junior : 150-185 € selon la saison. 1 suite (4 pers.) : 160-210 €. Petit déjeuner : 12 €. Wifi gratuit.

–> Ouvert toute l'année.

Hôtel Castel Victoria

Une architecture Art déco pour cet hôtel début XXe au cœur de la station...

Contemporain de la naissance du Touquet-Paris-Plage, édifié aux mêmes dates que le prestigieux Westminster, ce petit hôtel charmant vient – sous l'impulsion de ses nouveaux propriétaires, qui ont tissé des liens d'affection avec la région – de subir un lifting en accord avec le centenaire de la station. Derrière sa façade aux mosaïques Art déco, en haut d'un escalier en granito, son lumineux lobby accueillant, aux sièges velours gris et turquoise, a poussé la fantaisie jusqu'à couvrir ses murs de vinyls années 1960, à réhabiliter une bibliothèque avec billard dans l'esprit british des maisons de famille de la grande époque des Années folles. Chesterfields et feu de cheminée. « Chambres Cosy » avec terrasses privatives particulièrement agréables. Plus spacieuses sont les « Suites Junior » ou les « Charme ». Un code couleur : sable, bordeaux, camel, bleu océan, gris pistache ou chocolat pour nuits zen. Les chambres tissent un cocon velours pimenté de délicates attentions, comme ces bonbons sur l'oreiller. Avec, dans les couloirs, les beaux clichés traditionnels du Touquet, les oyats qui volent au vent des dunes, les chars à voile qui tracent sur la plage, les rondes des joueurs de polo. Cerise sur le gâteau : une belle terrasse ouverte aux beaux jours à l'heure du thé ou du petit déjeuner.

Coups de cœur de l'auteur :

L'accueil, proche de celui d'une maison d'hôtes.
Le bar lounge qui installe la convivialité.

À voir, à faire :

Le parcours Art déco et Belle Époque du Touquet-Paris-Plage. Le phare de la Canche.

Plan p. 10, A1

Pas-de-Calais

• Laetitia et Christophe Beauvisage
2, rue Dechesne
62930 Wimereux
Tél. 03 21 30 27 44
contact@villaprovidence.fr
www.villaprovidence.fr

• 2 chambres : 110-120 € selon la saison.
1 suite : 130-140 € pour 2 pers., 170-180 € pour 4 pers. Lit suppl. : 30 €. Lit bébé sur résa. gratuit. Wifi gratuit.

–> Ouvert toute l'année.

La Villa Providence

Toute la subtilité des pastels du Nord…

Avec ces tons de gris, de gris goéland et de gris-bleu omniprésents… Jadis propriété de gens d'église qui lui auraient donné son nom, transformée en villégiature et puis, abandonnée, la demeure appartient désormais à Laetitia et Christophe, enfants d'Arras désireux de vivre près de la mer, mais attachés à leur Pas-de-Calais natal. Ils l'ont découverte dans un état lamentable mais avec une situation idéale, à deux pas de la plage de Wimereux, qui regarde les falaises de Douvres blanchir à l'horizon des vagues. Mobilier d'esprit Blanc d'Ivoire, pimenté par les patines et les bibelots dénichés par les propriétaires. Dans la suite, Christophe et Laetitia ont pris le parti de conserver les beaux matériaux, comme ce mur de pierre, couleur sable, ce parquet en pitchpin, juste lessivé, ces portes vitrées séparant la chambre de la salle de bains à la baignoire ancienne. Les luminaires ont été imaginés à partir de fagots et de bois flotté. À l'arrière de la demeure, une belle terrasse en planches permet d'accéder au jardin, composé comme un patio dans le cadre des maisons voisines. Elle précède une salle des petits déjeuners zen, ponctuée de grands sièges en osier. À l'étage, deux chambres, en adéquation avec l'ensemble de la maison, se dévoilent, dans des envolées de voilages immaculés et de rideaux de lin ficelle pour la première, dans des tonalités noires de fumée pour la seconde, où deux sièges de bureau en bois, très épurés, édités par les Jardins d'Ulysse, font un joli numéro, en duo…

Coups de cœur de l'auteur :

L'harmonie et les douces tonalités de la maison, véritablement à deux pas de la plage.

À voir, à faire :

Char à voile, paddle, kayak (www.club-nautique-wimereux.com).
Randos sur le site des deux Caps (www.les2caps.fr).

Plan p. 10, A1

Pas-de-Calais

• Roland et Alexandre Gauthier
62170 La Madelaine-sous-Montreuil
Tél. 03 21 06 07 22
contact@lagrenouillere.fr – www.lagrenouillere.fr

• 8 huttes : 215 €, 250 € le sam.
4 chambres 140-180 € selon le standing.
2 chambres-lofts aux Froggy's à Montreuil-sur-Mer : 125 €. Petit déjeuner : 21 €.
Restaurant 1 étoile : menus midi 45-85 €, menus soir 85-115 €. Menus à partir de 19 € à la Taverne.
Wifi gratuit.

–> Fermé en janv. Restaurant fermé mar.-mer.

L'Auberge de la Grenouillère

Métamorphose...

Succédant à son papa, Roland, derrière les pianos, Alexandre Gauthier a installé un nouvel art de vivre dans cette cette auberge mythique. Sa rencontre avec l'architecte Patrick Bouchain fut déterminante. La Grenouillère est désormais ouverte sur toutes les lumières du marais, les remparts de Montreuil, qui s'invitent au travers de la baie vitrée de l'incroyable salle de restaurant, installée sous un chapiteau noir charbon, suturé de câbles lumineux. Alentour, des jardins d'herbes et puis des luzernes, sur lesquelles ont poussé, l'été 2011, des huttes en bardages de bois, bornées de fagots de saules du Marquenterre, à l'exemple des huttes de chasse des marais. Cadencées au milieu des prés, les huttes dévoilent, au premier regard, un univers étrange, rythmé par des marches décalées, en tonalité de bois brûlé. Une fois les rideaux de théâtre, noir laqué, tirés, on comprend que le code couleur, à la nouvelle Grenouillère, c'est le paysage qui le donne ! Un lit immaculé, pas de mini-bar, mais une glacière dissimulée sous une marche, un téléviseur suspendu à une potence, camouflé par un sac à patates. Le clou de la mise en scène, on le découvre en soulevant un grand coffre de bois, adossé à la baie vitrée, comme on soulevait une dalle dans les cuisines d'antan pour accéder à la cave... C'est une baignoire qui apparaît avec, en revers de couvercle, un miroir déformant qui se prête à tous les jeux de lumières et, qui sait, à vos ébats... Éblouissants !

Coups de cœur de l'auteur :

Totalement innovant dans un esprit de transmission. Que les fidèles de la Grenouillère se rassurent, l'ancienne salle de restaurant, digne des plus authentiques cafés bruns hollandais, avec sa cheminée et ses irrésistibles fresques XIXe, sert désormais de salon cosy à l'apéritif ou au café.

À voir, à faire :

Une balade en vélo dans la vallée de la Canche.
Les puces de Montreuil-sur-Mer en juillet.
Une escapade au Touquet.

Plan p. 11, C3

Vosges

• Hélène Mathieu
103, rue du Blanc-Ruxel
88400 Xonrupt-Longemer
Tél. 06 37 98 64 93
couleurs.bois.et.spa@orange.fr
www.couleursboisetspa.com

• 4 chambres : 140 €. 1 suite : 260€.
Table d'hôtes : 29 €, boissons comprises.
Wifi gratuit. Accès sauna-Jacuzzi privatif :
15 €/1 heure pour 1 pers. Massages sur résa. :
80 €/1 heure. Parking privé.

–> Ouvert toute l'année.

Couleurs, Bois & Spa

Après un beau voyage, Hélène est revenue à ses Vosges natales...

Hélène a vécu à Dublin, a travaillé dans l'informatique, puis s'est offert une année sabbatique pour faire le tour du monde. La jeune femme a fait escale en Polynésie, a vécu l'expérience d'un hôtel de luxe à Bora-Bora. Et puis, et puis, les forêts de grands sapins, de mélèzes et d'épicéas lui manquaient... Alors, l'idée a germé. L'hôtellerie, elle avait expérimenté. Alors, pourquoi pas à domicile ? Papa tenait la scierie du bourg. Forcément, ça aide. Hélène a ouvert au printemps 2011 son vaste chalet tout en bois. 700 m² habitable. De quoi loger à l'aise quatre chambres d'hôtes et une spacieuse suite. Ossature en bois, matériaux écologiques, énergie renouvelable. Hélène y tenait ainsi qu'à la couleur. Au pays, le blanc de l'hiver est aussi une couleur... Qui explose sous les lustres-fleurs d'Ikéa, sur les jetés de lit soufflées, les cuirs immaculés de la suite « Flocon », quand le rouge et le chocolat réchauffent les chambres « Montagne » et « Châtaigne », quand le violet flamboie dans l'« Améthyste » – accessible aux handicapés –, que le lilas fleurit la « Zen ». Rouge carmin du vaste salon contemporain, qui prend le large sur la grande terrasse, où la vue embrasse les forêts vosgiennes, avec le Honeckh, dont la silhouette se profile dans le V de la vallée. Et, lorsque le lagon de Bora-Bora lui manque, Hélène plonge dans son Jacuzzi, où la chromothérapie de son spa aux tonalités acidulées la ramène à ses souvenirs polynésiens.

Coups de cœur de l'auteur :

La vaste salle de gym couleur vert anis avec ses sièges d'enfants en plastique dentelle : trop mignons ! Un spa digne des grands hôtels.

À voir, à faire :

Gérardmer, les activités nautiques, le ski. Randonnées dans la forêt vosgienne.

Plan p. 11, C2

Meurthe-et-Moselle

• *Isabelle et Jean-François Jung*
63, avenue du Général-Leclerc
54000 Nancy
Tél. 06 30 03 21 62
www.lavilla1901.fr

• 1 chambre : 160 €. 4 suites : 160 et 180 € selon le standing. Lit suppl. : 30 €. Wifi gratuit. Parking payant.

–> Ouvert toute l'année.

La Villa 1901

La Villa 1901 sonne le glam des maisons d'hôtes conventionnelles...

Chez Isabelle, sa propriétaire, tout est flamboyant, opulent... On y trouve des kilims rose indien, framboise écrasée ou parme fané, toujours recolorisés, et puis des bouquets de roses épanouies, couleur de jus de mûres, gerbes d'acanthes blanches qui montent à l'assaut des boiseries Art nouveau de la salle à manger. Il y a aussi les canapés duo surdimensionnés du salon auréolé d'une toile urbaine aux tonalités pepsies.... Lorsque leurs enfants ont quitté le nid pour vivre leur vie, Isabelle et Jean-François ont eu la bonne idée de transformer leur maison, pour y accueillir des hôtes dans un éclectisme très déco. Sur une base de murs, couleur de fumée, les chambres jouent chacune leur partition. Composée pour l'une, à partir du joyeux camaïeu de bleus d'une collection de papillons. La maîtresse de maison y a associé des chaises d'enfants années 1950 – à croquer – et des urnes en céramique écaillée. Lui faisant face, la suite « Paul, Yvan, Bernard » rend hommage au designer Jean Prouvé en tonalités sable et caramel. Giboulée de luminaires dentelles et salle de bains façon serre de jardin. Le grenier a été transformé en une immense suite, d'esprit alpage, douillette à souhait sous ses peaux lainées et ses poufs tricotés. Salle de bains

intégrée et chromothérapie garantie ! Mais la plus insolite d'entre toutes, c'est cette belle suite inspirée par l'Asie ! « Marthe, Yvonne, Madeleine » aux tissus ethniques de la Princesse au petit pois, auxquels font écho des coussins velours, d'autres frappés à l'effigie des minorités. C'est un festival de pointes et de courtepointes, une flamboyance de rouge de Chine, de kilim au vert des rizières, d'anis et d'orange. Une atmosphère à la fois intemporelle et très design, qui nous entraîne dans un voyage imaginaire sous l'effet de fantastiques clichés d'une fliquette qui règle la circulation à Pékin, d'une garde-rouge très glamour et d'un beau thibétain qu'on suivrait bien...
PS : Une aubaine ! Isabelle tient boutique ouverte dans sa serre et sa cabane de jardin, où vous pourrez retrouver tous les éléments de son décor.

Coup de cœur de l'auteur :

L'originalité absolue d'une belle maison de famille inscrite dans son histoire.

À voir, à faire :

L'Art nouveau au musée de l'École de Nancy (www.ecole-de-nancy.com).
La place Stanislas.

Plan p. 11, D2-D3

Bas-Rhin

• 4, rue du Bain-aux-Plantes
67000 Strasbourg
Tél. 03 88 32 05 06
hote-strasbourg@orange.fr
www.hote-strasbourg.fr

• 8 chambres : 95-160 € selon le standing.
7 appartements : 90-144 €.
Lit suppl. : 15 €, enfant 10 €.
Petit déjeuner : 12 €.
Restaurant : menus 16-38 €, plat du jour 10 €. (sauf sam.).
Wifi gratuit.

–> Ouvert toute l'année.

Hôtel Chut

Un dédale de coursives sous les combles d'une vieille demeure de la Petite France...

Plein de coins, de recoins et d'escaliers tordus autour de son patio où la vigne-vierge monte à l'assaut des fenêtres... Il porte bien son nom ce petit hôtel discret, installé avec modestie dans le quartier le plus prisé de Strasbourg. On doit sa récente rénovation à Mojgan, une architecte d'origine iranienne qui avait d'abord ouvert en ville un premier bar à vins et à tartines baptisé : Le Cornichon Masqué ! Et, c'est ainsi qu'elle avance... Lorsque l'affaire devient trop sérieuse, Mojgan vend pour en entreprendre une autre. Ici, ce fut un coup de foudre pour le lieu, constitué de deux maisons. Elle y a ouvert un restaurant et un hôtel de huit chambres à l'esprit vintage, dans lequel elle expose un peintre différent chaque année. Les œuvres sont en totale harmonie avec les lieux où d'anciens panneaux vitraux, hérités de l'époque Art déco, séparent les chambres des salles d'eau, habitées par un mobilier souvent début XXe ou show-room de créateurs en vogue dans les années 1950. L'hôtel est plein de délices et de fantaisie qui s'impriment autour d'un soliflore suspendu à une tige de fer, d'une guirlande de lampions ou bien de cocons, d'une coiffeuse rétro. Chinoiseries par-ci, dessus-de-lit velours nougat par-là... Une adresse atypique qu'on vous livre comme un secret. Chut ! Faut pas trop le répéter...

Coups de cœur de l'auteur :

La chambre « 6 » et les salles de restaurant sur leurs tomettes de briques anglaises avec leur fantastique collection de Mathusalem exposée au bord d'une fenêtre.

À voir, à faire :

La petite France. La cathédrale et son horloge astronomique. Le musée de l'œuvre Notre-Dame et son étonnante collection de statues.

Plan p. 11, D2-D3

Bas-Rhin

• Dominique Dibling
282 A, route de la Wantzeneau
67000 Strasbourg
Tél. 06 83 88 67 33
contact@cherryonthecake.fr
www.thecherryonthecake.fr

• 1 chambre : 100 €.
Table d'hôtes sur résa. : 25-30 €.
Wifi gratuit.

–> Ouvert toute l'année.

La Cerise sur le Gâteau

Un petit côté île de Ré à La Robertsau...

Cette maison de maraîchers est située à l'orée de Strasbourg, dans un quartier aujourd'hui résidentiel. Elle appartenait jadis au papa de Dominique. Laquelle a commencé par proposer en 2005, une table d'hôtes au cœur de cet héritage paternel. « Les gens venaient pour déjeuner en semaine, pour une réunion de famille le dimanche, pour un petit séminaire. Certains demandaient : vous n'auriez pas une chambre ? Alors, Dominique en a créé une, établie sur un sol en jonc de mer, ouverte au soleil du matin au travers d'un grand drapé de lin, couleur coquille d'œuf. La baie vitrée donne accès à une terrasse au jardin, aménagée dans un style broc et fauteuils fanés. À l'intérieur, c'est raffiné et moletonné. Boutis velours sur couette aux fleurs grisées et petits « bonheurs » sur les oreillers. Une table Napoléon III poudrée de blanc converse avec une chaise Louis XVIII relookée. À l'image de la salle de bains au buste de femme caressée par un brin de romarin, posé sur une table de grand-mère montée en lavabo. La chambre et la fraîche salle à manger aux voliges et parquet blanchis s'inscrivent avec un charme fou dans la modestie originelle du lieu, aujourd'hui habité par des armoires grillagées, de la vaisselle dépareillée, de menus objets plein de charme qui se dissipent jusqu'au jardin : petits zincs et paniers, arrosoirs et bassines au milieu des plantes volatiles...

Coups de cœur de l'auteur :

Le concept et le charme d'un lieu où vous serez reçus en amis.

À voir, à faire :

Une promenade en bateau sur l'Ill (www.batorama.fr). Le musée Tomi-Ungerer.

Plan p. 11, D2-D3
Bas-Rhin

• Anne Gerber
4, rue de la Carpe-Haute
67000 Strasbourg
Tél. 03 88 41 80 77
www.du-cote-de-chez-anne.com

• 5 chambres : 115-295 € selon le standing et la saison.
Restaurant : menu midi 29 € ; menus soir 37-46 € et carte. Brunch le dim. 11h30-14h30.
Wifi gratuit.

–> Ouvert toute l'année.

Du Côté de chez Anne

Coups de cœur de l'auteur :

Fééeriques, ces gigantesques cocons de bien-être pour un univers hors du commun auquel sont intégrées des salles de bains lumineuses et design.

À voir, à faire :

Le Palais de l'Europe, siège du Conseil de l'Europe (visite sur résa., www.coe.int).
Le Strasbourg impérial. Le palais Rohan.

D'or, d'argent et d'Alsace...

Lorsque Anne passa devant cette belle demeure XVIIIe à colombages – jadis propriété du comte et de la comtesse Sforza – abandonnée depuis 2005, qui appartenait désormais à la ville, elle tomba sous le charme et entreprit aussitôt de proposer à la municipalité un projet d'hôtellerie haut de gamme. D'abord, un restaurant au milieu des bois et puis des chambres d'hôtes d'exception, concoctées avec la complicité d'un designer italien. Et, d'exception, elles le sont ! Glamour à tous les niveaux. Sur le palier en bois brûlé, les portes des chambres s'ouvrent... D'emblée, on est saisi par l'épaisseur des moquettes qui dessinent des vagues douillettes. Elles sont à l'image des fourrures qui réchauffent de leur ampleur tous les lits XXL. Pelage blanc et gris glacier pour « Pivoine », habitée par un grand fauteuil-canapé aux coussins de roses immaculées. Tonalités renard et géométrie soyeuse d'un drap de lit champagne pour « Pâquerette ». Des flammes fauves et or allument le feu de sa cheminée incluse dans un pan de mur. « Coquelicot » est rouge baiser. Moquette blanche, bergère en skaï métallisé et lit corbeille aux capitons rouge framboise. Au second étage, toujours la même opulence et une atmosphère tout velours chez « Bleuet ». De gigantesques branches fossilisées et argentées en guise de tête de lit. Une baignoire d'un blanc polaire à ses pieds. « Bouton d'Or » rayonne autour de ses sièges corbeille et de sa baignoire géante, auprès de laquelle patiente une chaise-fleur aux jambes qui ne demandent qu'à danser...

Plan p. 11, C3-D3

Bas-Rhin

• Patricia et Roger Baumgartner
13, rue du Château
67640 Ichtratzheim
Tél. 06 72 87 50 20 et 09 54 14 25 83
quetscheetmirabelle@yahoo.fr
www.quetscheetmirabelle.com

• 3 chambres : 95-105 € selon le standing.
Lit suppl. : 25 €.
Wifi gratuit.

–> Ouvert toute l'année.

Quetsche et Mirabelle

Esprit gustavien… alsacien !

Pour Patricia, d'origine tourangelle, qui travaillait dans la déco, cette maison, c'est « l'aboutissement d'un rêve »… Sa rencontre avec son mari, alsacien, explique qu'elle l'ait concrétisé dans ce village, proche de Strasbourg, réputé pour ses séchoirs à tabac. À l'intérieur de leur demeure d'aspect villégiature, tout a été blanchi. Depuis le parquet jusqu'au mobilier façon XVIIIe qui ne craint pas le voisinage de meubles de mercerie, de poufs recouverts de fourrure blanche, de rideaux ou de draps de lin, toujours brodés, d'une glace aux gypseries fantaisie posée sur une fausse cheminée en bois. C'est un peu une maison de poupée grandeur adulte, de conte de fée, esprit nature dans le coin bibliothèque, traité à la façon d'un cabinet de curiosités… S'y s'emmêlent guirlandes de lierre autour de globes de verre et nids d'oiseaux avec œufs de mandarins – aussi petits que des œufs de Pâques –, avec un faux trophée d'éléphant copinant avec celui d'un cerf. Même si l'on sait qu'il n'existe pas, on attend le prince charmant dans un « Rêve Blanc » sous une moustiquaire de voile diaphane, entre deux authentiques bergères carrossées de bois doré. On prend son bain dans une salle d'eau mise en scène autour d'une baignoire à pied, voilée de coton blanc. « Instant Nature » encore, sur fond de matériaux bruts, depuis le parquet jusqu'aux tringles à rideaux en troncs de noisetier, en passant par des lampes en branches. Dans la salle de bains, mariage du minéral et du végétal avec les ardoises disposées en tavaillons et un banc couvert de vieux sacs à potasse. Quant à « Douceur Pourpre », au drapé coquelicot, elle prend son envol vers l'été…

Coups de cœur de l'auteur :

Un « Rêve Blanc » d'une délicatesse exquise. En prime, sur le palier, le petit coin boutique-broc de Patricia, experte en céramiques, qui réalise de ravissants motifs en camaïeux de blanc, évidemment !

À voir, à faire :

Obernai et Strasbourg, les villes les plus visitées du département !

Plan p. 11, C2-D2

Bas-Rhin

• *Christine Wolf-Adam*
12, rue de l'École
67520 Nordheim
Tél. 03 89 66 11 74 et 06 62 39 90 24
contact@gite-nussbaum.fr
www.gite-nussbaum.fr

• *Gîte (9 pers.) : 780-980 € selon la saison.*
Linge de lit inclus. Linge de maison : 8 €/pers.
Ménage (option) : 90 €.
Wifi gratuit. Matériel de puériculture.

–> Ouvert toute l'année.

Le Nussbaum

Un bijou du patrimoine rural métamorphosé...

Lorsque Christine hérita de cette ancienne ferme familiale du XVIIe, il y eu quelques accrochages avec son papa qui l'aida à la restauration, dérouté par les audaces de sa fille en matière de déco. Aujourd'hui les parents de la jeune femme applaudissent à quatre mains devant le résultat. Et nous de concert ! Quand, en haut de l'escalier de pierres de grès, bien burinées, on pénètre dans la grande pièce à vivre où, derrière les pans de bois, se dispatchent une cuisine joliment contemporaine et une vaste salle à manger, où la table s'allonge sous les globes de lumière d'Angel des Montagnes. Deux bureaux d'écolier, l'un débarrassé du CP, l'autre du CE2, délimitent le coin bibliothèque. Où il y a eu du frottement entre le père et la fille, c'est lorsqu'elle a voulu conserver la couche de papiers peints fanés superposés sur tout un pan de mur qu'elle a même prolongé en trompe l'œil sur l'armoire. Dans le bel espace salon paressent des cuirs recouverts de jetés de laine bouclette autour d'une table en bois de traverse surmontée d'une lampe montée sur une selle de vélo. Bien sûr, il y a une chambre d'enfants à l'étage avec ses toiles à matelas et ses tables de chevet en paille, les chambres étendues à l'aise sous les superbes solives de l'ancien grenier à foin, dotées de vastes casiers à rangement. La plus surprenante des chambres est celle contigüe au salon. Son lit est adossé à une alcôve composée d'anciens couvercles de brasserie déposés à la façon de glaces mercurisées.

Coup de cœur de l'auteur :

L'imagination créative de la propriétaire qui a su transformer des objets du passé en éléments déco ultra-contemporains.

À voir, à faire :

La route des vins d'Alsace, de Marlenheim à Guebwiller en passant par Riquewhir, Ammerchwir, Ribeauvillé, Kaysersberg et son marché de Noël, sans oublier bien sûr Nordheim.

Plan p. 11, D3

Haut-Rhin

• 14, rue des Augustins
68000 Colmar
Tél. 03 89 20 45 20
info@hotelquatorze.com
www.hotelquatorze.com

• 14 chambres : 140-240 € selon le standing.
2 suites : 260-360 €.
Petit déjeuner : 18 €.
Wifi gratuit. Sauna et hammam en cave.
Massage ayurvédique sur résa.

–> Ouvert toute l'année.

Le Quatorze

Urban chic pour homme ou… femme d'affaires !

D'ailleurs, plutôt homme… C'est une femme qui a conçu et qui tient l'hôtel. Pourtant, pour la parité on repassera si l'on en croit les fresques du nouveau businessman, dont les silhouettes, esquissées sur des fresques murales par Alfonso Vallès, dynamisent la salle du petit déjeuner, emmitouflée de rideaux pied-de-coq. Éclairé par un lustre-piano pendu au plafond, le nouvel homme d'affaires apparaît en quatre tableaux, pressé mais enjoué… Levé du bon pied – ou presque – dans les treize chambres de ce boutic-hôtel, étonnant et détonant dans le cœur historique de Colmar. Toujours en camaïeu de gris et de blanc, apaisant. Zen et épuré. Les atmosphères se posent sur un parquet en chêne massif avec panoramique de forêt, noir et blanc, dans les « 6 » et « 7 ». Avec baignoire intégrée dans la « 8 » où l'homme se déstresse, allongé à l'envers, de dos, pas tout à fait le même, pas tout à fait un autre. D'autres chambres en terrasse, aux couleurs contemporaines, s'ouvrent sur un jardin urbain. La suite au grenier épouse toute la longueur de la maison, éclairée par un œil de bœuf façon hublot. Sur son long banc blanc traversant se repose un canapé, un bar, un bureau, un écran plat. En perspective, la chambre et la salle d'eau se dévoilent entre les poutres gris souris. Là, Monsieur se prend la tête. On réfléchit pour lui sur une balancelle Charles Eames… Sous les combles, une autre alcôve ombre ses fenêtres avec du tissu à carreaux gris, en chanvre, tressé dans la grande tradition alsacienne par Gander. Dans la dernière chambre visitée, Monsieur est viré. On ne vous dira pas laquelle…

Coup de cœur de l'auteur :

Enfin un hôtel qui désacralise la médiévalité ambiante de l'hôtellerie locale !

À voir, à faire :

En total contraste avec votre hôtel : la vieille ville incroyablement conservée, la Maison des Têtes, l'église des Dominicains. La petite Venise sur l'entrelacs des canaux dérivés de l'Ill.

Plan p. 11, D3

Haut-Rhin

• Florence et Yvan Fabret
26 A, rue Camille-Schlumberger
68000 Colmar
Tél. 06 99 04 55 23
contact@villa-elyane.com
www.villa-elyane.com

• 3 chambres : 110-150 € selon la saison. 2 suites : 190-250 €. Lit suppl. (enfant, adolescent) : 15 €. Wifi gratuit. Sauna. Jardin, mobilier extérieur. Prêt de vélos.

–> Ouvert toute l'année.

Villa Élyane

Coup de cœur de l'auteur :

Villa Élyane, comme un devoir de mémoire, magnifié par une décoration à l'élégance rare...

À voir, à faire :

Incontournable le musée d'Unterlinden (www.musee-unterlinden.com) et son fabuleux rétable d'Issenheim.

Pour l'amour d'une maison...

L'idée de la maison d'hôtes est venue un beau matin à Florence, lorsqu'elle croisa sur son chemin cette magnifique villa abandonnée, née au tournant de l'Art nouveau, construite par un médecin pour y loger à la fois son cabinet et sa famille. Florence lui a pieusement conservé ses beaux vitraux de Gruber, ses boiseries signées Jules Cayette avec leurs motifs de fleurs médicinales, dont ces belladonas et ces digitales qui tombent en grappes sur l'escalier. Élyane, c'était la fille du médecin-bâtisseur. Sa bouille ravissante s'expose en clichés noir et blanc à tous les étages de la maison. D'abord Élyane bébé, son nounours dans les bras, Élyane dans son parc sur un des balcons de la maison. Elle illumine de sa fraîcheur enfantine le couloir aux magnifiques carreaux de ciment turquoise, qui dessert les deux chambres du rez-de-chaussée, installées dans l'ancien cabinet et laboratoire du Dr. Schrwartz. Les chambres, elles, sont élégantes et racées, conjuguant le passé au tempo très actuel de la déco avec leurs lits king size, leurs tweeds, leurs plaids bouclette. En tonalités gris clair, châtaigne et cobalt, elles sont habitées par un fauteuil en velours vert pomme ou une chaise rouge de Verner Panton. À l'étage, trois autres chambres, aménagées autour d'un mobilier de créateurs. Un triptyque de Pierre Muckensturn, une table Lalinde, un sofa d'Alberta pour la « n° 3 » couleur vanille-nougat, pourvue d'une grande terrasse. Dans la suite « n° 4 », on retrouve Élyane, adossée à un pilier de la galeriemyane. Dans la « n° 5 », elle s'est emmitouflée d'un ravissant manteau pied-de-coq, un chien à roulettes à ses pieds pour affronter un hiver alsacien, que réchauffe aujourd'hui le bain d'une salle d'eau aux carreaux indigo.

Plan p. 11, C4

Doubs

• 6, rue du Chapitre – 25000 Besançon
Tél. 03 81 82 00 21
hotel-lesauvage@orange.fr
www.hotel-lesauvage.com

• 22 chambres : 89-160 € selon le standing.
2 suites : 220 et 280 €. Lit suppl. : 25 €.
Petit déjeuner : 12 €.
Wifi gratuit. Parking fermé.

–> Ouvert toute l'année.

Hôtel le Sauvage

Drôle de nom pour un ancien couvent de Clarisses...

Lors de la signature de l'acte de vente, les sœurs imposèrent une clause : qu'aucun nom religieux ne soit donné à ce qui allait devenir un hôtel. Pourtant, il fallut bien trouver un nom à l'établissement acheté par une famille d'hôteliers bien connue dans la cité. Lorsque Vauban séjournait à Besançon, il avait ses habitudes à l'Auberge du Sauvage. Alors, comme on était au pied des contreforts de la citadelle, classée au Patrimoine mondial de l'Unesco, cette autre façon de lui rendre hommage s'imposa. Sous la voûte de l'ancienne chapelle en L se sont installés le lobby et la vaste salle des petits déjeuners. Derrière les rideaux, bronze doré, se dévoile une terrasse en surplomb des toits de la ville et du jardin de plantes médicinales laissé par les religieuses. Un paravent de musique désossé délimite le périmètre d'un bar cosy avec canapés de velours et chesterfied en chevrons. Au Sauvage, l'archange Gabriel cohabite avec la déesse de la vigne. Au premier, c'est une grande toile d'une martyre, très angélique, qui veillera sur vos nuits comme sur celles des hôtes de la suite « N°9 », posée sous les voûtes de l'ancienne chapelle. Calme, presque monacal... Oculus et moulures tempèrent les hauteurs sous plafond. Sérénité des tons gris et des boiseries. Ici, douceur d'une indienne en plaid de lit ; ailleurs, d'un cachemire couleur de groseille. Au deuxième étage, conversion des espaces en chambres aux grisailles, impression Jouy. Les moins gradées des sœurs habitaient jadis sous les toits. De trois cellules, les nouveaux propriétaires ont fait une chambre. Parquet bois et bois blond. Sérénité...

Coups de cœur de l'auteur :

La situation et la sérénité.

À voir, à faire :

Les parcours Vauban (www.citadelle.com).
Le musée de plein air des Maisons comtoises à Nancray (www.maisons-comtoises.org).

Plan p. 11, C3

Doubs

• Gilles Devillers
Chemin du Sainans
25550 Dung
Tél. 03 81 91 02 42
contact@le-sainans.fr
www.le-sainans.fr

• 5 chambres : 90-120 € selon le standing.
À l'auberge : formule midi 18 €, vin compris ; carte 45-50 €.
Wifi gratuit.

–> Ouvert toute l'année.

Le Sainans

C'est la combe où passaient les moutons qui a donné son nom au domaine...

En acquérant en 2009 cette ferme abandonnée depuis 1975, Gilles Devillers a voulu revenir aux fondamentaux qui ont présidé à son origine trois siècles plus tôt – lorsqu'on y vivait en autarcie –, tout en l'ancrant dans le confort et la vie d'aujourd'hui. Faire renaître les carpières, les bergeries... De nouveau cultiver les prés, les vergers et les potagers, conditionner les produits sur place : vaches, cochons, moutons et couvées, et même les grenouilles. Les proposer aux visiteurs sans intermédiaire. Les hôtes peuvent parcourir le domaine, ses cinquante-sept hectares de forêts, de champs et d'étangs, y manger au sein d'une auberge résolument actuelle et fort élégante, avec vue sur les prés, les bois, se rassasier avec les mets créatifs du jeune chef, Jonathan Boujon, pétri de talent. Ils peuvent aussi s'y reposer dans des chambres fonctionnelles et agréables. Drapée de patchworks aux tons chauds des moissons aux « Prés de la Vie » ; aux tonalités grisées, garnie de toile à matelas, piquée de romantisme « À La Fontaine ». La chambre peut communiquer avec sa voisine, « Le Jardin Fleuri ». Dessus-de-lit prune et plaid aux roses. « Autrefois » peut se combiner avec « Au Coin du Bois ». Tapis ficelle tricotée, lustre en plumes pour l'une ; tonalités de terre et registre forestier pour l'autre. Une pierre à moudre le grain, déménagée des communs, occupe l'espace du hall tendu de peaux de vache, équipé de sièges en peau et habité par un étonnant cheptel de meubles animaliers, une série limitée en medium, imaginée par Ibride, un artisan de Besançon.

Coups de cœur de l'auteur :

Le concept, le lobby et l'auberge aussi savoureuse qu'élégante, découpée en trois espaces : bar-terrasse, salon cosy et salle de restaurant.

À voir, à faire :

Randonnée sur la coulée verte entre Belfort et Montbéliard. Le musée de l'aventure Peugeot à Sochaux (www.museepeugeot.com).

Plan p. 10, B3

Côte-d'Or

• Laure Launay et Emmanuel Rigaut
2, route de Vilmotte
21140 Saint-Euphrône
Tél. 06 12 39 57 18
laure@lagrangedelaure.fr
www.lagrangedelaure.fr

• 2 chambres : 110 €. Lit suppl. : 20 €. Wifi gratuit. Soins bien-être sur résa. Piscine. Prêt de vélos.

–> Ouvert toute l'année.

La Grange de Laure

« Revenir à ses granges... infiniment » !

Laure a fait sienne cette maxime du poète breton Xavier Grall. Laure est originaire du village. Petite, elle se disait : « quand je serai grande, j'habiterais ces granges »... À 20 ans, changement de ton : « plus jamais la campagne ! » Quelques années plus loin, à la naissance de son troisième bébé : « Paris, c'est fini !» On le sait bien : femme varie... Ce que Laure, elle, sait, maintenant que les petits ont grandi, c'est que pas une seule fois, elle n'a regretté son choix ! Celui d'avoir donné à ses enfants une enfance à courir les bois... D'une première vie d'assistante sur les plateaux de longs métrages, elle est passée « chandelière »... Autant dire que la lumière tamisée, elle sait faire. Son rêve de grange, elle l'a concrétisé, en ouvrant aux hôtes de passage une première grange installée sous ses poutres d'antan. Le mobilier familial côtoie, sur le plancher de ce vaste espace, un mobilier plus métissé, chiné à Maisons du Monde, et puis des cubes en béton lissé, couleur charbon. Ils confèrent à cette suite un petit esprit colonial. Un muret de bûches patiente devant la grande porte coulissante. Un muret de pierres, contemporain de la bataille d'Alésia, borne le jardin. À l'arrière du bâtiment, la seconde chambre dispose d'une terrasse en planches. La salle de bains s'est faite belle autour de sa baignoire à l'ancienne. Mobilier de famille raffiné, tasses à thé, anis de Flavigny, fleurs fraîches et, toujours, une coupe de fruits. Rien n'a été laissé au hasard pour que votre séjour soit une parenthèse à la fois zen et chaleureuse.

Coups de cœur de l'auteur :

À la fois authentique et fantaisiste.
Un accueil charmant.

À voir, à faire :

La ville médiévale de Semur-en-Auxois à deux pas. Le tout nouveau MuséoParc Alésia (www.alesia.com) à quelques kilomètres, qui vous fera revisiter l'Histoire.

Plan p. 10, B4

Saône-et-Loire

• Diverti'Parc
La Défriche – Route de Gueugnon
71320 Toulon-sur-Arroux
Tél. 03 85 79 59 08 et 06 12 73 47 74
contact@divertiparc.com
www.divertiparc.com

• Ecolodge (jusqu'à 6 pers.) : 189 € pour 2 pers.
Personne suppl. : 15 €.
Petit déjeuner compris.
Draps et linge de toilette fournis.
Repas sur grill sur résa.
Wifi gratuit. Labyrinthes, abri forestier pour veillée contes, halle de jeux.

–> Ouvert avr.-oct.

La Vache Ecolodge

Vachement sympa !

La vue s'envole vers les contreforts du Morvan. Vous voilà transporté dans le monde animal... Au milieu de dizaines de vaches de collection. Elles broutent les prairies du Diverti'Parc, un lieu créé par Flavien Fuchey, un jeune entrepreneur tombé amoureux des vaches. Mieux : une vache vous ouvre ses entrailles pour dormir... une vache géante, en bois celle-là. De dix mètres de long, imaginée par Flavien avec la complicité d'un maître artisan ébéniste, compagnon du Tour de France et Meilleur ouvrier de France. Dans son énorme cloche, un matelas ovale pour deux. Dans sa tête, un œil de bœuf pour vous permettre d'observer les étoiles. Dans son ventre : cinq lits, et puis des toilettes, une douche, une kitchenette. Y'a même un toboggan en forme de queue de vache, où pourront glisser les enfants au réveil ! Et tout autour, des labyrinthes pour se perdre, se retrouver, s'amuser, de blé, de maïs, et même un labyrinthe de bambous décroché de l'Expo universelle de Hanovre en 2000.

Coup de cœur de l'auteur :

La passion du monde animal et du monde végétal entremêlés.

À voir, à faire :

Rien d'autre à faire qu'à s'amuser sur place...

Plan p. 10, B3

Yonne

• Marie-Claire et Mathieu Chevillotte
5, place Robillard
89000 Auxerre
Tél. 03 86 72 05 61 et 06 85 64 43 62
contact@mc2architecte.com
www.mc2architecte.com/show_room.html

• 2 appartements : 120 €/nuit en sem., 150 €/nuit le w.-e., 200 €/w.-e., 700 €/sem. Linge et ménage inclus. Wifi gratuit.

–> Ouvert toute l'année.

Showroom MC2

Devoir et défi d'architectes sous les toits de la plus ancienne maison civile d'Auxerre…

La façade remonte à 1383. L'intérieur du second loft à l'année dernière... Marie-Claire est architecte, Mathieu, Compagnon du devoir : forcément, ça aide pour composer un univers à la fois contemporain et bien pensé. En haut de l'escalier qui dessert, au premier, leur cabinet professionnel, c'est au second étage qu'ils ont installé un premier appartement d'hôtes dans un style résolument contemporain. Show-room de leurs fournisseurs attitrés, la grande pièce à vivre avec cuisine intégrée a assorti son mobilier aux poutres en chêne de la charpente. Le style s'amuse avec ces chaises plissées de Vandecasteele, ces luminaires de Hind Rabii ou d'Esedra. Une grosse bille de bois ponctue une fenêtre. Une autre, le palier. Pour dormir, on grimpe encore d'un étage. Dans la chambre, le lit apprivoise l'espace cosy de la tour du XIVe siècle, qui a conservé son extraordinaire charpente en étoile, à double rayonnages. La salle de bains s'est posée sur des dalles cuivrées, calepinées par Marie-Claire. De beaux clichés de la cathédrale d'Auxerre, réalisés par Mathieu, domptent les murs. Au n° 2 des lieux, où l'on pénètre par la cour, le rose est de mise. Du rose indien, des roses chiffonnées qui s'épanouissent autour de la réédition d'une commode XVIIIe, d'un canapé « pourri » découvert sur un chantier et aristocratiquement relooké. Dans la chambre, un lustre ostentatoire d'« Ouvrons la Parenthèse » allume le glam d'une chambre au rose incandescent...

Coups de cœur de l'auteur :

La magie, le fantastique et le design des lieux dans une carcasse médiévale.

À voir, à faire :

Auxerre, la cathédrale Saint-Étienne, l'abbaye Saint-Germain édifiée sur une église qui aurait été fondée par sainte Clotilde, épouse de Clovis.

Plan p. 10, B3

Yonne

• Johan Bouman et Pieter Franssens
89230 Montigny-la-Resle
Tél. 06 86 11 29 22
info@chateaudelaresle.com
www.chateaudelaresle.com

• 2 chambres et 2 suites : à partir de 250 €
(séjour de 2 nuits min.).
Table d'hôtes sur résa.
Sauna, hammam. Piscine. Tennis.

–> Ouvert Pâques-1er oct.

Le Château de la Resle

Un château de Bourgogne very arty...

Allier culture, vin et gastronomie, art contemporain et art de vivre, tel était le projet de Pieter et de Johan, deux enfants du plat pays, parfaitement bilingues, lorsqu'ils se sont rendus acquéreurs de ce château des XVII et XIXe siècles, qui expose sous les arbres du parc de grandes sculptures d'Arik Levi. Amateurs d'art, très ouverts aux créateurs, ils ont résolument ancré leur demeure dans un XXIe siècle décomplexé des clichés du passé avec, dès l'entrée, du mobilier et des objets de designers, comme cette corde à nœuds servant de suspension lumineuse. Le chic s'affirme au salon, avec ce piano à queue, qui donne le tempo d'un décor épuré dans lequel ronronne un feu de cheminée. La salle à manger est superbe ! Deux bûches fendues, gainées de bandes de plâtre, juste posées sur une longue table en bois que contemple un pizzaïolo du haut d'une nature morte. Canon, le pizzaïolo ! Nos deux compères adorent le noir, et puis le gris, assorti au pavage à cabochons. De grands drapés de lin ficelle habillent les fenêtres. Une collection de scarabées en raku court sur le mur ébène. La volée d'escalier débouche sur un long couloir aux pierres peintes couleur d'ardoise du plus bel effet. Les chambres, couleur de lac ou de pinède, sont réchauffées de boutis velours gris-bleu ou grisaille. L'une privilégie le dressing, l'autre s'offre une salle d'eau design. La « Suite du Château » dispose d'une vraie petite cuisine nordique, quand celle du « Jardin » s'offre une spectaculaire mise en scène dans la chambre au boutis verveine, qui déploie son velours molletonné sous la charpente décapée.

Coups de cœur de l'auteur :

La salle à manger... Unique ! Les meubles à tiroirs des suites. Le luxe dans la simplicité d'un détail.

À voir, à faire :

L'abbaye de Pontigny (www.abbayedepontigny.eu), construite en 1114, « deuxième fille de Cîteaux ». Le vignoble de Chablis.

Plan p. 10, B3

Yonne

• Bruno Balahy
4, rue des Marronniers
89520 Saints
Tél. 06 82 69 5148
bbdeffand@hotmail.fr – www.chateaududeffand.fr

• 2 chambres : 100-125 € selon la saison.
1 suite : 120-145 € selon la saison.
La maison peut être louée dans sa totalité.
Table d'hôtes : 42 €, boissons comprises.
Panier d'hôtes : 22 €.
Wifi gratuit.

–> Ouvert toute l'année.

Le Château du Deffand

Du siècle des Lumières à celui des loisirs...

Ce ravissant château de campagne appartint en son temps à Madame du Deffand, qui a entretenu une correspondance assidue avec Voltaire et tenu salon littéraire rue Saint-Dominique, à Paris. Aujourd'hui, amputé d'une partie de son corps de logis par les affres des siècles, il est propriété de Bruno qui eut un véritable coup de cœur pour la demeure, ses terres cuites au sol, ses boiseries, ses cheminées et cette cuisine de rêve, qui abrite désormais sa fabuleuse collection de moules en cuivre et de suspensions d'antan. Les hôtes savourent les plats du maître de maison dans la salle à manger couleur de paille, mais c'est dans l'ancienne bergerie du château qu'ils logeront. D'emblée, on a envie de s'installer dans le salon douillet, face à la cheminée, autour de la grande table du petit déjeuner dressée avec gourmandise, face à une autre cuisine, où l'on se prendrait bien à concocter terrines de saison ou tarte Tatin au retour d'une promenade. Ici, c'est une collection de barbotines à têtes d'oiseaux, de grands fauves et d'animaux de la ferme qui attire l'œil. Natures mortes, cloches et coupes en verre renvoient les lumières du jardin, qui s'immiscent au travers d'un mur tombé au profit d'une grande baie vitrée. À l'étage, les chambres de « Jeanne », en tonalités grises, et de « Marie » en vert amande, se sont réparties les espaces. La suite « Colette » dispose d'un salon privé, ouvert sur le jardin et la campagne, où batifolent les chevreuils.

Coups de cœur de l'auteur :

L'intemporalité des lieux.
Les cuisines de contes de fées...

À voir, à faire :

Le musée Colette à Saint-Sauveur-en-Puisaye (www.musee-colette.com). Le chantier médiéval de Guédelon (www.guedelon.fr). Le château de Saint-Farjeau (www.chateau-de-st-fargeau.com).

Plan p. 10, B3

Yonne

• *Marieke et Rik Klomp*
89130 Leugny
Tél. 03 86 47 69 01
contact@la-borde.eu
www.lbmh.fr

• *4 chambres : 310-325 € selon le standing.*
1 suite : 325 € pour 2 pers., 600 € pour 4 pers.
Lit suppl. : 55 €.
Table d'hôtes : 55 €, hors vin et digestif.
Wifi gratuit. Ribambelle de grands salons, de salles de détente. Salles de jeux pour parents, ados et enfants. Fitness, spa. Piscine. Tennis. Potager. Label Jardin remarquable.

—> Fermé 19 déc.-13 fév.

La Borde

Marieke et Rik ont adopté la France et se disent « Français ». Ça fait plaisir !

Ils habitaient là-bas en Hollande, au bord de la mer, rêvaient d'une propriété en France... Ils sont tombés amoureux de la Borde... sur papier ! On pénètre dans la « Suite du Pavillon », dont les origines remontent à 1360, par un petit salon de campagne avec kitchenette intégrée sous ses poutres décapées. À l'étage, effet garanti sous la monumentale charpente chevillée à l'ancienne. Deux bergères posées sur des tomettes de récupération, cirées, ancrent la chambre dans son prestigieux passé. Peignoirs moelleux, écran télé, mini-bar, service Nespresso : tout a été pensé au détail près pour le confort des hôtes. Aux beaux jours, les petits déjeuners sont servis sous l'auvent traversant d'un toit de petites tuiles moussues, qui réunit deux corps de bâtiments. Dans l'ancienne étable qui a conservé ses auges et sa rigole s'est installée la salle à manger. Très cosy, elle aligne une impressionnante collection d'une douzaine de fauteuils soyeux, couleur vert pomme, orange et jaune citron de Mise en Demeure. De grandes salles de détente, un vaste salon en verrière dans la grange où s'allongent les saisons face à une cheminée de château... Le bâtiment abrite également quatre chambres aux noms de fleurs, habitées d'autres bergères velours, de meubles aux fermoirs d'anciennes glacières, de têtes de lits aux découpes raffinées. Incroyable charpente encore qui lance ses flèches de bois dans la chambre « Aubépine » où des chiens curieux ont laissé leurs empreintes sur les terres cuites moulées du sol.

Coups de cœur de l'auteur :

La salle à manger d'hiver, la chambre « Aubépine » pour sa charpente exceptionnelle, la serre de reception, le spa, les salons avec billard, baby-foot, flipper, jude-box, piano, jeux vidéo, l'espace convivial des enfants sous les poutres du grenier, remarquablement agencé.

À voir, à faire :

Une visite aux carrières d'Aubigny (carriere-aubigny.com).
Découverte de la Puisaye en autorail depuis Toucy (www.train-de-puisaye.com).

Plan p. 10, B3

Yonne

• Domaine Verret
10, rue de la Mairie – 89290 Irancy
Tél. 06 11 66 17 21
damien@domaineverret.com
www.domaineverret.com

• Gîte (10 pers.) : 550-650 €/w.-e., 750-850 €/sem.
Draps fournis. Linge de toilette : 10 €/chambre.
Ménage (option) : 100 €.
Cour jardinée.

–> Ouvert toute l'année.

Le Pavillon Saint-Vincent

Une maison de village vigneron...

Elle s'en va gaillardement sur ses deux siècles et sur ses vieilles dalles usées. Elle conserve la trace des anciennes cuves d'un caveau caché derrière une porte bien cadenassée, qui s'ouvre épisodiquement pour des dégustations à l'encan... La cheminée de la salle à manger, installée dans la bergerie d'autrefois, est capable d'avaler les branches d'un arbre en entier. Canapé en cuir devant grand écran. Deux marches plus haut, on accède à la longue cuisine, traversante et ultra-équipée, pour découvrir l'autre pan de la cheminée, plus embourgeoisé. La suite parentale a conservé ses carreaux paysans au sol, intégré sa pierre d'évier devant la fenêtre. La chambre au ton chocolat possède une belle collection de livres reliés. La petite chambre d'enfant, couleur verveine, s'est posée sur du sisal. Accès direct au couloir et douche sur tapis de galets. Un escalier en pierre, tranché à vif dans la découpe d'un vieux mur, dessert trois autres chambres, chacune équipée de salles d'eau dont, une avec baignoire. L'ensemble est sobre, épuré, à la fois chic dans ses tonalités : blanc, aubergine, crème de lait, et authentique dans ses matières, tel ce plaid tricoté, ton sur ton, ou ces poutres décapées de l'ancien grenier.

Coup de cœur de l'auteur :

Une authentique demeure vigneronne rénovée au goût d'aujourd'hui.

À voir, à faire :

*La découverte du vignoble d'Irancy.
Un déjeuner au restaurant Le Soufflot (tél. 03 86 42 39 00, www.restaurant-irancy.fr), qui porte le nom de l'enfant du pays...*

Région Sud-Ouest

Poitou-Charentes
Limousin
Midi-Pyrénées
Aquitaine

Plan p. 12, B1
Charente-Maritime

• 172, rue Saint-Martin
17580 Le Bois-Plage-en-Ré
Tél. 05 46 09 23 07
www.re-hotel-ocean.com

• 29 chambres : 80-160 € selon le standing et la saison, 151-231 € pour 2 pers. en demi-pension. Demi-pension enfant : 70-86 € selon l'âge. Restaurant sur place : menus 25 et 36 €, carte. Wifi gratuit. Espace bien-être. Piscine.

–> Ouvert de mi-fév. à fin nov. et pendant les vacances de Noël.

L'Océan

Un océan de plaisirs : gourmands, relaxants, esthétiques…

Il a été l'un des deux premiers hôtels de charme de l'île. L'Océan évolue avec son temps. Avec, d'abord, ce superbe patio sous grand'voile, où les soirs d'été s'éternisent autour des tables dans les effluves des jasmins exubérants. À l'intérieur, toujours des rideaux marins, un zeste de romantisme sous ses voilages. Toujours des sièges loom, un mobilier qui a mué avec les années, en plus grisé. La coursive dessert des chambres au bois blond, où des portes de train rétro dissimulent des salles de bains, où des cabines de bain sont revisitées en placards. Côté piscine, un grand jardin sous le pin dissémine des coins terrasses relax embrassés de bambous, de lauriers, de figuiers. Dans l'abri de petites maisons rétaises se nichent de nouvelles chambres plus design. Plexis, résine mènent la danse autour de galets blancs stylisés à office de tables basses. Un canapé cerise se mire et s'admire dans une glace baroque. À l'étage, au ras des tuiles, des chambres aux boutis, couleur sable ou rocaille et des salles d'eau en lauzes d'ardoises. Que dire de plus pour un lieu de vacances dans le plus charmant et le plus authentique village de l'île ? Ah si ! Une piscine sur un deck et un spa-hammam-massages-gommages et soins esthétiques pour être la plus belle demain sur la plage quand s'enroulent les vagues…

Coups de cœur de l'auteur :

Au cœur du plus décontracté et de l'un des plus authentiques villages de Ré. Entre les pins, les vignes et la mer.

À voir, à faire :

Les ruelles animées du Bois-Plage, qui convergent vers l'église et le marché (t. l. j. en été), et ses façades aux volets verts bordées de roses trémières. L'île aux livres (en août), salon littéraire créé par Madeleine Chapsal.

Plan p. 12, B2

Charente-Maritime

• Rue Gourgaud
17123 Ile d'Aix
Tél. 05 46 84 00 77
contact@hotel-ile-aix.com – www.hotel-ile-aix.com

• 18 chambres : 80-140 € selon le standing et la saison, 156-216 € pour 2 pers. en demi-pension. Suites (2 pers.) : 100-180 €, 176-216 € pour 2 pers. en demi-pension. Suites (3 pers.) : 130-210 €, 244-324 € pour 3 pers. en demi-pension.
Petit déjeuner : 12 €, enfant 8 €.
Restaurant sur place : menus 22 et 28 €.
Wifi gratuit. Projet d'une piscine.

–> Ouvert 1er mars-10 nov.

Hôtel Napoléon

Sur l'île d'Aix...

Parfum de légende et secret bien gardé. Pour y aller, il suffit de prendre le bateau à Fouras à l'embarcadère de la Fumée, et puis naviguer... Pas plus de vingt minutes pour rallier la seule île du département non reliée au continent. On franchit l'enceinte des remparts avant de découvrir sur la superbe place Austerlitz cet hôtel entièrement rénové par une famille d'hôteliers, qui n'en est pas à son coup d'essai, puisqu'on lui connaît déjà le bel hôtel de l'Océan sur l'île de Ré. Les îles, c'est un peu leur histoire et beaucoup leur passion à Martine et Noël, les propriétaires. Ici, tout s'emmêle, puisque cet hôtel est aussi l'histoire d'un amour entre l'arrière petit-fils de l'aide de camp de Napoléon – le général Gaspard Gourgaud, à qui l'empereur dicta ses mémoires à Sainte-Hélène – et une jeune américaine, Éva, qui s'étaient pris d'affection pour Aix, ses plages et ses lumières. Oublié, dépassé et aujourdh'hui rénové, il vous accueille dans un univers intemporel d'élégance et d'authenticité. Rayures Empire et atmosphère épurée. Au restaurant Chez Joséphine, le design est de mise avec les chaises Starck, qui s'associent au velours néo-baroque de sièges prune et de lustres à pampilles voilés de mantilles. Les mets raffinés doivent sans doute beaucoup de leurs saveurs au labeur des pêcheurs et le goût de la mer à celui des voileux exposés sur les murs. Et puis il y a la vue. Là, vraiment on se sent privilégié, avec pour quelques chambres, Fort Boyard en ligne de mire...

Coups de cœur de l'auteur :

La magie d'une île verte et discrète, conviviale, aux ruelles brodées de roses trémières.

À voir, à faire :

Les chemins côtiers. Un bain de mer à Baby Plage. Le musée Napoléon. Le Musée africain créé par l'arrière-petit-fils du général Gourgaud : insensé et pas très glorieux pour les Français de l'époque ! La Maison de la Nacre et le Fort Liédot, où fut détenu Ben Bella.

Plan p. 12, B1-B2

Charente-Maritime

• Véronique Fagot-Malapert
1, rue de la Fontaine
17290 Thairé-d'Aunis
Tél. 05 16 07 30 76 et 06 19 73 10 00
info@lamaisondubaloir.fr
www.lamaisondubaloir.fr

• 3 chambres : 75-93 € selon le standing et la saison. Wifi gratuit. TV. Piscine.

–> Ouvert toute l'année.

La Maison du Baloir

Lumières d'Aunis...

Véronique et son mari habitaient Nantes. Véronique rêvait d'une maison d'hôtes. C'est un joli village du pays d'Aunis, entre La Rochelle et le marais poitevin, qu'ils ont choisi pour monter le projet de la jeune femme, habituée depuis l'enfance aux vacances sur l'île de Ré. Et c'est la réunion de deux maisons typiques avec une succession de courettes closes, qui les a séduits. Le nom de la demeure lui vient de l'ancien grenier à grains communal, sis entre ses murs de pierre blanches, qui apparaît gainé de briques et de colombages. Véronique accueille ses hôtes dans un beau salon contemporain, où ils ne font que passer – un autre avec TV et bibliothèque leur est réservé –, avant de les conduire à leurs chambres, à l'étage de cette belle demeure aux carreaux de ciment gris qui s'est embourgeoisée au fil des années. « Retour d'Asie » s'enrobe de tonalités orangées sur fond de tête de lit indienne. Lumineuse est la « Chambre de Tara », posée sur un sol en jonc de mer anthracite. Un diadème de lit laisse s'envoler la toile à beurre, qui caresse un fond de lit aux capitons rouille. Plaid fuschia, tons de rose et de lilas autour d'une table de toilette en pitchpin qu'éclaire un lustre à pampilles ambre et violette. « Une Nuit d'Eté » est ma préférée dans ses tonalités de gris, de rose, de blanc, avec son lit aux draps anciens, allongé face à une cheminée en marbre noir, surmontée d'un vieux trumeau. Bougies, bougeoirs et glaces zinguées : coup de cœur pour la salle à manger au mobilier cérusé, aux poutres vanillées, qui vit entre ombres et lumières dans une atmosphère raffinée de cuisine effacée.

Coups de cœur de l'auteur :

Le jardin d'hiver en véranda, les patios d'été aux graviers blancs.

À voir, à faire :

La Rochelle, la vieille ville, l'aquarium, l'un des plus visités de France (www.aquarium-larochelle.com). Rochefort.

Plan p. 13, C2

Haute-Vienne

• Marie-Dominique Verniolle
4, avenue du Champ-de-Mars
87400 Saint-Léonard-de-Noblat
Tél. 05 55 56 36 99
lamaisondecompostelle@orange.fr
www.lamaisondecompostelle.fr

• 2 suites : 98 et 108 €. Lit suppl. : 25 €.
Plateau repas composé de produits régionaux et table dressée dans la suite avec porcelaine de Limoges : 35 € pour 2 pers.
Wifi gratuit. TV dans les chambres.

—> Ouvert toute l'année.

La Maison de Compostelle

La propriétaire des lieux se prénomme Marie-Dominique. Forcément, ça crée des liens...

Située sur l'un des chemins de Saint-Jacques, on y accède par une porte ouverte sur la chaussée avant de découvrir, au long d'un couloir aux beaux carreaux de ciment gris-bleu, un univers intimiste. Marie-Dominique aime le gris. De temps à autre, elle y glisse une touche de rose fuschia, de rose layette, de rose groseille. Elle n'hésite pas à inviter régulièrement des artistes, des designers de porcelaine, à exposer leurs créations. Ainsi ces sculptures en terre cuite, cette suspension aux équilibristes qui domptaient l'espace lors de ma visite dans la « Suite Design ». Sous globe, des racines prenaient la pose, révélant des silhouettes humaines. La chambre en camaïeux de gris avait souligné sa tête de lit en bois de placard... gris par un led de lumières. Marie-Dominique affectionne les accumulations. Ça va des épis de faîtage aux carafes, aux flacons, qui ajoutent de la lumière aux pièces, et jusqu'aux vases Art nouveau disposés sur la patère galbée de la salle à manger de la « Suite Classique », d'inspiration néo-XVIIIe. Collection encore... de boîtes en fer bouillon Kub, de coussins en sacs à grains dans la cuisine de cette suite, qui bénéficie, entre les toits, d'une terrasse sous grand-voile. Pleine vue par-delà les fenêtres des salons sur la collégiale, illuminée au couchant.

Coups de cœur de l'auteur :

Le charme intemporel et les expositions d'artistes dans la « Suite Design ».

À voir, à faire :

Sur place, les ateliers de cuisine ou de thé sous la conduite de professionnels. À Saint-Léonard, la collégiale des XI et XIIe siècles, inscrite au Patrimoine mondial de l'Unesco, la vieille ville et le moulin du Got (moulindugot.pagesperso-orange.fr).

Plan p. 13, C2

Haute-Vienne

• Brigitte Marvier et Julia Ferchland
87120 Nedde
Tél. 05 55 69 98 04 et 06 12 31 53 08
contact@leverrou.com – www.leverrou.com

• 4 chambres côté hôtes : 65 € pour 2 pers., 80 € pour 4 pers. 6 chambres côté hôtel : 65 €-75 € selon le standing. Lit suppl. : 15 €. Petit déjeuner : 8 €. Dîner : menu unique 23 €.
TV dans chaque chambre. Wifi gratuit. Jardin clos et arboré.

–> Ouvert toute l'année.

Hôtel du Verrou

Ici, elle se reconnaît partout... « Dans la rivière qui coule, l'arbre qui verdit, les hirondelles et les martinets qui rappliquent aux premiers soleils... »

Brigitte est viscéralement attachée à son Limousin natal, qui l'a rappelée à son bon souvenir après une première vie à Paris dans l'édition musicale. À partir d'un petit café de village, patrimoine familial, elle a d'abord développé une crêperie, puis quatre chambres d'hôtes. Une quinzaine d'années plus tard, la maison mitoyenne était à vendre. C'est ainsi qu'elle a créé l'hôtel en conservant le mobilier d'antan. Autour du « mythique » comptoir années 1930, on découvre un bar en stratifié rouge, années 1940, à la place du zinc en étain, coulé pendant la guerre. Un trésor Art déco, escorté de tables de bistrot en bakélite. Aux fourneaux : son amie Julia, d'origine allemande, qui passait par là pour apprendre le français, et qui est restée. À quatre mains, derrière la pimpante façade bornée de lavande, elles ont composé avec les étages de la maison, comme le montre cet extraordinaire escalier en corbeau où quelques vide-greniers ont essaimé leur brocante enchantée. Il dessert une terrasse-jardin avec dégagement sur les monts. Les portes ouvertes des chambres dévoilent des intérieurs très « chiffons », entre boutis rose bonbon ou rose groseille, bleu-gris ou fleuri et draps de lin avec jupons de lits assortis. Entre mobilier vintage et gourmandises, ce verrou-là ne demande qu'à sauter ! Plutôt deux fois qu'une !

Coup de cœur de l'auteur :

Un petit hôtel de village qui a sacrement pris le bon virage de la déco, entre charme suranné et authenticité.

À voir, à faire :

« Verrou » : drôle de nom pour un hôtel ! Cherchez la solution à cette énigmatique appellation dans le magnifique verrou sur le portail de l'église d'en face.
Randos sur le plateau des Millevaches.
Activités nautiques au lac de Vassivière (www.lelacdevassiviere.com).

Plan p. 13, C2
Haute-Vienne

• Mady et Gérard Chastagner
Allée du Puy-Marot
87220 Feytiat
Tél. 05 55 48 33 97 et 06 80 98 17 64
gerardchastagner@wanadoo.fr

• 4 chambres : 85 € pour 2 pers., 125€ pour 3 pers. ; gratuit moins de 8 ans.
Table d'hôtes : 30 €.
Wifi gratuit. Vélos à disposition.

–> Ouvert toute l'année.

Le Prieuré du Puy-Marot

Sur la route des vacances...

À trois ou quatre tours de roue de Limoges et à deux pas de l'autoroute, ce prieuré du XIIe siècle, remanié au XVIe, surélevé après la Révolution, appartient désormais à une famille de porcelainiers. La salle à manger, où trône une monumentale cheminée, était à l'origine la salle de prière des frères convers. L'escalier en granit dessert le premier étage. La chambre « Margot » s'est installée à l'aise dans un espace de 45 m². Tapis, moquette, confort cosy évoquant la bourgeoisie du XIXe siècle. Grande ouverte sur le parc, ses tonalités sont à l'image de ce beau bouquet de pivoines qui se reflétait, lors de mon passage, dans une glace dorée. En atteignant le second étage, le granit cède la place au bois de chêne. À dominantes blanche et ivoire, la chambre « Catherine », plus contemporaine et d'esprit Directoire, laisse entrer la lumière à profusion. La belle « Hélène », quant à elle, savoure le romantisme ambiant au milieu de ses tissus à rayures rose framboise, coordonnés à ses rideaux légers, rouge baiser, à ses oreillers en dentelles immaculées. Elle est escortée par une chambre d'enfants aux boutis en patchwork rouge groseille et mobilier en pin. Ma préférée, c'est la... « Dominique ». J'aime ses tons de blanc et de paille, sa moquette crème de lait et sa salle d'eau en bois blond, séparée de la chambre par une tresse de ficelle frangée de coquillages. Charme intemporel de ses tableaux kraft, de sa collection de couronnes en écorces, anis étoilé, buis fané, genêts...

Coups de cœur de l'auteur :

Une atmosphère intemporelle et une formidable collection de couronnes d'herbes, de feuilles, de chiffons, de plumes, faites... maison !

À voir, à faire :

Les sites des routes de la porcelaine de Limoges (www.routes-porcelaine-limoges-hautevienne.com) : le musée Adrien-Dubouché, la manufacture Bernardaud...

Plan p. 13, C1
Creuse

• Louis Jansen van Vuuren et Hardy Olivier
17, avenue d'Auvergne
23600 Boussac
Tél. 05 55 65 78 27 et 06 72 63 38 71
info@lacreuzette.com
www.lacreuzette.com

• 5 chambres : 130-150 € selon le standing.
Table d'hôtes : 25-50 €.
Séjours à thème (musique, peinture, littérature, cuisine française, autour des jardins à la française, de la porcelaine de Limoges, de la tapisserie d'Aubusson).
Wifi gratuit. Projet d'une piscine.

–> Fermé 15 oct.-15 avr.

La Creuzette

Avec panache !

Celle d'une « belle demeure de France » dont est tombé sous le charme un couple sud-africain. Il faut dire qu'elle a de l'allure, cette demeure de vacances – plus château que maison –, édifiée en 1872 dans un style très Napoléon III par une famille de Lyonnais. Avec son parc aux arbres tricentenaires, elle a fait craquer Louis et Hardy, déjà largement familiarisés avec la France et ses endroits reculés qui, d'abord séduits par les volcans d'Auvergne, ont glissé en Limousin pour la belle prestance de cette demeure racée – mais très fatiguée –, à laquelle ils ont redonné son teint et sa splendeur d'antan. Tant et si bien qu'on a l'impression qu'ils n'ont touché à rien ! Et pourtant... Que de travaux entrepris pour cette maison de treize chambres à l'époque, dépourvue de chauffage et qui ne comptait qu'une salle de bains ! Désormais restaurée dans l'esprit qui présida à sa naissance, elle vous accueille dans une enfilade de salons aux canapés profonds, velours ou damassé, aux tonalités ivoire, châtaigne ou champagne qui se fondent avec l'or des moulures. Peuplée de meubles signés, de statues en pierre, de globes façon cabinet de curiosités. À peine quelques frivolités, mais une exceptionnelle collection de têtes en camée de Limoges exposée sur le marbre noir d'une cheminée. Enrobée par de voluptueux

tombés de coton soyeux, elle s'admire au couchant sous une pluie de lustres et chandeliers à pampilles de cristal. Dans la salle à manger – traitée entre ombres et lumières – Louis et Hardy ont retrouvé le papier peint de Zuber d'origine, sur lequel viennent se fondre de délicates peintures sur kraft XIXe, qui chantent leur hymne aux sous-bois. Une atmosphère entre Balzac et George Sand, qui aurait séjourné ici, court sur les dalles en pierre de Volvic de la cuisine ancienne, sur les carreaux de ciment bleu du couloir, avant de gagner l'étage des chambres d'hôtes, où le chic s'affirme autour de cartons de tapisseries XIXe, de tableaux représentant fleurs ou oiseaux, dandy anglais ou fenêtre ouverte à la manière de Matisse, autour d'un mobilier aux dimensions généreuses, de rideaux soyeux à la belle ampleur, embrassés de fils d'or. Une adorable salle de bains aux murs peints dans l'esprit des Romantiques pour la « Chambre de Monsieur », un paravent orientaliste dissimulant l'intimité d'une salle de bains en alcôve et baignoire à pieds rouge amarante dans la « Chambre de Madame », quand Louis, l'artiste, a rétabli le tempo de notre temps avec l'une de ces œuvres urbaines, croquée à Paris sur le pont des Arts, dans la « Chambre Sans Nom ». La Creuzette voit la vie en vert et le charme se prolonge jusque dans l'orangerie des anciennes écuries, avec les murs recouverts d'immenses tapisseries d'Aubusson ou des Flandres.

Coups de cœur de l'auteur :

Lorsqu'ils aiment, Louis et Hardy ne comptent pas ! Tout chez eux est dispensé avec générosité, depuis leur décor jusqu'à leur connaissance de la France, de ses artistes et de son art de vivre. Pour un partage d'une authenticité racée loin du bling-bling des lieux ultra-touristiques fréquentés par leurs congénères. On est bluffé !

À voir, à faire :

Leurs séjours à thème. Le village médiéval de Boussac et son château. Balade des Pierres Jaumâtres, lieu de légendes à Toulx-Sainte-Croix.

Plan p. 13, C3

Lot

• Bart Verhaeghe et Christophe Deweirt
Route des Îles – Isle-Basse
46230 Fontanes
Tél. 05 65 22 16 34 et 06 38 01 49 80
domaine@islebasse.fr
www.islebasse.fr

• 4 chambres : 115 €.
Lit suppl. : 30 €. Lit bébé : 15 €.
Gîte (4 pers. + 2 enfants) dans l'ancien logis qui twiste les atmosphères et les couleurs au tempo des chambres d'hôtes : 650-1 000 € selon la saison.
Ménage : 75 €.
Table d'hôtes gourmande et raffinée : 40 €.
Wifi gratuit. Espace bien-être. Jacuzzi, hamam.

–> Ouvert toute l'année.

Le Domaine de l'Isle-Basse

Authenticité décalée...

Un jour de balade en mer du Nord, Bart, architecte d'intérieur, et Christophe, expert-comptable, eurent irrésistiblement le désir de changer d'air et de vie. Alors, ils ont listé tous les pays qui les intéressaient pour y montrer le projet de maison d'hôtes qui venait de s'imposer à eux. Ça allait de la Malaisie à l'Italie. Et puis, un jour, ils ont quitté leurs Flandres natales pour le Lot, qui les a séduits avec son habitat authentique et sa nature préservée. Un superbe corps de ferme, escorté d'un pigeonnier, qui fut presbytère avant la Révolution, avec vue à 360° sur le Causse, les attendait... Sous la haute charpente de l'une des granges, ils ont installé une salle à manger d'été avec sièges Voltaire, couleur d'ébène, et lustres baroques. Dans l'autre, ils ont distribué les chambres autour d'une grande pièce à vivre, incluant salon et salle à manger à la blancheur reposante. Chacune des quatre chambres est dédiée à l'une de leurs grands-mères respectives avec, toujours, un meuble ou un objet qui lui appartenait... Chez « Zoé », c'est la tête de lit laquée de blanc, confectionnée à partir d'une étagère de son café, accoquinée aux deux petits crapauds et aux appliques Art déco. L'élégante « Léona », qui s'endort sous un ciel de lit

en moustiquaire, a déposé là la robe et le chapeau qu'elle portait lors d'un mariage, où elle prend une pose très... figée pour le cliché... imposé ! Chez la douce « Albertine », le rose est de mise, associé au rouge doré de ses fauteuils. Chez « Élodie », c'est son vaisselier à vitraux qui s'harmonise avec un tapis vert et une couette au tissu fleuri, très rétro. Le détail kitsch qui attise le regard : de volumineux abat-jours années 1960 en total look avec la tapisserie dans les tons vert et rose mordorés. Fallait oser. C'était risqué... Mais très... *hot* couture !

Coup de cœur de l'auteur :

Le vintage un tantinet kitschounet, assumé et magnifiquement mis en scène dans un environnement très actuel.

À voir, à faire :

Randos sur le Causse de Limogne (www.lalbenque.net). Le marché de la truffe à Lalbenque. Cahors et le pont Valentré. Déjeuner ou dîner d'été au Clos Caché à Escamps, un endroit insolite et gourmand (tél. 05 65 54 56 26).

Plan p. 13, D3
Aveyron

• Virginie Salazard et Didier D. Daarwin
Place des Fêtes
12470 Aubrac
Tél. 05 65 48 78 84 et 06 75 88 41 19
contact@lannexedaubrac.com
www.lannexedaubrac.com

• 4 chambres : 95-180 € selon le standing. Lit suppl. : 10 €. 1 suite (2-5 pers.) : 180 €. Brasserie. Salon de thé. Wifi gratuit.

–> Ouvert toute l'année.

L'Annexe de l'Aubrac

Une tanière en Aubrac aux lueurs des Carpates...

Ils sont arrivés à Aubrac, attirés par la Bête du Gévaudan sur laquelle, Didier, photographe-réalisateur collectionne tous les ouvrages qui lui sont consacrés. Avec Virginie, issue du milieu du mannequinat, ils eurent un vrai coup de cœur pour ce village du bout du monde... Copinant allègrement avec Catherine Painvin (designer, créatrice, entre autres de « Tartine et Chocolat ») qui y avait installé il y a quelques années, puis délaissé, une maison d'hôtes atypique. Virginie et Didier la rachètent, désossent son décor ethnique tourné vers l'Himalaya au profit d'un autre plus orienté Russie et Pennsylvanie. Ainsi, la suite « Romanov » aux allures de *datcha*. Ainsi « Transylvania », tellement gitane dans ses couleurs et ses pluies de lumières. Virginie aime les effigies : un coq de bruyère pour la suite « Edelweiss », qui poudré de neige un ancien vaisselier réhabilité en tête de lit, a posé une planche burinée sur des blocs à sel pour les vaches en guise de table basse. Un aigle au double bouclier pour la « Romanov », un cerf pour l'« Aubrac » aux tons de gris des burons, véritable dédicace à la région quand l'« Annexe au paon » est faite de bric et de broc. Virginie aime les pelisses épaisses, la taxidermie et les cols en renard en particulier, qui grimpent sur les chaises, font la sieste sur les tables. Elle collectionne les trophées de chasse et les vierges qui colonisent tout un pan de mur. Un peu caverne, un peu terrier...

Coup de cœur de l'auteur :

Face à sa cheminée, autour de ses cuirs, le salon transpire toute l'âpreté de la pierre et du paysage d'Aubrac...

À voir, à faire :

La fête de la transhumance, Espalion, fief des anciens limonadiers de Paris et son pont à péage, Sainte-Eulalie d'Olt où l'église du XIe renferme un reliquaire qui contiendrait des fragments de la couronne de la Passion.

Plan p. 13, C3-D3

Aveyron

• Benjamin Laville
Aux Caprices d'Aubrac
Le Seguis – 12210 Laguiole
Tél. 06 87 27 44 82 et 05 65 48 26 09
chambres-hotes@caprices-aubrac.fr
www.caprices-aubrac.fr

• 5 chambres : 70-110 € selon le standing et la saison. Lit suppl. : 20 €.
Wifi gratuit. Sauna. Billard. Salon avec cheminée. Cave à vins. Salon de jardin.

–> Ouvert toute l'année.

Aux Caprices d'Aubrac

Quand un enfant d'Aubrac…

… parti pendant quinze ans prendre l'air des Alpes en tant que moniteur de ski, revient au pays, c'est pour y monter un projet de vie, installer sa jeune famille dans une ancienne ferme clôturée de murets moussus. Déclinant la liste de ses envies comme des caprices assumés, Benjamin a installé ses chambres dans un corps de pierres brutes et un cœur de mobilier design. « Couleur Caprice » tire ses rideaux de lin, presque transparents, pour dévoiler son cadre épuré. Composé autour d'une tête de lit au violet affirmé, qui sépare l'espace chambre de l'espace bain, il joue de la dualité de son mobilier. « Capricieuse » ne l'est pas tant que ça ! Respectant la rusticité d'un banc de pierre qui permet l'accès à sa terrasse, d'une inclusion de pierre en tête de lit et d'un toit de lauzes coiffant un placard. « Caprice à 2 » : tant mieux ! Pour sa salle de bains, façon serre, où deux douches vous attendent pour prendre une douche de concert. Quant à la télé : belle idée, elle est posée comme un tableau dans son cadre. « Caprice de Toit », sous le toit, dispose d'un coin salon. Quant à « Grande Caprice », sous les combles, elle comble les familles. Lorsque vous aurez cédé à l'un ou l'autre de ces caprices, il vous restera à savourer le vaste espace à vivre entre les murs de basalte de l'ancienne étable, où des cuirs profonds vous attendent devant la cheminée à l'impressionnant manteau de forge. Une presse à caillé a été reconvertie en table basse, des chaises d'atelier, haut perchées, vous invitent à prendre un verre au bar, à moins que vous ne cédiez à la tentation d'une soirée dégustation dans la cave voûtée.

Coup de cœur de l'auteur :

La rusticité assumée dans l'air du temps de maintenant.

À voir, à faire :

Le village de Laguiole, célèbre pour ses couteaux. Son étonnante forge de Laguiole (www.forge-de-laguiole.com), dessinée par Starck et la coutellerie de laguiolen. Aubrac sur le chemin de Compostelle et dans l'austère paysage des estives.

Plan p. 13, D3
Aveyron

• Sophie et Hervé Duplessis
7, rue Émile-Zola
12150 Séverac-le-Château
Tél. 05 65 62 61 30
lasinguliere@lasinguliere.com
www.lasinguliere.com

• 3 chambres : 95 et 115 €. 1 suite : 145 €. 1 dortoir (5 lits simples) : 75 €. Lit suppl. : 20 €. Table d'hôtes sur résa. : 30 €, vin à la carte ; enfant 15 €. Ardoises de charcuteries ou de fromages du pays 16 €. Pique-nique sur résa. : 15 €. Wifi gratuit.

–> Ouvert de mi-mars à fin nov.

La Singulière

Souvenirs, souvenirs...

Ceux d'une grande maison de famille installée depuis deux générations en Aveyron. Sophie se souvient des étés passés avec une ribambelle de cousins qui battaient la campagne, des goûters partagés dans la grande pièce à vivre installée dans l'étable de l'ancienne ferme aux robustes murs de pierre. Aujourd'hui s' y allonge la longue table qui rassasie ses hôtes. Elle se remémore les fous rires au grenier, reconverti en immense salon cosy. On s'y love au creux de volumineux sofas et canapés, de crapauds capitonnés. On s'accroupit sur les tapis qui lissent le plancher en chêne, sous des lustres qui s'emmêlent aux généreuses branches d'arbres coupées à vif, pour une projection privée d'un film de Truffaut, Chabrol ou Almodovar, proposés par Sophie et son mari Hervé, fêlés de ciné. La Singulière respire et transpire l'esprit bohême au sein de deux chambres et une suite, qui ont été baptisées du nom des petites-filles de la maison. On pénètre chez « Joséphine » comme dans un stand des puces aménagé en chambre baroque autour de candélabres illuminant une nature morte d'Hervé. « Violette » joue de la séduction de ses rideaux, couleur d'automne, enveloppant une atmosphère gustavienne... mise en scène autour des carreaux façon Delft, qui tapissent sa salle de bains, et d'une marchande de fleurs photographiée par Hervé à Hanoï, travaillée en grisé, réveillée par les lumières de Sophie. La suite « Angèle » ouvre

un œil aux premiers soleils, pose un pied sur un tapis bouton d'or, se réchauffe avec un édredon jaune moutarde assorti à ses coussins et rideaux confectionnés à partir de boubous africains qui n'en ont pas l'air. Des oreillers pieusement brodés, de la vaisselle raffinée, des branches fleuries qui tombent en cascade, un mobilier disparate qui s'accoquine là avec un cliché tiré sur Diasec d'une dame chapeautée au bain... Un souffle de légèreté, de liberté intemporelle flotte en permanence sur cette bohême spontanée, alimentée par Sophie, scénographe, et Hervé, photographe, dont les clichés des années Kodachrome enchantent tout un pan de mur. Chez eux, un fauteuil essoufflé qui perd son crin s'accorde à merveille avec un tapis aux cerfs, façon tapisserie des Deschiens, ultra-kitsch ! Parce qu'il faut parfois une touche de mauvais goût pour singulariser une maison...

Coups de cœur de l'auteur :

La bohême d'une vraie maison de famille, où Sophie cultive son esprit brocante jusque dans la grande pièce du rez-de-jardin, où les anciennes mangeoires exposent un joyeux pêle-mêle de vaisselle, verre et flacons, de linge ancien.

À voir, à faire :

La cité médiévale de Séverac-le-Château.
Micropolis, la cité des insectes à Saint-Léons (www.micropolis-aveyron.com).
Le viaduc de Millau. Les gorges du Tarn.

Plan p. 13, C3
Tarn-et-Garonne

• *Véronique et François Pilet*
Lieu-dit Jouenery – 82190 Brassac
Tél. 05 63 29 17 33
info@jouenery.fr
www.jouenery.fr

• *2 chambres : 110 et 120 €.*
1 suite : 150 €. Lit suppl. : 30 €.
Table d'hôtes sur résa. : 33 €.
Wifi gratuit. Jacuzzi, solarium. Plage privée.
Potager bio. Parc de 7 ha, rivière.

–> Fermé 1er nov.-31 mars.

Le Moulin de Jouenery

Un moulin de charme et de caractère...

Une révélation que ce département du Tarn-et-Garonne aux paysages préservés pour ces deux urbains qui, dans la corbeille d'acquisition de leur moulin fortifié, reçurent aussi sept hectares de nature et une rivière ombragée d'arbres centenaires. Véronique et François sont tombés sous le charme de ce moulin qui appartenait à la seigneurie de Brassac. Il avait été érigé au XVIIe en pierres blanches du Quercy, vraisemblablement sur des bases médiévales. Quelques années de rénovation plus tard, ils ont ouvert aux hôtes de passage ce beau logis aux volumes généreux. Derrière une accumulation de malles de voyage rétro, le salon distribue à l'étage les espaces bibliothèque au mobilier années 1950, une salle à manger plus années 1930. Et puis, le séjour de trois chambres aux atmosphères croisées entre baroque et romantisme. La « Chambre Séoune », drapée de linge ancien brodé et de boutis nougat-café, porte le nom de la rivière sur laquelle s'ouvrent ses fenêtres. Derrière la porte en bois de peuplier se cache une salle de bains au dessin un peu coquin. Un petit salon rouge boudoir précède la « Chambre Brassac » au bleu de Lectoure, d'esprit très XVIIIe avec sa tête de lit en capitons. La « Suite Jouenery », qui dispose d'un espace de 63 m², elle s'embourgeoise derrière un tombé de rideaux soyeux, en harmonie avec son lit couleur d'ébène et ses fauteuils Chesterfield au velours taupe, son banc noir de geai, ses commodes et sa table en acier argenté, martelé, ciselé.

Coups de cœur de l'auteur :

La grande terrasse en loggia qui démultiplie ses espaces d'intimité sous un rideau de feuilles, où l'on picore fruits et petits gâteaux à l'heure du goûter. Les sculptures de Louis Perrin qui enchantent les espaces.

À voir, à faire :

La superbe abbaye de Moissac et son cloître roman classé au Patrimoine mondial de l'Unesco. Le château de Brassac à deux pas. Le circuit des Bastides : Lauzerte, Castelsagrat, Auvillar, Montjoie sur son éperon rocheux.

Plan p. 13, C4

Haute-Garonne

• Brigitte Le Bris
31220 Palaminy
Tél. 05 61 97 59 28 et 06 15 37 90 59
les-pesques@wanadoo.fr
www.les-pesques.com

• 3 chambres : 60 € pour 2 pers., 80-85 € pour 3 pers., 100-105 € pour 4 pers.
Table d'hôtes : 20 €.
Wifi gratuit.

–> Fermé 1re sem. de sept.

Les Pesques

Un air de printemps conjugué à tous les temps…

Au hameau des Pesques, qui annonce déjà les Petites Pyrénées, cette ancienne maison de maître, noyée sous les treilles et les bleus pastel, rit dans la lumière des saisons. Imprégnée de douceur, elle semble vivre avec sa propriétaire une relation fusionnelle. On est reçu comme des amis dans l'exquise cuisine aux lambris bleus, qui sent bon la tarte chaude et les fruits du verger. En rez-de-jardin vient de s'établir une nouvelle chambre dotée d'une terrasse, qui cultive l'esprit des lieux autour de son authentique et superbe édredon d'antan fleuri et de ses sièges cannés. À l'image de la « Chambre de Rose » aux murs bleu-gris, aux rideaux de roses sur fond sépia, au matelas rouge et au sommier juponné escorté par un petit lit en fer forgé grisé, qui fait office de canapé, posé sur un sol de tomettes anciennes. Brigitte adore les tonalités pastel et la brocante qui va avec. Dans le cœur du logis, la « Chambre de Louise », ravissante, n'échappe pas à la règle avec son lit en fer doré et sa chambre d'enfant, fraîche comme le printemps. Le beau dégagement du salon, étalé sur un sol en ciment couleur de crème de lait, lui a permis de la composer comme une suite. La maison a mis de la dentelle à ses fenêtres, des breloques à ses lampes de chevet. La vigne vierge, la glycine et les roses montent à l'assaut de la façade, s'enroulent autour de l'escalier et de sa galerie en bois découpé. Sous l'auvent de la grange, dans les salons de jardin, une brise friponne soulève les nappes en lin blanc. Le silence n'est troublé que par le chant des oiseaux…

Coups de cœur de l'auteur :

La brocante au jardin, réservée aux hôtes de Brigitte, dans un nid de feuilles et d'hortensias.
Les cours de broderie proposés par Brigitte.

À voir, à faire :

Les berges de la Garonne toute proche.
Les faïenceries de Martres-Tolosane.
Rieux-Volvestre. Saint-Bertrand-de-Cominges.

Plan p. 13, C4

Hautes-Pyrénées

• Michel Lavarini
La Séoube
65710 Campan
Tél. 06 03 83 68 10
lavarini.michel@orange.fr
www.ecogite.loudesirat.fr

• 1 gîte pour 5 pers. : 250 €/w.-e., 490 €/sem. en BS, 650 €/sem. en HS.
Linge inclus. Ménage : 50 €. Poële à granulés pour chauffage : 5 €/sac de 5 kg de granulés.
Matériel de puériculture gratuit.
Écogîte.

–> Ouvert toute l'année.

Lou Désirat

Au pied du pic du Midi de Bigorre, l'Adour naissant cascadelle en roulant ses galets.

Alors, c'est la musique du printemps à la montagne qu'on entend... Tout a été pensé écologie dans ce petit gîte qui affiche à la fois sa modernité, dans son décor et sa conception, et sa rusticité entre ses vieilles pierres et ses murs en chanvre et chaux. On y pénètre par une grande pièce à vivre au sol en dalles d'ardoise, sur lesquelles s'allonge une longue table en madrier d'échafaudage, entourée de chaises rouges, réchauffée de sets bayadères. Un plan de cuisine face à un mur jaune, en stuc glacé à la cire naturelle, complète cette belle unité prolongée par un salon posé sur une estrade en pin des Pyrénées. Une table basse en pierre de schiste s'est hissée sur deux pieds de bois face au four à pain. Méridienne et canapés douillets. Une mezzanine avec sa balustrade ajourée de ficelle permet d'accéder à l'étage, installé sous la grande charpente d'origine. Sous la belle amplitude de plafond s'est logée une première chambre au lit emmitouflé d'une housse de couette, qui évoque les tissus africains. Même tête de lit en planche de bois inclinée, cernée de billots et éclairée par des moyeux de charrettes reconverties en lanternes du plus bel effet, dans la seconde chambre au tissu fleuri. Avec, toujours, un petit mobilier sur pieds de bois. Et, lorsque septembre allongera ses ombres sur la vallée, le poële à granulés, réchauffera avec avidité ce gîte douillet.

Coup de cœur de l'auteur :

Un espace à la fois écologique et insolite entre les cimes et l'eau.

À voir, à faire :

Les mounaques de Campan.
Bagnères-de-Bigorre.
Découverte des estives (www.viedestive.com).
Le col du Tourmalet et le pic du Midi.

Plan p. 12, B4

Hautes-Pyrénées

• Béatrice Gal
12, camin de Catibère
65400 Arcizans-Avant
Tél. 05 62 91 67 09
contact@lamaisondebeatrice.com
www.lamaisondebeatrice.com

• 2 chambres : 85 €, 82 € à partir de 2 nuits.
Lit suppl. (enfant) : 10 €.
Tables d'hôtes : 17 €, vin non compris.
Wifi gratuit. Boutique de produits régionaux.

—> Fermé 2e quinzaine de janv.

La Maison de Béatrice

Un cocon de bois blond à l'orée du Val d'Azur...

C'est un village aux maisons éparses qu'a choisi Béatrice pour poser sa vie de décoratrice et de passionnée de chevaux merens, qui gambadent dans les prés voisins. Cette Arlésienne de souche a installé une petite boutique de déco, très connotée montagne, dans un cadre tout bois, composé de matériaux en accord avec son environnement. Les plus belles enseignes spécialisées y étant représentées, il a suffi à Béatrice de puiser dans son fond de commerce pour décorer ses deux chambres dans le style adéquat. Ouverte à la fois sur la boutique et sur la terrasse, « Marmotte », en rez-de-jardin, hiberne au cœur d'un terrier douillet, posé sur un parquet en pin, entre des murs aux pigments de chanvre et de chaux. Bois blond, petits cœurs, couronnes, fauteuil en branches, service de courtoisie raffiné. La salle d'eau carrossée de bois et de carreaux châtaigne s'est offert la fantaisie d'une glace XVIIe et le confort de peignoirs moelleux. En grimpant l'escalier, on découvre la salle des petits déjeuners, chaleureuse à souhait, puis la seconde chambre baptisée « Petite Ourse », qui contemple les étoiles au-dessus des sommets. Ici, comme chez la « Marmotte », des clichés sépia ornent le mur, les édredons joufflus adorent le rouge. Ça sent bon le bois fraîchement taillé, les herbes de la nature...

Coup de cœur de l'auteur :

Une déco montagne, très actuelle, ouverte sur la nature.

À voir, à faire :

Saint-Savin et son abbaye.
Randonnées dans le val d'Azun (www.valdazun.com).
Le lac d'Estaing. La station de Hautacam à 25 min.

Plan p. 13, C3
Gers

• Hélène et Jean Royer
Route d'Eauze – 32100 Condom
Tél. 05 62 68 38 35 et 06 08 85 78 69
info@lesbruhasses.fr – www.lesbruhasses.fr

• 2 chambres : 75 €. 2 suites en duplex : 85 €.
Lit suppl. : 20 €, enfant 10 €.
Table d'hôtes : 25 €.
Wifi gratuit. Prêt de vélos.

–> Ouvert toute l'année.

Les Bruhasses

Coup de cœur de l'auteur :

Un accueil aux accents nord-américains, hyper chaleureux.

À voir, à faire :

Des vélos à dispo pour une escapade sur la voie verte jusqu'à Condom.
Larressingle, le petit Carcassonne du Gers ou Flaran, l'abbaye aux champs.

Ils vivaient aux États-Unis, sur la côte est...

Jean, le québécois et Hélène, originaire d'Eauze, prenaient leurs quartiers d'hiver dans le Gers. Leurs enfants étaient scolarisés ici jusqu'en avril. C'est là qu'ils avaient leurs copains, leurs racines. Alors, ils ont franchi le pas : habiter en France toute l'année. Ce petit castel de campagne, flanqué de deux tours, né au temps de l'opulence des grands domaines d'Armagnac, ils l'avaient acheté il y a une dizaine d'années, en avaient fait leur maison de vacances. Aujourd'hui, il est devenu leur maison, tout simplement. Une fois sa porte franchie, c'est son bel escalier en ormeau, à double révolution, qui déploie ses ailes pour accueillir des hôtes de passage au sein de chambres spacieuses et élégantes, qu'Hélène a dédié à ses poètes préférés. Ainsi « Harmonie du Soir » qui rend hommage à Baudelaire en patchwork de gris blanc-sépia-glacier. Ainsi « Clair de Lune », couleur de caramel rose. Leurs salles d'eau posées sur des carreaux de ciment sont à l'unisson. Les deux autres chambres, encore plus spacieuses, se sont réparties les espaces des deux tours. Lamartine qui pleurait jusque dans ses souliers, parce que le soleil se couchait, est à son affaire dans une atmosphère romantique. « Hymne au Soleil » s'endort au couchant dans une harmonie de couleurs de terre, escortée d'une salle de bains en travertin. Sous son lustre doré à pampilles cristallines, Verlaine clôt le banc en tonalités marron glacé pour une « Ballade en Rêve », qui vous emmènera jusqu'au bout de la nuit ou du parc de 3 ha peuplé de petites mares, ponctuées de bancs. Idéal pour une balade romantique !

Plan p. 13, C3

Gers

• 32330 Lagraulet-du-Gers
Tél. 05 62 29 12 44 et 08 86 27 11 02 (contact à la mairie).
projet.mairielagrauletdugers@gmail.com
www.mairielagrauletdugers.com/chateau

• Chambre : 153 € la 1re nuit, 103 € la 2e, 83 € la 3e. Cuisine équipée.
Gîte : 65 € la chambre, 1 000 €/sem. pour 14 pers. en BS, 2 000 € en HS. 7 chambres, dont une accessible aux handicapés, toutes disposant d'une salle d'eau et de la télé. Linge : 8 €. Ménage : 120 €. Wifi gratuit. Au cœur du village et au top de la déco.

–> Ouvert toute l'année.

Le Château d'eau de Lagraulet-du-Gers

Coup de cœur :

La terrasse solarium au ras des toits avec vue sur les vallons du Gers et les Pyrénées. Aux beaux jours, on y prend son petit déjeuner.

À voir, à faire :

Visite du petit village castral du XIIIe.
Festival de musique lyrique en juillet.
Les bastides et les jolis villages d'Armagnac : Fourcès, Montréal-du-Gers, Valence-sur-Baïse.

« Sur un chemin d'étoiles »...

La volonté de la municipalité de ce petit village du Gers, alliée à la complicité du peintre Jean-Paul Chambas, d'origine vicoise, ont transformé en œuvre d'art un château d'eau édifié dans les années 1930. Pour l'habiller, une fresque sortie de l'imaginaire de Chambas, s'inscrit dans le tracé historique de la voie jacquaire, qui traverse le village. Le marcheur de Compostelle y porte aussi bien des bottes camarguaises que des sabots, des talons aiguilles comme des galoches, des chausses médiévales ou des Converse. Le pèlerin est un homme de la terre, un Gersois pure laine, qui évolue au milieu des oies de sa basse-cour, de ses champs de tournesols en fleurs, de ses coteaux d'Armagnac. Clin d'œil à la modernité de cette épopée : Belmondo et Seberg dans *À Bout de souffle*. Et lorsque le randonneur ou le simple visiteur l'est – à bout de souffle –, il peut désormais se poser au cœur du château d'eau transformé en chambre d'hôtes atypique. On emprunte un monte-charge, qui nous dépose pour une première étape dans la salle de bains tout béton. Superbe ! On doit cette formidable réalisation à un artisan local, qui a poussé la perfection avec ce porte-serviette–cache-radiateur en acier, découpé d'astres et d'étoiles. Deuxième escale, au cœur d'une chambre jaune, équipée d'un hublot pour contempler la Voie lactée... Et dans le cas où elle serait voilée, y'a même la télé !

Plan p. 13, C3

Gers

• Nadine Cléry
Courties – 32310 Saint-Puy
Tél. 05 62 28 69 95 et 06 60 46 64 80
contact@ladamedecourties.fr
www.ladamedecourties.fr

• 3 chambres : 80 €. Lit suppl. : 18 €.
Table d'hôtes : 25-35 €.
Wifi gratuit et accès filaire.

–> Fermé en janv.

La Dame de Courties

Coups de cœur de l'auteur :

La bohême nature et racée de la demeure.

À voir, à faire :

Le château de Monluc, berceau du pousse-rapière.
Canoë-kayak à Beaucaire-sur-Baïse
(www.canoesdebeaucaire.com).

« Ce sont les maisons qui vous prennent »...

Nadine, ex-représentante en décoration, fatiguée de la région parisienne, voulait vivre à la campagne mais pas loin de la mer, ni de la montagne. Le hasard d'une balade l'a conduite dans cette ancienne chapellenie de 1758, jadis au cœur d'un grand domaine agricole, aujourd'hui morcelé. Les plages des Landes ou du Roussillon sont à deux heures de voiture, les Pyrénées, c'est la porte à côté. L'essentiel était réuni pour conquérir le cœur de Nadine. Une fois passé le porche de l'ancien corps de ferme encore dans ses friches, la maison l'a captée et adoptée... Les petits désagréments des abords (qui ne lui appartiennent pas) s'effacent au profit du charme bohême de son domaine, celui d'une ancienne étable ouverte en salon d'été où s'emmêlent feuillages, flacons, vaisselle et petite brocante, sous la même ambiance joyeusement campagnarde que sa pièce à vivre. Et, surtout, vous succomberez au décor de ses trois chambres, ultra-nature, soigneusement pensé avec, pour toutes, un dénominateur commun : un bandeau de lit mohair couleur corail, des rideaux et des jupons de lavabo en lin au ton de ficelle, et dans chacune, un élément authentique pieusement conservé. Ainsi ces pans de bois chaulés – alignés comme des totems pour séparer la grande douche ouverte de la chambre à la couette sépia – dans « Colombelle », quand une superbe cheminée en brique trône en « Grande Gascogne ». Derrière sa magnifique porte cloutée, ridée par les années, entre ses murs de pierre qui ont du caractère, la délicate « Mélissandre » s'endort en toute quiétude dans ses élégantes tonalités de rosée sous le regard apaisé de la Dame de Courties...

Plan p. 13, C3

Gers

• Marilyn et Claude Chaput
Lieu-dit Bordeneuve
32360 Lavardens
Tél. 05 62 58 24 30
contact@lo-campestre.com
www.lo-campestre.com

• 3 chambres : 65-78 € selon le standing et la saison. Lit suppl. : 20 €.
Table d'hôtes sur résa. (48h à l'avance) : 24 € tout compris.
Wifi gratuit. Piscine.

—> Fermé en janv.

La Campestre

Coups de cœur de l'auteur :

L'accueil et le charme naturel d'un lieu en pleine campagne.

À voir, à faire :

Lavardens, l'un des plus Beaux villages de France et son château (www.chateaulavardens.com) campé sur un éperon rocheux. Le jardin carnivore de Peyrusse-Massas (www.lejardincarnivore.com). Auch à 20 min.

Retraite aux champs

La *campestre,* c'est la « campagne » en gascon. Et c'est celle qu'ont choisi Marilyn et Claude, pour y vivre une retraite active après une vie d'entrepreneurs en menuiserie, d'agencement et de décoration à Paris. Dotés de ce solide bagage professionnel, ils ont pu mener à bout leur projet de maison d'hôtes dans cette ancienne ferme du XIXe où, lorsqu'ils sont arrivés, ne manquaient que les vaches. Aux beaux jours, les portes vitrées de l'ancienne grange, métamorphosée en grande pièce de séjour, s'ouvrent complètement pour vivre dehors-dedans, le regard tourné vers les vallons du Gers. Les chambres ont emprunté leurs appellations aux plantes aquatiques qui colonisent l'ancienne mare épurée. Ainsi « Nymphéa » au boutis de semis fleuris, adossée à une tête de lit en cannage naturel, elle-même appuyée sur des voliges blanchis. Les poutres récupérées de la grange, montées sur un muret de briques, délimitent à la façon de colombages ouverts l'espace chambre de l'espace bain, où la vasque du lavabo a été posée sur un billot de bois contemporain. À l'étage, sur fond de mur de pierre, « Lotus » voit la vie en rouge groseille. La spacieuse « Thalia », aux voliges bleutés, abrite un mobilier d'inspiration XVIIIe, en harmonie avec sa salle de bains aux bleus métallisés. Surprise… Derrière les glaces, on découvre d'anciennes meurtrières rouvertes en fenêtres. Et partout, le même environnement soigné avec des peignoirs blancs siglés au nom de l'alcôve…

Plan p. 13, C3

Gers

• Caroline Desgrippes
2, place Gambetta – 32600 L'Isle-Jourdain
Tél. 05 62 07 50 00
hotel.echappeebelle@gmail.com
www.echappee-belle.fr

• 25 chambres : 78-120 € selon le standing.
2 suites junior : 160 €.
Petit déjeuner : 12 €.
Brasserie sur place avec les plats canaille proposés par Bernard Bach (chef doublement étoilé du Puits-Saint-Jacques à Pujaudran), avec, au piano, Nicolas Lormeau.
Restaurant : formule 18 € à midi, menus 27-38 €.
Wifi gratuit.

–> Ouvert toute l'année.

L'Échappée belle

Life Style...

Un virage à 180° pour Caroline, ancien cadre financier à Paris, attirée par l'hôtellerie. Elle a concrétisé son rêve avec l'appui de son mari, entrepreneur au pays. Avec la complicité de deux jeunes architectes, au cœur de l'Isle-Jourdain, en lieu et place d'un ancien hôtel, ils ont conçu une sorte de grand paquebot futuriste. Il est inspiré d'un château voisin un peu austère et de l'univers catalan de Gaudí, auxquels leur imagination voulait donner davantage de rondeurs, mais toujours avec le code couleur de la brique environnante. Design, décalé et chaleureux, le lobby donne le ton avec sa tête de cerf façon tapisserie vintage aux cils de danseuse de cabaret, avec sa mixité de bois brut, de sièges recouverts de pelisse, de fausse cheminée contemporaine, de poufs et de boules de pétanque tricotés, avec son mobilier en carton animalier. Ça se poursuit avec sa brasserie gourmande ouverte sur la place, ça se propage dans tous les étages. Esprit « Nature » au 3e avec ces grands panoramiques photographiés en tête de lit, comme ce sous-bois magnifique accompagné de billots de bois en chevets, de tombés de lumières au crochet, de lampe de bureau en bois architecturée. Mobilier d'esprit scandinave et

salle de bains avec plan en corian, tout en rondeur et carrelage textile. Sa voisine dévale une prairie dans la douce lumière de suspensions éditées par Kartell, quand une troisième plane au-dessus des nuages. Au 2nd étage : panoramique d'un champ de coquelicots éclairé par les ailes d'anges d'Ingo Maurer pour la « 22 », fanions de l'Himalaya pour la « 23 », en plongée sur l'architecture du patio. Au 1er étage, les panoramiques témoignent de friches industrielles. Escale sur un quai de gare pour la « 7 », traversée d'un pont rouillé pris par la neige. On se croirait dans le décor du *Docteur Jivago* dans la « 8 ». À vous de choisir votre croisière à quai... sur l'Isle !

Coups de cœur de l'auteur :

Les chambres du 3e avec leurs balcons en coursive au-dessus des toits de la cité.

À voir, à faire :

La petite cité est à la croisée des chemins du Gers et du pays toulousain.
Essayez les nombreuses formules « Découverte » proposées par l'hôtel, comme la découverte des marchés au gras du Gers en hiver.

Plan p. 12, B3

Gers

• Françoise Laborde et Jean-Claude Paris
32400 Saint-Mont
Tél. 05 62 09 53 01 et 06 77 74 69 83
jclaudeparis@gmail.com
www.chateau-monastere-de-saint-mont.com

• 5 chambres : 90-130 € selon le standing et la saison.
Table d'hôtes : menu gascon 30 €, demi-bouteille du vin du monastère inclus.
Wifi gratuit. Parc, piscine.

–> Ouvert de mi-mars à la Toussaint.

Château-monastère de Saint-Mont

Le « Château de mon Père »...

Nous sommes en Gascogne, la région natale, de Françoise Laborde, pétillante journaliste, actuellement membre du CSA. Acquis par son papa, le château-monastère domine l'Adour. « Adour » comme « Amour »... Il a réuni Françoise et Jean-Claude, son mari, autour d'un fabuleux projet : redonner vie à ce lieu, connu dès la fin du VIe siècle. Au début du XIe siècle, dans une contrée ravagée par la peste, le seigneur Raymond de Saint-Mont, impressionné par un rêve de mauvaise augure, fait vœu de fonder sur ses terres une abbaye et de revêtir l'habit de moine. À sa mort, le nouveau prieur mène une vie dissolue. S'ensuit un rappel à l'ordre du comte d'Armagnac, qui manœuvre pour un rattachement à l'ordre de Cluny, appliquant les sévères règles de saint Benoît. Fin de la récréation ! Les pèlerins font étape à Saint-Mont, les bandits de grand chemin aussi... Les guerres de religion, les incendies – dont les pierres rougies de la cour carrée ont conservé les stigmates – ont raison de l'édifice, qui, au XVIIIe, cède la place à un château. Les cellules agrandies sont transformées en chambres pour accueillir l'évêque et tous les people de l'époque... Fin du quatrième acte. Mis en vente à la Révolution, le château est habité jusqu'en 1967 par la famille Corneilhan, puis abandonné pendant 20 ans. Dernier épisode : entrée en scène du couple avec, aujourd'hui, Jean-Claude qui assure l'accueil du château classé Monument historique, où les vastes couloirs, distribuant les chambres qui ont conservé leurs alcôves, servent de galerie-photos au vénérable bâtiment. Fidèles à l'esprit des bénédictins, les vignes ont été remises en état, les chênes centenaires qui bordent l'allée du parc – où les religieux lisaient leur bréviaire – voient désormais passer les hôtes qui s'en vont admirer l'Adour, dont les eaux miroitent au crépuscule...

Coup de cœur de l'auteur :

Un lieu romanesque.

À voir, à faire :

Une balade au fil de l'Adour.

Plan p. 13, C2

Dordogne

• Florence et Christophe Dupuy
33, rue de Mareuil – 24310 Brantôme
Tél. 05 53 05 88 16
lesjardinsdebrantome@gmail.com
lesjardinsdebrantome.com

• 6 chambres 130-150 € selon le standing et la saison. 1 suite : 180-210 €. Lit suppl. : 25 €.
Petit déjeuner : 12 €.
Restaurant : menus 28-38 €.
Wifi gratuit. Soins (massages, épilations) par une professionnelle sur rdv. Peignoirs en lin lavé et chaussons en bambou déposés dans les chambres, dès 2 nuitées. Location de vélos électriques.

–> Fermé de mi-déc. à mi-nov.

Les Jardins de Brantôme

Au bonheur des petits hôtels en accord avec leur époque...

...et les saveurs des jeunes chefs qui font revivre, grâce à leurs talents, nos beaux villages de France qui sont un enchantement. Brantôme, petite Venise du Périgord vert, est de ceux-là, comme Christophe, originaire de Ribérac, appartient à ceux-ci. Pourvu d'un joli pedigree de cuisinier, il a installé, il y a une dizaine d'années, un délicieux petit restaurant où, derrière ses pianos, il concocte une cuisine de saveurs, où le lapin du coin copine avec l'écrevisse des rivières, la truffe et les cèpes des sous-bois. Christophe en cuisine. Florence en salle, qui s'est éclatée, côté déco, en s'occupant de celle de la petite douzaine de chambres qui, depuis le printemps 2012, ont fleuri au jardin. Draps et couettes Caravane, farandole de lumières Tsé &Tsé, luminaires de Céline Wright. Tonalités blanches et crème de lait, parquets en châtaignier, fauteuils Paola Navone, graphisme épuré. Dans chacune des chambres, un petit mobilier chiné s'est adossé à des murs léchés de gris, vert-de-gris, bleu-gris, verveine ou ardoise pâle. Dans la suite familiale, les édredons joufflus de la chambre d'enfants, doux comme des doudous, ont été trouvés chez Fly. Le bonheur se prélasse les jours d'été autour du bassin-piscine et se prolonge sous la tonnelle pour un dîner sur l'un des jardins suspendus entre la terre et la lune...

Coups de cœur de l'auteur :

Accueillant, gourmand, charmant et tout simplement... en accord avec son temps.

À voir, à faire :

Le cœur de Brantôme, à 2 min. à pied avec son abbaye, le clocher, le musée Fernand-Desmoulin. Promenade sur la Dronne (bateaumaffioletti.free.fr).

Plan p. 13, C2
Dordogne

• José Ferré
Montagenet Haut
24300 Saint-Martial-de-Valette
Tél. 05 53 60 35 98
montagenet@wanadoo.fr
www.domaine-de-montagenet.com

• Maison Lotus (10 pers.) : 1 600-2 000 € la nuit selon la saison.
Wifi gratuit. 3 piscines, dont une intérieure. Espace bien-être : hammam, sauna, salle de gym. Massages sur résa. : 30-50 €. Soins beauté : 10-60 €.

–> Ouvert toute l'année.

La Maison Lotus du Domaine de Montagenet

Rénovation, Innovation, Relaxation...

Si l'habitat en ces lieux remonte aux temps anciens, comme en témoignent ces pierres de granit, l'âge du logis et de ses granges date du XVIIIe. José, parti en 2002 pour un tour du monde, a calé à trois kilomètres de Nontron, séduit par le hameau et ses vues sur les vallons du Périgord vert. Il voulait une maison de campagne, il est devenu permanent d'un chantier, dont la première évaluation, chiffrée en francs, a été ré-évaluée en... euros, au centime près ! De l'ancienne maison de maître, il a fait sa demeure ; des dépendances, six gîtes spacieux. Lui manquait une résidence en adéquation avec ses rêves, lui qui, enfant, dessinait des maisons tout en verre... Sa rencontre avec Pierre Chrétien, un architecte local aux visions similaires, a fait le reste. Ces deux-là se sont entendus comme larrons aux champs pour ériger sur la colline cette superbe maison de cinq chambres et grand loft à vivre, architecturée comme un séchoir à tabac ultra-contemporain, carrossée de pin Douglas, à claire-voie pour la vue, pas radine en économies d'énergie. Parois micro-alvéolées, isolées sur quatorze centimètres d'épaisseur, peintures à l'eau, insert gargantuesque, leds, radiateurs qui s'éteignent dès qu'on ouvre une fenêtre. Mobilier en chêne. Art intégré avec, sur les murs, des lithos de Tapiès, Olivier Debré, Zao-Wou-Ki...

Coups de cœur de l'auteur :

Une maison en accord avec son temps, esprit bio et économie d'énergie pour une architecture audacieuse !

À voir, à faire :

Le pôle des Métiers d'Art (www.metiersdartperigord.fr) et les coutelleries de Nontron (www.coutellerie-nontronnaise.fr).

Plan p. 13, C2

Dordogne

• Corinne et Jean-Claude Joch
Le Bourg – 24310 Bourdeilles
Tél. 05 53 04 24 51
jc.joch@orange.fr
www.ambroisie-dordogne-perigord.com

• 4 chambres : 69-76 € selon le standing.
1 suite pour 4 pers. : 126 €. Lit suppl. : 20 €.
Table d'hôtes : 36 €, enfant 17 €.
Wifi gratuit.

–> Ouvert toute l'année sauf quelques jours en fév.

L'Ambroisie

Je connais cette demeure depuis des années ! J'y suis repassée un beau jour d'été…

Corinne et Jean-Claude sont aux anges ! Ils viennent de refaire la salle à manger dans un décor encore plus frais, presque immaculé… Avec ces nappes blanches, ces flacons garnis de fleurs blanches, coordonnées à celles du jardin, qui s'invitaient par les portes-fenêtres grandes ouvertes sur un espace cousu de pommiers palissés, habité par une collection de petits zincs. En grimpant les étages, j'ai retrouvé cette harmonie radieuse dans les chambres habillées de nouveaux atours. La première, de jaune et de framboise, est passée au lin sur fond de papier peint à bandeaux gris ardoise sur lequel s'adosse une jolie patère. Sur son plancher en chêne d'origine, « Lavande » s'est laissée glisser avec délicatesse vers une tonalité bleu dragée du plus bel effet. Armoire grillagée, édredons joufflus, abécédaires bleutés et semis enchantés complètent le décor. « Paprika » vient d'effectuer sa mue en « Poivre et Lin ». « Anis », qui dispose de la plus belle vue sur le château, honore cette nuance subtile et ensoleillée, entre vert et jaune, drapée de linge blanc fraîchement repassé. Comme dans chacune des chambres, le mobilier plein de charme a été chiné dans des enseignes reconnues, comme Blanc d'Ivoire, Mis en Demeure ou Maisons du Monde. Quant à « Piment Rouge », la familiale, elle est escortée par une adorable chambre d'enfants rougissant de plaisir sous ses draps de lin, autour de ses petits lits à carreaux vichy.

Coups de cœur de l'auteur :

Une maison au charme intemporel, mais toujours en mouvement, un accueil vraiment sympa.

À voir, à faire :

Le château de Bourdeilles à deux pas.
Brantôme, la perle du Périgord vert.
Canoë sur la Dronne (www.brantomecanoe.com).

Plan p. 13, C2

Dordogne

• M. et Mme Giraudel
Rue des Écoles – 24510 Trémolat
Tél. 05 53 22 80 06
vieuxlogis@relaischateau.com
www.vieux-logis.com

• 14 chambres standard : 195-295 € selon le standing. 9 suites à partir de 360 €. Tarifs préférentiels à certaines dates. Lit suppl. : 45 €. Petit déjeuner : 25 €.
Restaurant gastronomique étoilé sur place : menu midi 46 €, menu soir 50 € en sem. et 60 € le w.-e. ; menu dégustation 100 €.
Piscine. Parc.

–> Ouvert toute l'année.

Le Vieux Logis

Coups de cœur de l'auteur :

Le charme intemporel d'une demeure où le temps s'est arrêté, où l'élégance est aussi palpable dans l'architecture séculaire que dans l'accueil.

À voir, à faire :

Les cingles de Trémolat, la vallée de la Dordogne. Les grands sites classés du Périgord, les villages de Limeuil, de Beaumont, le gouffre de Proumeyssac, les Eyzies-de-Tayac en vallée de la Vézère, truffée de Préhistoire.

Marchand de bonheur en Périgord...

Le Vieux Logis, avec ses toits de lauzes, couleur de pain brûlé, drapé de feuilles et de chèvrefeuilles, témoigne du raffinement d'un autre temps qui s'adapte au temps présent. On le doit essentiellement à Bernard Giraudel, gentleman-hôtelier-paysan et chantre de son terroir, épaulé par une équipe solidement formée. On peut l'écouter sans l'interrompre pendant des heures quand lui prend l'envie irrésistible de s'asseoir sous les tonnelles, à votre table, un soir d'été, et de vous raconter son Périgord. Ou bien encore dans l'un des salons en enfilade au charme un tantinet british. Ce conteur infatigable fut aussi pionnier en matière de tourisme durable, qui ne s'en est pas laissé conter par les agitateurs de tendances. Fidèle à cette chartreuse du XVIIe et à ses dépendances, dans sa famille depuis des siècles. Il fut le premier à imaginer un bassin de natation aux eaux vertes, ponctué de boules de buis enlacés à l'aube par des fils de la Vierge. Le premier à préserver ce mobilier régional, ailleurs bazardé au profit de copies manufacturées, le premier à mettre en évidence la beauté d'un séchoir à tabac, à installer la salle à manger d'un Relais et Châteaux dans une écurie. Le Vieux Logis s'ouvre chaque matin sur de menues intimités, au fil de jardinets clos de murets de pierre, couleur de miel. Sous ses treilles et ses mousses, il y a tant de secrets à percer, qui sont toute la vérité d'un terroir...

Plan p. 13, C2-C3

Dordogne

• Luc et Éric Cellier
Place Géraud-de-Salles
24480 Cadouin
Tél. 05 53 27 28 73 et 06 72 70 99 55
villamarguerite-cadouin@orange.fr
www.villa-marguerite-cadouin.com

• 5 chambres : 95 €.
1 suite : 135 € pour 2 pers., 155 € pour 3 pers.
Wifi gratuit. Bibliothèque donnant sur le jardin.
Place de parking.

–> Ouvert toute l'année.

La Villa Marguerite

Un inventaire à la Prévert...

D'abord, on hésite... Est-ce une brocante ou une maison particulière ? On passe sous l'exquise marquise, qui fait office d'élégante « voilette », à cette demeure atypique, dont la construction remonterait au XVIIIe. Dès l'entrée, la réponse est donnée au regard des salons, où tout est à vendre. Dans une autre vie, Luc avait un stand aux Puces à Paris. Éric a travaillé chez Hermès et Puiforcat. Amoureux de la Dordogne, ils sont tombés sous le charme de cette maison de village aux volets vert fané, qu'ils ont laissés dans le jus du passé. Grimpant le superbe escalier vermoulu, en poussant les volets, ils ont découvert une jungle à la glycine indisciplinée qu'ils ont, depuis, domestiquée. La Villa Marguerite possède le charme suranné des demeures bien nées. Drapée de rideaux couleur de bronze au salon, avec des chambres à l'unisson. L'une bleue, l'autre noir de fumée, deux alcôves jumelles et puis, la vaste suite sous charpente à vif. Elles associent en un joyeux fouillis mobilier Directoire, Restauration ou Art nouveau, tableaux qui vont de portraits XVIIIe, dans leurs cadres dorés, à l'époque cubiste, en passant par le régionalisme ou le folklore albanais. Chandeliers en cuivre, lustres en dentelles de bronze ou opalines coiffées de chapeaux plissés, paravent aux paons et couvre-chef africain rose bonbon déniché dans un vide-grenier des environs. À La Villa Marguerite, on a l'impression de plonger avec délices dans un roman de François Mauriac ou d'Hervé Bazin !

Coups de cœur de l'auteur :

Le charme suranné qui se dégage de cette maison de village atypique, entre cabinet de curiosités et refuge d'une grand-mère de province aimée.

À voir, à faire :

L'abbaye de Cadouin et son cloître aux chapiteaux exceptionnels. Promenade en gabarre au départ de Beynac-et-Cazenac (www.gabarre-beynac.com).

Plan p. 13, C3

Dordogne

• Rémy Bécherel
Domaine du Puybeton – 24440 Nojals-et-Clotte
Tél. 06 30 64 26 00
contact@chateaux-dans-les-arbres.com
www.chateaux-dans-les-arbres.com

• 3 châteaux dans les arbres : 225 € en BS, 265 € en HS pour 2 pers. 7 % de remise à partir de 5 nuits (4 nuits pour « Hautefort »). Lit suppl. : 30 €. Petit déjeuner en sus et en option pour « Hautefort », qui dispose d'une vraie cuisine : 12 €. Panier « Dégustation du terroir » : 58 € pour 2 pers. Repas gastronomique confectionné par un chef étoilé en HS : 55 € pour 1 pers.
Wifi gratuit. Jacuzzis privatifs. Massages en cabane sur demande. Piscine. Terrain de pétanque, ping-pong. Terrasse perchée avec vue panoramique.

–> Ouvert toute l'année.

Châteaux dans les Arbres

Petit, Rémi adorait passer sa vie dans les arbres, construire des cabanes...

De là à en faire son métier ! À 15 ans, sa passion d'enfance le rattrappe ! Il part apprendre le métier de charpentier chez les Compagnons. Le déclic ? Une fois installé, un client lui propose un projet de cabane. Immédiatement, il a envie de relever le défi et d'en faire sa spécialité. Ainsi est née sa petite entreprise : Les Nids dans les Arbres. En huit ans, elle est passée de « tout seul à trente salariés » ! Deux cent cinquante cabanes construites, dont 50 % à destination de chambres d'hôtes (quelques-unes font les plus belles pages du guide *Chambres d'hôtes insolites*). Alors, forcément, les chambres d'hôtes, ça lui a titillé l'esprit... À deux pas de son village natal, il acquiert un terrain sur lequel jadis s'élevait un château. Ça lui donne une autre idée... Ne voulant pas se retrouver concurrent de ses propres clients avec des cabanes d'hôtes, Rémi imagine des châteaux d'hôtes ! Sans dénaturer la nature, les constructions s'enroulent autour des grands chênes, jouent avec leurs branches qui s'immiscent parfois dans les espaces intérieurs. Il choisit trois modèles de châteaux représentatifs du Périgord,

à travers ses terroirs et leurs architectures. Les « Milandes », pour le Périgord noir, séduira les couples avec deux enfants, lesquels disposeront de leur propre chambre aux lits superposés en étage. « Hautefort », pour le Périgord vert, à louer en formule gîte pour six personnes. Avec cuisine aménagée, salle à manger aux chaises en acier brossé, trois chambres, dont deux dans les tourelles, une autre accessible par un escalier extérieur. Identiques avec leurs grands lits en fer brossé. « Monbazillac », pour le Périgord pourpre, destiné aux amoureux qui ouvrent sa porte indienne sur un univers au plancher turquoise, piliers sculptés, bougies et plaid de lit assortis. Toutes soignent leurs intérieurs dans le moindre détail, décorées avec un goût très sûr par la compagne de Rémi, d'origine hongroise. Un charpentier, ça aime les belles charpentes : elles sont en chêne. Les parquets sont en châtaignier. Les châteaux, isolés en laine de mouton, disposent de belles salles de bains aux lavabos en pierre ou en bois fossilisé. Chacun profite d'une ample terrasse et d'un Jacuzzi privatif. Pleine vue pour « Monbazillac » sur le château de Biron qui pointe ses tours sur l'horizon...

Coups de cœur de l'auteur :

Nature en pleine nature. Des cabanes résidentielles, spacieuses, accessibles à tous, sécurisées, pour vivre à l'aise, aussi belles que les plus soignées des chambres d'hôtes.

À voir, à faire :

Le château de Biron. Les bastides de Monpazier, Villefranche-du-Périgord et Beaumont-du-Périgord.

Plan p. 13, C2

Dordogne

• Marie-Laure et Gérard Lerchundi
Le Bourg – 24620 Marquay
Tél. 05 53 59 53 59
contact@maisondemarquay.fr
www.maisondemarquay.fr

• 5 chambres ou suites : 80-110 € selon le standing et la saison. Lit suppl. (moins de 12 ans) : 25-30 €. Table d'hôtes : 29 €, hors boisson. Wifi gratuit. Piscine.

–> Ouvert toute l'année.

La Maison de Marquay

Coup de cœur de l'auteur :

Pas tout-à-fait une maison d'hôtes, pas tout-à-fait un hôtel, pas tout-à-fait un restaurant : mais le meilleur de chacun !

À voir, à faire :

Incontournable et fantastique : le château de Commarque (www.commarque.com) où se superposent toutes les strates de l'Histoire et de l'humanité ! Le musée national de la Préhistoire aux Eyzies-de-Tayac (www.musee-prehistoire-eyzies.fr). La grotte de Font-de-Gaume.

Ils naviguaient d'îles en îles avant de trouver la leur et leur bonheur en Périgord…

Quinze années à l'étranger dans le secteur du tourisme, entre les Seychelles et la Polynésie… D'autres auraient sans doute choisi d'y rester ! Pourtant, c'est au cœur d'un village du Périgord et d'un jardin suspendu, coincé entre l'église et l'école, qu'ils ont trouvé leur havre. Un accueil charmant, des repas devant la cheminée, dressés en petites tables individuelles dans une salle à manger auréolée de bougeoirs en verre. Le menu varie chaque jour, rien que des produits de saison et d'ici. On sent l'hôtellerie de métier en arrière-plan. Mais ne vous y trompez pas, chez Marie-Laure et Gérard, c'est ni-ni sur tous les plans : ni hôtel, ni chambres d'hôtes, ni restaurant. Et pourtant un peu de tout ça à la fois : un hôtel comme une maison d'hôtes, mais sans convivialité forcée, avec un office ouvert, où chacun peut pointer son nez. Des espaces démultipliés avec salon à la cheminée coiffée de lauzes de gariotte, un coin biblio, un jardin où les repas sont servis aux beaux jours sous la treille, où la piscine noire patiente. Les trois suites « MM » et les deux chambres « M » sont allongées sur des sols en jonc de mer, au ton de terre ou de ciment, de labour ou de blanc. Ici, un canapé Art nouveau vert olive, là, des rideaux chocolat. Ailleurs, des commodes décapées, des glaces dorées. Pour les découvrir, on chemine au long d'un couloir ponctué de gravures anciennes, de bibelots-œuvres d'art, en total look noir et blanc. Zen.

Plan p. 12, B2

Gironde

• Carole et Franck Ripert
33240 Lugon-et-L'Île-du-Carney
Tél. 06 15 22 52 25 et 06 18 03 80 37
contact@domainedufreyche.com
www.domainedufreyche.com

• 2 chambres et 1 airstream : 100 €.
Possibilité d'accueil de cavaliers avec leurs chevaux.

–> Ouvert toute l'année. Airstream *fermé oct.-avr.*

Domaine du Freyche

C'est magique ce que vos hôtes peuvent inventer lorsque leur fantaisie dépasse les clichés !

Cet ancien relais équestre, établi autour d'une magnifique demeure girondine du XIXe, est désormais propriété de Carole et de Franck. Derrière les barrières blanches, à l'infini des prés pastillés de fleurs, s'ébattent leurs chevaux et ceux des cavaliers de passage. À l'arrière du domaine, un *airstream* interpelle les amoureux dans un cocon très *fifties* aux tonalités acidulées. Au cœur de la propriété, à laquelle Franck et Carole ont rendu sa cour intérieure pavée, deux chambres d'hôtes cultivent l'esprit atypique des lieux… « La Montagne » aux tonalités vert pin, cousue de lin, éclairée par des appliques emmêlées d'hortensias passés et de grappes, dispose d' une salle de bains intégrée, mise en scène autour de deux baignoires jumelles. Aux « Herbes Folles », le lit blanc immaculé s'endort sous un lustre de feuilles fanées, quand deux lampes tulipes au glacis gris prennent le relais à l'heure du marchand de sable. À celle du petit déjeuner, la salle à manger n'est pas en reste avec ses murs gris charbon, qui collectionnent vieux chromos et trophées en porcelaine, tandis que les branches d'un arbre mort réceptionnent plumes et oiseaux blancs. Au-dessus des tables, le lustre est courtisé par un nid de souris en plâtre. Et puis, il y a ces instants suspendus, où quelques privilégiés sont invités dans la salle à manger des propriétaires. Après avoir traversé une cuisine de rêve, ils découvrent la table auréolée de guirlandes de rubans blancs et ficelle, que Carole, à l'imagination débridée, a agrémenté de breloques inattendues.

Coup de cœur de l'auteur :

J'adore ces univers décalés, où la magie créative magnifie les lieux…

À voir, à faire :

Le vignoble à prix sympa aux portes de Bordeaux.
Escapade sur la Dordogne au départ de Cubzac-les-Ponts (www.coeurdestuaire.com).

Plan p. 12, B2-B3

Gironde

• Emmanuelle Bouvet et Bruno Dumery
6, Pailhas
33330 Saint-Émilion
Tél. 06 01 39 47 07
contact@carrevigne.com
www.carrevigne.com

• 1 chambre : 120 €, 115 € à partir de 2 nuits, 100 € à partir de 4 nuits.
Lit suppl. : 30 €, 20 € à partir de 2 nuits.
Ardoise de charcuteries ibériques, fromages, dessert et verre de vin : 45 €.
Wifi gratuit. TV écran plat. Piscine. Terrasse privative. Prêt de vélos.

–> Ouvert toute l'année.

Carré Vigne

Coup de cœur de l'auteur :

En attendant peut-être un projet de nouvelles chambres, profitez de cette aubaine : cocooné en exclusivité…

À voir, à faire :

Incontournables : Saint-Émilion, son église monolithe du XIe siècle et l'exploration de son vignoble. Les grottes de Ferrand à Saint-Hyppolite avec leurs petites « chambres d'amour », où jadis, M. Le Comte recevait pour des soirées coquines avec vue sur les collines et les vignes.

Exclusif !

J'ai été accueillie par Faustine, alias Boucle d'Or, et Éva, sa grande sœur de sept ans, qui m'ont fait « coucou » dès l'entrée de leur petite cour jardinée, pleine vue sur le vignoble de Saint-Émilion. Escortées de leur maman, ce sont elles qui m'ont fait visiter l'unique chambre de leur paradis secret, cachée dans un enclos de feuilles. Cocooning et contemporaine dès la terrasse aux fauteuils en résine, en forme d'œufs éclatés. On a tiré la baie vitrée pour découvrir le lit réchauffé par un plaid aux fils d'argent, posé face à un mur de brique, cadré par des billots de bois en guise de chevets, un pouf crocheté à ses pieds. Un luminaire, imaginé par un artiste libournais à partir de matériaux industriels de récupération, était posé sur le parquet grisé. L'espace se prolongeait par une table-bureau aux lignes très actuelles, par une salle d'eau aux dalles d'ardoise et d'émaux gris-noir-zan très élégants. Elles ont actionné le robinet pour me montrer la variation de lumière… Rouge : chaud ; bleu : froid… Élémentaire ! Emmanuelle, leur maman, propose à ses hôtes des ardoises-dégustation. Leur papa, Bruno, est directeur de la Maison des vins de Saint-Émilion. Autant dire que les hôtes sont à bonne école pour recevoir de leurs hôtes toutes les clés d'un terroir béni des dieux !

Plan p. 12, B2

Gironde

• Annie et Laurent Gerber
2, les Grandes-Pièces
33570 Montagne
Tél. 05 57 24 08 79 et 06 27 05 27 13
contact@closdelabarbanne.com
www.closdelabarbanne.com

• 2 chambres : 150 et 180 € selon le standing, 130 et 150 € à partir de 2 nuits.
2 suites : 180 €, 150 € à partir de 2 nuits.
Wifi gratuit.
Bassin de nage intérieur. Vélos à disposition.
Présentation du domaine et dégustations gratuites.

–> Fermé à Noël.

Le Clos de la Barbanne

Quand Épicure usurpe à Bacchus un certain art de vivre...

Originaires d'Alsace, Laurent, qui a fait carrière dans l'agro-alimentaire aux États-Unis, et Annie, qui rêvait d'hôtellerie, ont acheté cette demeure du début XIXe en pierres de Saint-Émilion qui, jadis, dépendait d'un couvent. Laurent, qui a suivi des cours à la fac du Vin, élabore désormais sur deux hectares très soignés un vin de créateur. Annie, derrière les fourneaux de sa cuisine dernier cri, concocte pour ses hôtes des mets raffinés. L'été, on dîne dehors autour de petites tables éparpillées en terrasse face aux vignes étales, face à Saint-Émilion. Quand les soirées fraîchissent, on se replie dans une belle salle à manger contemporaine. À moins qu'en duo on ait prévu un tête-à-tête aux bougies dans le cadre d'un salon privé éclairé par un lustre à plumes. À l'heure du coucher, les hôtes ont le choix entre deux chambres spacieuses : « Madeleine », au ton de miel de la pierre de pays, et « Élanie », plus actuelle, clin d'œil au métro de Londres. Elle est mise en scène autour d'un paravent hommage à Audrey Hepburn. Deux suites : « Amabile », très épurée, a conservé son plafond d'origine. « Paraschiva » prend le soleil sur sa grande terrasse et ses aises sous les solives du grenier dans des tonalités crème fouettée. Le must : un grand salon-bibliothèque et un bassin de natation en cave voûtée accessible en toutes saisons...

Coups de cœur de l'auteur :

La situation et le luxe d'une élégante demeure qui twiste ancien et contemporain, art de vivre au vignoble de Saint-Émilion.

À voir, à faire :

Les trois romanes : les églises Saint-Martin et Saint-Georges à Montagne, et Notre-Dame-de-Parsac à Parsac.
Les visites guidées de l'office de tourisme de Saint-Émilion (www.saint-emilion-tourisme.com).

Plan p. 12, B2-B3

Gironde
• Ana et Pascal Bilher
33420 Moulon
Tél. 05 57 51 79 62 et 06 27 24 41 08
contact@5lasserre.com
www.5lasserre.com

• 2 chambres : 145 €. 1 duplex : 250 €.
Lit suppl. : 15 €.
Wifi gratuit. Espace forme et bien-être. Piscine. Galerie d'art, vraie salle de cinéma avec plus de 200 films à disposition.

–> Ouvert toute l'année.

5 Lasserre

Enchantés par le paysage, Ana et Pascal ont éprouvé un vrai coup de cœur pour les corps de bâtiment de cette ancienne ferme viticole...

Pour les réunir, ils ont créé une longue passerelle suspendue et un grand salon contemporain aux murs blancs, aux cuirs blancs, aux gigantesques urnes blanc nacré, intégrant une monumentale cheminée gothique, une auge en pierre récupérée dans la porcherie. Le choc des siècles et l'art de vivre réunis ! La magie opère aussi dans les chambres qui bénéficient d'une terrasse privée et d'une entrée indépendante. Ainsi « Sauternes » avec bureau XIXe, tableau XVIIIe, lithos de Matisse. Ana est antiquaire. Elle vient d'ouvrir une galerie d'art dans le vaste volume d'un bâtiment attenant. Ceci explique qu'on retrouve tous ces trésors du passé, au fil de ses chambres ou de l'appartement en duplex. Ici, un lampas (tapisserie) du XVIIIe illumine tout un pan de mur, béni par une sainte en bois, médiévale, évadée d'une église de Bourgogne. Là, une commode XVIIIe est surmontée d'une magnifique glace dorée. Elle s'accorde au plaid mordoré d'une chambre hissée en mezzanine aux côtés d'une salle de bains vitrée en pierre marbrière et avec baignoire-bassin. Un long couloir escorté de luminaires plissés conduit à un vrai home cinéma et à l'espace internet, où les hôtes, le dos bien calé dans un siège coloré par Castelbajac, se régalent à l'idée de faire « bisquer » leurs amis par mails interposés, en leur racontant la piscine à débordement, le solarium plein cadre sur Saint-Émilion, la salle de musculation, le hamman, la douche à jets, la salle de relaxation auréolée d'une planche à blé, la salle de massage entre des mains expertes, celle en plein air, pleine vue sur le vignoble...

Coup de cœur de l'auteur :

L'élégance rare d'une adresse d'exception.

À voir, à faire :

Le vignoble de l'Entre-deux-Mers.
L'abbaye de la Sauve-Majeure.

La Villa d'Ô

Plan p. 12, B2
Gironde

• Florent Villeneuve et Ivan Tirard
Château Bellevue
54, chemin de Terrefort – 33450 Saint-Loubès
Tél. 05 56 06 35 17
lavillado@orange.fr– www.lavillado.fr

• 3 chambres au château : 120-180 € selon le standing et la saison. Demi-pension : 220-280 €. 5 chambres dans les anciens chais : 110-150 € selon le standing et la saison. Demi-pension : 215-250 €. Lit suppl. : 30 €.
Petit déjeuner : 15 €. Table d'hôtes : 38 €.
Wifi gratuit. Jacuzzi, sauna, salle de sports.
Piscine extérieure chauffée.

–> Fermé 15 nov.-15 déc.

Un ancien château viticole de 1850 entre Bordeaux et son vignoble...

Il appartenait jadis à une famille de pêcheurs de morue de Bègles. Désormais propriété d'Ivan et de Florent, qui l'ont métamorphosé dans un style résolument contemporain, il accueille ses hôtes au sein de huit chambres. Trois se sont posées au château, dont la très belle « Entre 2 Ô », qui exploite l'esprit british de l'Aquitaine, mise en scène dans des tons de gris autour d'un beau mobilier cérusé noir et de coussins inspirés des sacs de cales de bateau. Dans les dépendances, le petit lobby cultive des tonalités violine et lie-de-vin en accord avec le terroir. Un tableau aux stilettos glamourise le salon entre lampadaire plissé et trophée argenté, tandis que dans la salle de gym, entièrement vitrée et accessible toute la journée, des ballons-bulles couleur turquoise cherchent volontaires pour une petite séance d'abdos... Chez « PablÔ », des photos sur métaux industriels importés de Liverpool, installent le décor d'un atelier rêvé. « Hoyô, HoyÔ » entraîne ses hôtes dans un univers de lodge africain sur fond de rideaux safari en cuir râpé, de peaux rasées. Une longue salle d'eau traversante enchante les sens. « Bord'Ô » rend hommage au vignoble. « Mezz'Ô » et vibrato sur fond jazzy, « Bi'Ô » en habits verts et bois flotté... Au château, le salon chaleureux a conservé ses moulures d'antan, mais a rafraîchi son mobilier aux brillances d'aujourd'hui. Il précède la salle des petits déjeuners installée dans un jardin d'hiver contemporain avec chaises en plexiglas qui réinterprètent les frivolités du XVIIIe.

Coup de cœur de l'auteur :

Une vraie innovation contemporaine imaginée avec des touches d'humour et d'insolite.

À voir, à faire :

Bordeaux à deux tours de roues.
Le musée de la Création Franche ou musée d'Art brut de Bègles (www.musee-creationfranche.com).

Plan p. 12, B3
Gironde

• Adra et Pascal Bataille
37, boulevard de la Plage
33970 Cap-Ferret
Tél. 05 57 17 07 27
contact@cotesable.fr
www.cotesable.fr

• 15 chambres : 190-295 € en BS selon le standing, 240-399 € en HS.
Restaurant à midi et tapas à l'apéro (l'été seulement), salon de thé (toute l'année).
Wifi gratuit.
Spa Clarins.

—> Fermé 2 sem. en janv.

Hôtel Côté Sable

Coups de cœur de l'auteur :

La chambre « Kerouac ». Et aussi « Saint-Ex », « Hemingway ». Les chambres côté jardin ont ma préférence. Enfin, l'accueil aussi souriant que professionnel de Virginie.

À voir, à faire :

Dîner chez Hortense (www.chez-hortense.fr). Et puis une découverte du phare du Cap-Ferret.

« À force de remettre à plus tard, la vie nous dépasse... »

Sûr que Pascal Bataille (le comparse de Laurent Fontaine à la télé), natif de Bordeaux, et son épouse, Adra, qui avaient leurs habitudes au Cap-Ferret, ont médité cette maxime de Sénèque avant de dénicher cet emplacement de rêve, face au Bassin. Son ossature et ses toitures reprennent le style des maisons ferretcapiennes. Sa quinzaine de chambres, dont quatre avec vue côté Bassin, sont dédiées à des écrivains célèbres. Quelques-unes d'entre elles ont été décorées en collaboration avec des spécialistes locaux : Vues du Jardin, Day & Co, Esprit du Cap ou Jane de Boy. Les cabanes d'ostréiculteurs ont détrôné Marilyn dans la chambre « Saint-Exupéry ». « Hemingway », à l'identique, en camaïeux mauve, violet et argent est accessible aux handicapés. À l'étage, la « Duras », façon cabine d'huîtrier, la « Rimbaud », très Cap-Ferret, ont vue, depuis leurs lits, sur le Bassin. À ma prochaine escale au Cap, je poserai mes valises chez « Kerouac ». Et ce n'est pas seulement parce que « tailler la route » est aussi ma destinée. J'ai adoré ses couleurs de rizières balinaises, ses verts et ses écorces.

Plan p. 12, B2-B3
Gironde

• *Anne-Françoise et Éric Lhuerre*
119, avenue de Bordeaux – 33950 Lège-Cap-Ferret
Tél. 05 56 60 61 81
capferret@hoteldesdunes.com
www.hoteldesdunes.com

• *14 chambres : 140-155 € en BS, 155-220 € en HS.*
Suite-studio avec kitchenette : 320 €.
Lit suppl. : 30 €.
Petit déjeuner : 13 €.
Wifi gratuit.
Sauna nordique et parking gratuits.

–> Fermé de mi-nov. à janv.

Hôtel des Dunes

Zen, sympa et les pieds dans le sable…

L'accueil s'effectue dans un petit salon en cuir chocolat accompagné de mobilier en tresse d'osier qu'illumine un lustre bariolé à effet de « mantille dissipée » ! Le tout enchanté par un superbe tableau d'un peintre du Cap. Il y a de l'allégresse dans l'air ! Et les petites chambres au mobilier de planches juste décapées, aux têtes de lits et placards façon persiennes, sont à l'unisson : simples et chaleureuses avec leurs boutis couleur ivoire, framboise, pivoine ou gris perle. Tonalités coquille d'œuf pour les salles de bains. Des poissons argentés, de jolies suspensions, des persiennes en guise de portemanteaux, des petites grenouilles en porte-bougies et des boutons de portes en osier ajoutent de la malice aux lieux. Quatre chambres en rez-de-chaussée disposent d'une terrasse en teck, et le studio d'un patio privé. Un petit chemin s'ébroue dans les dunes… C'est de bon augure. Et l'on aperçoit, à travers la voilure des pins, l'océan qui nous invite à ses jeux marins.

Coups de cœur de l'auteur :

Le lustre, le tableau du lobby et la situation de l'hôtel, pratiquement sur la plage.

À voir, à faire :

La tournée des petits ports ostréicoles à l'heure de l'apéro. La presqu'île à vélo.

Plan p. 12, B3

Landes

• Béatrice Luxey
51, rue des Écumes
40600 Biscarosse-Plage
Tél. 05 58 78 38 93 et 06 81 70 35 87
luxeybeatrice@hotmail.fr
www.fleurdespins.fr

• 3 chambres : 65-130 € selon le standing, la saison et la durée du séjour. Lit suppl. : 18 €. Gîte : 360-600 € selon la saison. Wifi gratuit.

–> Ouvert toute l'année.

Fleur des Pins

Une landaise pure laine...

Installée à 300 m de la plage dans une belle villa basco-landaise de 1938, qui hébergeait en leur temps les gradés de Latécoère venus faire leurs essais sur le lac de Biscarosse. Béatrice vous accueille sans façon, mais débordante d'enthousiasme pour sa région, sa station, sa maison marquée au sceau de ses Landes chéries. Ou plutôt ses deux maisons de famille réunies en une seule, qui lui permettent d'accueillir des hôtes au sein d'un univers intemporel et chaleureux, inondées de lumière avec pas moins de vingt-deux ouvertures en un seul lieu. Du boulot lorsqu'elle s'attelle aux carreaux ! Que l'on choisisse les chambres de l'étage, dont la familiale très inspirée par le bord de mer sur fond de tentures Artiga, de nuances de bleu tendre, rouge et gris doux aux chaises coquillages, escortée d'une grande salle de bains intégrée, ou la chambre « Hibiscus », dotée d'un balcon, au baldaquin balinais et émaux de salle d'eau en total look. Que l'on choisisse la chambre du « Hazan » (« le coq » en patois) avec la poule qui picore le dessus d'une armoire de famille posée sur des tomettes rouges. Le tissu de lin à jours est en harmonie de ton. Son plus : cette belle terrasse-patio qui permet d'installer la convivialité avec les hôtes du gîte mitoyen à l'heure de l'apéro. Chez Béatrice, c'est la fête des voisins chaque soir d'été !

Coup de cœur de l'auteur :

Le petit déjeuner servi aux beaux jours sous la pergola de glycine.

À voir, à faire :

Dur dur de faire un choix entre baignade dans l'océan sur fond de dunes blondes et bain dans le lac avec restaurants de plage.

Hôtel 202

Plan p. 12, B3
Landes

• Sophie et Jérôme Lacroix
202, avenue du Golf
40150 Hossegor
Tél. 05 58 43 22 02
contact@hotel202.fr
www.hotel202.fr

• 22 chambres : 130-240 € selon la saison. 2 suites de 50 m² : 195-390 € pour 2-3 pers., 220-430 € pour 4 pers.
Petit déjeuner buffet : 14 €, enfant 8 €.
Wifi gratuit. Piscine, sauna. 2 chambres pour pers. à mobilité réduite.
–> Fermé en janv.

L'élégance océane...

Hossegor la sportive, la reine des sables, station-phare de la côte d'Argent, se devait d'avoir un hôtel qui rende hommage à tous ces chevaliers de la vague et aux sportifs d'Aquitaine en général. Accompagné par son épouse Sophie, Jérôme Lacroix, un habitué d'Hossegor depuis l'époque des châteaux de sable, ancien d'une grande marque de surf, vient de relever le gant avec le 202, un trois-étoiles idéalement situé au cœur de la ville fleurie, à deux pas de la plage et à 50 m du célèbre golf dessiné par Sir Morrison. Alluré aux critères d'aujourd'hui, dans un style qui ne renie pas pour autant – au vu de sa toiture – ses références au basco-landais, l'hôtel a été construit et imaginé par Jérôme, adepte du graphisme efficace, qui avait donné des lignes directrices aux architectes : de l'espace, de l'épure... Pas une chambre à moins de 20-25 m², des balcons d'au moins 10 m², un vaste lobby lumineux et convivial. Il offre désormais ses lignes à la géométrie blanche et ses terrasses cadencées au tempo de la cité. Vingt-deux chambres racées et deux suites avec balcons. Chacune griffée par un bandeau-tableau aux couleurs des greens ou de l'océan. Comme autant de messages sympathiques destinés à une clientèle internationale. Ça swingue, ça brasse et ça glisse dans cet univers limpide ! Et pas de danger qu'il ne reste que des miettes au buffet du petit déjeuner... Sophie veille au grain et aux graines. Jamais moins de trois gâteaux maison, cinq sortes de sucres, douze de confitures, sans compter les essentiels : fromages, jambon, yaourts, fruits et tutti-quanti ! Jamais vu un buffet si approvisionné et tellement... gourmand !

Coups de cœur de l'auteur :

L'épure et l'accueil, délicieux. Les propriétaires se sont entourés de jeunes professionnels familiarisés aux règles de l'hôtellerie dans de belles enseignes étrangères.

À voir, à faire :

Entre golf, surf, plaisirs nautiques, shopping, jeux basco-landais et soirées festives, vous n'aurez pas assez d'un week-end pour faire le tour de tous les plaisirs d'Hossegor !

Hôtel de la Plage

Plan p. 12, B3
Landes

• Nicole Hardy
Avenue de l'Océan – 40170 Contis-Plage
Tél. 05 58 42 70 15 – hotelplage@orange.fr
www.hotelplagecontis.com

• 8 chambres : 110-140 € selon le standing.
2 suites : 150 et 170 €. Lit suppl. : 20 €.
Petit déjeuner : 9,50 €.
Restaurant à la carte et pizzeria contigus.
Spa.

–> Fermé 1er oct.-1er avr.

Un petit hôtel au style colonial, entièrement carrossé de bois et ancré à 200 mètres de la plage. Il pourrait célébrer les épousailles d'un surfeur avec un oiseau des îles. Rouge, orange, havane, kiwi, chocolat... Chantent les couleurs et vogue le style yachting. L'esprit vacances règne en ces lieux. Un spa parachève la touche exotique. Une terrasse fait la liaison avec le resto du même nom. Celle des gastronomes est ouverte le soir avec vue sur la mer qui vient lécher les dunes. Inutile de préciser qu'il vaut mieux réserver !

Maison de la Prade

Plan p. 12, B3
Landes

• Sylvie et Franck Ducousso
Avenue de la Plage – 40660 Messanges
Tél. 05 58 48 38 96 – lamaisondelaprade@orange.fr
www.lamaisondelaprade.com

• 12 chambres : 98-195 € selon le standing, la capacité et la saison. 2 suites : 175-240 €.
2 chambres familiales : 175-280 €.
Petit déjeuner sucré-salé : 13 €, enfants 7 €.
En été, assiettes déjeuner : 10-20 €.
Panier pique-nique à partir de 10 €.
Wifi gratuit. Espace de soins Omnisens : gommages, massages sur résa. Piscine chauffée. Location de vélos. À 900 m d'une plage de sable.

–> Fermé déc.-fév.

Une ancienne colonie de vacances reconvertie en hôtel tendance... Imaginez l'Hôtel de la Plage version pinède... Sa raison d'être est encore inscrite sur le fronton de sa façade à l'architecture Art déco basco-landaise. Les hauts murs blancs, un peu austères, cachent désormais un univers dépouillé, rehaussé de tonalités acidulées. L'accueil a été transformé en lobby et dans les dortoirs se sont installées les chambres. Canapés, fleurs stylisées et tentures bayadères. Désormais, les parents peuvent partager le temps de la colo avec les enfants !

Les Hortensias du Lac

Plan p. 12, B3

Landes

• Fabienne et Patrick Baysselier
1578, avenue du Tour-du-Lac – 40150 Hossegor
Tél. 05 58 43 99 00
reception@hortensias-du-lac.com
www.hortensias-du-lac.com

• 24 chambres : 105-275 € selon le standing et la saison. Duplex et appartements : à partir de 200 €. Lit suppl. : 35 €. Petit déjeuner : 22 €, enfant 12 €. Wifi gratuit. Parking privé. Piscine. Plage au pied de l'hôtel et pleine vue sur le lac.

Mas a bisat ques tu ganat « Tu m'as vu, tu es pris »… C'est le chant des sirènes du lac et aussi la devise d'Hossegor depuis 1920, inscrite sur les armoiries du drapeau qui flotte au vent de la plage que Patrick, originaire de Biarritz, jamais loin des Pyrénées, a planté entre « Les Hortensias » et le lac. Il a acquis l'hôtel en 2008, auquel il a conservé son ambiance coloniale, apportée par un mobilier aux baldaquins balinais et fagots de branches, qui président au décor des chambres. Tonalités cigare et chocolat, pimentées d'un soupçon d'atmosphère british, qui prend toute sa dimension au grand salon, aux premières loges sur la plage et le lac, colonisé par des canapés en lin, aux espaces ponctués de jarres et d'orchidées, pourvu d'une bibliothèque abondamment garnie. Et, puis, dans la Maison du Lac, deux suites familiales, indépendantes, qui peuvent être louées en gîtes, dotées d'une vraie cuisine, d'une salle à manger, d'une chambre, en terrasse ou balcon avec vues privilégiées.

Hôtel de la Plage

Plan p. 12, A3-B3

Pyrénées-Atlantiques

• David de Lapasse
3, esplanade du Port-Vieux – 64200 Biarritz
Tél. 05 59 23 95 19 et 06 60 4 56 23
contact@hoteldelaplage.com
www.hoteldelaplage-biarritz.com

• 24 chambres : 70-130 € selon le standing et la saison. Lit bébé : 10 €.
Petit déjeuner : 7,50 €.
Wifi gratuit.

–> Fermé début nov.-janv.

Pleine vue sur le rocher de la Vierge et le club des Ours Blancs qui se baignent quel que soit le temps »… L'hôtel est idéalement situé au-dessus de la plage de Port-Vieux. David qui n'en est pas à son premier coup d'essai en matière de rénovation hôtelière a remis d'aplomb un ancien hôtel fatigué. Simplicité et sobriété en sont les mots clés. Bolon au sol, têtes de lits anthracite, oreillers, coussins, chevets vintage et clichés des premiers bains de mer recolorisés. Avec, en prime, un petit patio-jardin !

Plan p. 12, A3-B3

Pyrénées-Atlantiques

• Lionel Hausseguy
30, rue Gambetta – 64200 Biarritz
Tél. 05 59 24 93 82
reservations@hotelsilhouette.com
www.hotel-silhouette-biarritz.com

• Chambres standard : 139-195 € selon la saison. Chambres supérieures : 179-259 €. Chambres Deluxe : 235-325 €. Lit suppl. : 75 €. Petit déjeuner : 13-25 €. Restauration saisonnière : menus à partir de 18 € à midi et de 29 € le soir. Wifi gratuit. Terrasse sur le toit accessible depuis 2 chambres.

–> Ouvert toute l'année.

Hôtel de Silhouette

Coups de cœur de l'auteur :

Un cocon douillet et une bulle de légèreté au cœur de la cité.

À voir, à faire :

Le musée de la Mer (www. museedelamer.com). Le circuit des villas biarrotes. La chapelle impériale. Découvrir tous les petits bistrots, restos, bar à tapas autour des Halles.

Historique et flambant neuf...

C'est une des plus anciennes bâtisses de la ville, construite vers 1600, à l'époque où Biarritz n'était qu'un port de pêcheurs de baleines. L'hôtel entièrement rénové doit son nom à Étienne de Silhouette, commissaire du roi près de la Compagnie des Indes orientales, qui baptisa en son honneur la troisième île des Seychelles, à laquelle il appartenait. Devenu ministre – impopulaire – des Finances de Louis XV, les caricaturistes de l'époque avaient coutume de le représenter en ombres chinoises sur leur gazettes censurées, qu'on appelaient communément « À la Silhouette ». Ainsi vont les légendes et file l'histoire. Aujourd'hui, c'est l'hôtel chic et charme de Biarritz, idéalement situé, doté de chambres cosy et de chambres velours sur dalles gris perle ou moquettes ultra-moelleuses, façon peau de mouton. Mobilier bois blanc, têtes de lit matelassées d'or ou d'ivoire, luminaires flash fluo, anis, fuschia ou coquelicot et variations sur papiers peints en forme de visages, de soleils d'encensoir, d'envol de papillons ou de silhouettes de nasses... Une élégance ressentie dès l'immense pièce à vivre restauration sous lustres flottants. Tout est léger, aérien à la... Silhouette, quoi !

La Maison d'Elhorga

Plan p. 12, B4

Pyrénées-Atlantiques

• Julie Despons
Chemin d'Elhorga – Quartier Helbarron
64310 Saint-Pée-sur-Nivelle
Tél. 05 59 85 18 35 et 06 10 17 06 12
contact@elhorga.com – www.elhorga.com

• 4 chambres : 90-140 € selon le standing et la saison. 1 suite : 150-170 € selon la saison. Lit suppl. : 30-45 €.
2 gîtes (4 pers.) : 580-980 €/sem. selon la saison.
Linge : 12 € par lit. Serviettes : 12 € pour 1 pers.
Ménage : 50 €.
Wifi gratuit. Cuisine équipée, matériel bébé à disposition. Jacuzzi. Piscine.

–> Ouvert toute l'année.

En Pays basque, un chemin mène au bonheur...

Julie et Pierre l'ont trouvé les premiers. Il se nomme Elhorga. Elhorga, c'est aussi leur maison, installée sur les flancs de la Rhune dès le XVIIe siècle. Une situation idéale... Une restauration : même pas mal ! L'ancienne ferme avait déjà été rénovée par leurs prédécesseurs dans le but d'en faire une maison d'hôtes. N'y manquait plus que la déco... Ça, c'est la passion de Julie. Avec la brocante, dont elle a transmis le virus à Pierre. Tous deux s'en donnent à cœur joie avec le mobilier de récup et les objets détournés qui peuplent leur chaleureux salon d'accueil. N'allez pas croire pour autant que la demeure cultive le passéisme avec nostalgie. À l'aise dans son époque, elle mixe les trouvailles d'antan avec le design qui va de l'avant... À l'image de l'escalier industriel qui dessert les chambres et cette suite, où une baignoire ovoïde en résine trône dans un *open space* de 55 m². À ses côtés, un grand lit blanc, ponctué par un banc de planches canadiennes, colonisé par une carpe aux écailles rouges et un poisson en métal gris. Déco plus disciplinée qu'il n'y paraît, et lits au carré ! Les chambres ont mis leur lit en cage de bois blanc. Ici et là, des petits clins d'œil en forme d'animaux en plâtre, imaginés par des artistes. Les lits sont électriques, les plaids en non-tissé, les lanternes en tôle fanée au rouge garage ou bleu gauloise. Entre cuir râpé et abat-jour en nid de branches, l'aridité de la pierre se veloute de blanc de neige, l'austérité du bois s'adoucit de bleu pastel.

Coups de cœur de l'auteur :

L'accueil, l'authenticité décomplexée du Pays basque.

À voir, à faire :

Au cœur des plus beaux villages basques (Ascain, Ainhoa, Sare, Espelette). Randonnées sur la Rhune. Neuf golfs à proximité.

Région Sud-Est

Auvergne
Rhône-Alpes
Languedoc-Roussillon
Provence-Alpes-Côte d'Azur
Corse

Plan p. 14, B1

Allier

• Arnaud Bennet
03290 Saint-Pourçain-sur-Besbre
Tél. 04 70 48 72 00
leslodges@lepal.com
www.lepal.com

• 24 lodges : 99-110 € par adulte selon la saison, 79 € par enfant.
Dîner, petit déjeuner et journée au parc incluse.
Maximum 2 nuits-3 jours.
Wifi gratuit.

–> Ouvert d'avr. à sept.

Le Pal

L'Afrique australe comme si vous y étiez...

Premier site touristique d'Auvergne, entre volière d'Amérique latine, forêt de cerfs asiatiques et plaine africaine, Le Pal concentre sur un domaine de trente-cinq hectares plus de six cents animaux venus de tous les continents. Créé en 1973, avec le concours du vétérinaire du zoo de Vincennes, par André Charbonnier, un homme d'affaires passionné d'animaux et auvergnat de naissance, Le Pal s'est étoffé au fil des années, en offrant deux facettes à ses activités : d'abord parc animalier, puis parc d'attractions, dès les années 1980. En 2010, le seuil des 500 000 visiteurs franchi, la certification Green Globe récompense les efforts entrepris pour intégrer l'entreprise et ses collaborateurs dans une démarche de développement durable. À l'occasion de son quarantième anniversaire, Le Pal crée l'événement en avril 2013, en lançant un concept d'hébergement unique en Europe avec vingt-quatre lodges sur pilotis, dans la pure tradition des grandes réserves africaines. Les tentes, importées d'Afrique, spacieuses, construites avec des matériaux naturels, sont magnifiquement décorées de branches, dans des tonalités en harmonie avec les atmosphères safari, adaptées aux familles, ouvertes en balcon sur la savane et ses animaux. On se pince pour y croire ! Autruches, zèbres, gnous broutent cette grande savane auvergnate. Sans oublier le restaurant Tanganika, l'un des grands points de rassemblement du campement ! À l'heure où les animaux vont boire, les humains se rafraîchissent en terrasse avant de se restaurer sous la grande charpente de dix mètres de haut, coiffée de chaume et habitée de bois sculpté aux couleurs chaudes de l'Afrique et au look très ethnique.

Coup de cœur de l'auteur :

Out of Africa *comme si vous y étiez...*

À voir, à faire :

Combiner un parc animalier aussi géant avec un parc d'attractions pour de vrais séjours en famille...

Plan p. 14, B1

Loire

• Anny et Alain Froumajou
42310 Le Crozet
Tél. 04 77 64 13 57
maisondauphin@gmail.com

• 1 suite : 60 € pour 2 pers., 120 € pour 4 pers.
Petit déjeuner bio.
Table d'hôtes sur résa. (à base de produits bio et/ou locaux) : 22 €, boissons comprises.
Salon de thé sur place.
Wifi gratuit.

—> Fermé 15 déc.-15 janv.

La Maison Dauphin

Au pays des pierres dorées...

La maison est située au cœur d'un village médiéval, qui a conservé avec force tourelles et fenêtres à meneaux, le souvenir de l'âge d'or de cette cité de notables – notaires et juristes – du XVe au XVIIIe siècle, sur ces terres riches à la frontière du Bourbonnais et du Charolais, où tissage et soieries enrichissaient les habitants. La Maison Dauphin, qui était à l'époque médiévale la halle de la boucherie, fut le berceau d'un évêque, bienfaiteur de la petite cité. Alain et Anny, séduits par la blondeur de la pierre calcaire de Charlieu qui se dore au soleil, par les broderies de fleurs et de vignes qui la festonnent, ont acheté la maison préalablement occupée par un antiquaire. On y pénètre par une petite cour intérieure à colombages et au sol moussu, où l'on petit-déjeune aux beaux jours. Au second étage d'un escalier à vis, les nouveaux propriétaires ont installé une suite cocooning disposant d'un grand espace salon-bureau-télé, d'une chambre à la sobriété affirmée, où le lit, drapé d'une couette blanche, étoffé d'oreillers grisés, est cadré par des billots de bois en table de chevet. La salle de bains ouvre par deux fenêtres sur l'église et les toits du village. Nuances de mauve et de bleu nuit pour la chambre adjacente, équipée de sa propre salle d'eau. Et, bravo pour le joli tableau aux moineaux, croqués par le papa d'Anny !

Coups de cœur de l'auteur :

Le cadre. Le superbe dessin exécuté par un ami vivant au Ladakh. Le salon de thé très actuel ouvert aux visiteurs du village, soucieux de commerce équitable.

À voir, à faire :

Ambierle, son église, le musée Alice-Taverne (www.museealicetaverne.fr) et ses reconstitutions d'intérieurs de la région aux XIXe-XXe siècles. Balade dans les monts de la Madeleine.

Plan p. 14, B1

Loire

• Véronique et Olivier Boizet
42300 Villerest-Roanne
Tél. 04 77 69 69 69
contact@chateau-de-champlong.com
www.chateau-de-champlong.com

• 11 chambres : 125-160 € selon le standing.
1 suite junior : 200 €. Petit déjeuner : 16 €.
Nombreuses formules de séjour.
Restaurant : formule 28 € en sem., menus à partir de 39 €.
Spa exceptionnel (100, chemin de la Chapelle, 42300 Villerest, tél. 04 77 23 01 98, www.leparadisdubienetre.fr). Piscine.

–> Fermé 1re quinzaine de nov. et 3 sem. en fév.-mars.

Le Château de Champlong

Un art de vivre de toutes les couleurs...

De son passé dans de belles maisons étoilées (Troisgros, Georges Blanc, Maximin), Olivier Boizet a appris à faire bon, sans compter... Ce furent de belles années ! Lorsqu'il apprit à... compter lors d'un passage dans le groupe Accor, il s'est dit « Pourquoi ne pas créer ma propre petite entreprise ? » Jeune et dynamique, il a commencé, modeste, à ouvrir un restaurant avec son épouse, Véronique. Aujourd'hui, ils accueillent leurs hôtes dans ce petit château nobliau – dont la première trace remonte à 1329 –, au sein d'une douzaine de chambres aux noms d'épices et aux tonalités vitaminées. *So romantic !* Toutes résolument contemporaines dans leur épure distinguée. « Champlong » a de l'esprit en son impressionnant salon de peintures XVIIIe, de la légèreté avec cette véranda transformée en salle des petits déjeuners, du corps avec ce bel escalier en pierres dorées, du tempérament au cœur de son salon rubis aux chesterfields couleur charbon, où l'on se pose face à une scène de chasse récupérée d'une boucherie lyonnaise. Un verre gravé à l'acide fait office de bar, une cheminée en marbre rose, d'allure rococo avec sa colonne de chauffe, démocratise les lieux.

Coups de cœur de l'auteur :

Le concept, la gaieté, les couleurs. Le spa.

À voir, à faire :

Charlieu, ses maisons aux pierres jaunes, son abbaye bénédictine. L'abbaye de La Bénisson-Dieu. Le village médiéval de Saint-Jean-Saint-Maurice.

Plan p. 14, B1-B2
Loire

• Élisabeth et Gérard Charbonnier
Avenue de la Coise – Pré Château
42330 Saint-Galmier
Tél. 04 77 54 03 31
contact@hotel4epices.com – www.hotel4epices.com

• 4 chambres : 90-100 € selon le standing. Lit suppl. : 15 €. Petit déjeuner : 12 €. Demi-pension : 98 €/pers. Restaurant : menu midi 26 €, menus soir à partir de 44 €. Wifi gratuit. TV écran plat et climatisation dans les chambres.

–> Fermé entre Nöel et le Jour de l'an, et les 3 premières sem. d'août.

Hôtel Les 4 Épices

Chambres et gourmandises...

On passe de l'assiette à l'alcôve et vice versa avec le même enchantement... À l'origine restaurateurs, ces deux enfants du pays ont poursuivi l'expérience de l'art de vivre, avec la création de quatre chambres en adéquation avec leur restaurant Le Bougainvillier, très couru par les visiteurs qui ont leurs habitudes dans la ville, fief de l'eau de Badoit. Mignardises du chef pour la gourmandise et eau à bulles en hommage au patrimoine local sont d'ailleurs proposées, à discrétion, dans chacune des chambres établies dans les étages de cette demeure, jadis propriété des maîtres des eaux de la cité. Si le tableau de l'épice éponyme figure dans chaque chambre, les propriétaires se sont amusés à brouiller les repaires olfactifs avec des codes couleurs, parfois fantaisistes. Ainsi « Safran », qui explose en vert anis et gris-violet. Ainsi « Vanille », emballée par le tadelakt métallisé, qui joue sur la subtilité de nuances châtaigne avec tête de lit en tissu glacé, tapis méché et lustre à flammèches d'acier. Pour la tonalité, vous repasserez... On se reprend chez « Muscade », côté noix plutôt que côté coque, qui virevolte sur une note réglisse entre laque noire et sable blond, avant de virer coquelicot sur fond de gris fumé dans la salle d'eau. Ma préférée, c'est « Cannelle ». Là, on y est (presque) sous le baldaquin design aux essences de bois, en affinités coloniales avec les claustras.

Coups de cœur de l'auteur :

Un décor en accord avec la première destination du lieu, le choix innovant du mobilier de la salle de bains et le super petit déjeuner du chef (œufs au lait, tarte maison, salade de fruits, saumon fumé, crêpes, viennoiseries, etc.).

À voir, à faire :

Observer le manège des habitants de Saint-Galmier qui, seuls, ont la possibilité de se ravitailler en eau de Badoit à la fontaine du parc d'à côté. Visiter l'entreprise Badoit (sur résa., tél. 04 77 54 02 01).

Plan p. 14, B1

Rhône

• Anne-Sophie Monné
23, route de Limonest
69450 Saint-Cyr-au-Mont-d'Or
Tél. 04 72 19 43 50 et 07 86 17 60 50
contact@lamaisondejosefine.fr
www.lamaisondejosefine.fr

• 4 chambres : 120 €.
Wifi gratuit. Maison climatisée. Piscine.
Terrasse aménagée. Parking sécurisé gratuit.

–> Fermé de Noël au Jour de l'an.

La Maison de Joséfine

Ni tout à fait un chalet... Ni tout à fait la campagne... Pas encore la ville...

Imaginez un chalet en forme de cube. Résolument contemporain, il épouse le dénivellé des terrasses de l'un de ces monts d'Or dont Bocuse a assuré la renommée au nord de Lyon. Même si la place Bellecour est à quelques volées d'oiseau, on ne peut pas parler de ville. En hiver, des chevreuils viennent boire à la piscine... En semaine, les habitués sont des professionnels travaillant épisodiquement dans l'un des quatre mille sièges d'entreprises, qui prospèrent dans un rayon de six kilomètres. Il n'est pas rare qu'ils, ou qu'elles, en « redemandent » le week-end, en faisant découvrir à leurs chéri(e)s l'univers idyllique des quatre chambres proposées par Anne-Sophie dans cette maison en mélèzes, à laquelle elle a donné le prénom de sa fille. Des artistes contemporains ont accroché leurs tableaux dans l'espace de vie habité par des fauteuils en cuir et du mobilier d'inspiration industrielle. Posées sur des parquets brûlés couverts de tapis méchés, les chambres évoluent toutes sur le même modèle. Seules les couleurs et les tissus varient, qui font que la « N° 3 », au faux air de Sherlock Holmes, est ma préférée avec sa terrasse face à la piscine, ses sièges et sa tête de lit en cuir râpeux, ses tartans chocolat. Suivie de près, un étage au-dessus, par la « N° 2 », réchauffée d'un plaid fourrure. Tapis gris et rideau aux couleurs des premières violettes. La « N° 1 » à dominante orange est plus classique. La « N° 4 » s'endort en tonalités gris-fuschia. Zen. Et, à deux pas de la ville.

Coup de cœur de l'auteur :

Aux beaux jours, on s'y relaxe dans un beau salon de jardin entre des bosquets d'arbres plantés par... Joséfine.

À voir, à faire :

Assister aux soirées vernissage d'Anne-Sophie : un privilège...
Lyon, à 20 min.

Plan p. 15, C1
Haute-Savoie

• Violaine Duperrier
11, rue Carnot
74000 Annecy
Tél. 04 50 65 85 50
info@maison-acote.com
www.maison-acote.com

• 2 chambres : 180 et 195 €.
Wifi gratuit. TV.

–> Ouvert toute l'année.

À Côté

À côté du lac, à côté de la vieille ville, à côté de chez eux…

Ou plus exactement, juste au-dessus. Au cœur d'Annecy, sous les toits d'un immeuble XIXe, où Violaine et son mari, architecte, ont installé leur vie. Le code couleur de la jeune femme : noir et blanc. C'est ainsi que s'offre au regard des hôtes cette première chambre côté cour, toute blanche et argent, avec son salon blanc, sa chambre au-dessus d'un escalier blanc, éclairé de leds à effet Swarovski. Une douche encastrée d'émaux blancs sur la dernière marche de ce duplex innovant précède une chambre au sol laqué… blanc. Elle semble dégringoler, comme un flocon, du grand velux qui lui sert de ciel de lit. Effet igloo douillet garanti quand tombe la neige ! La seconde chambre s'endort, côté rue, sous une couette en lin blanc de Caravane, assortie aux oreillers. Une marche et hop, on se retrouve dans la salle d'eau aux émaux noirs, avec la baignoire qui fait office de tête de lit, au travers de la simple baie vitrée qui sépare la chambre de la salle de bains. Technologie d'aujourd'hui… Chacun peut prendre son petit déjeuner en chambre ou au Fidèle Berger, un salon de thé, avec terrasse en été, situé tout… à côté !

Coups de cœur de l'auteur :

Du blanc intra-muros, au cœur de la ville.

À voir, à faire :

Le musée-château et une promenade dans les jardins de l'Europe au bord du lac. Une visite d'Annecy en gyropodes Segway (Mobilboard Annecy : tél. 04 56 20 40 47). Les Noctibules d'Annecy à la mi-juil., la Fête du lac début août, le retour des alpages le 2e sam. d'oct. (www.lac-annecy.com).

Plan p. 15, C1-C2

Haute-Savoie

• Isabelle Mouchet
50, route de la Corniche – 74290 Veyrier-du-Lac
Tél. 06 20 60 04 58
contact@annecyleclosdulac.com
www.annecyleclosdulac.com

• 4 chambres : 150-170 € selon le standing.
Lit suppl. : 20 €.
Petit déjeuner : 13 €.
Wifi gratuit. TV. Stations d'accueil iPod/iPhone.
Massages, soins du visage et du corps sur résa.

–> Fermé 20 oct.-20 déc.

Le Clos du Lac

Il embrasse du regard le lac d'Annecy…

Isabelle, architecte d'intérieur, et son mari, restaurateur, ont acquis, il y a quelques années, un superbe terrain de 7 500 m² avec vue plongeante sur le lac. Une fois leur propre résidence construite, l'idée leur est venue de faire profiter des hôtes de passage de ce fabuleux panorama. Une seconde demeure a donc vu le jour. Un enchantement, où la déco s'enrichit d'apport vintage, asiatique ou riviera. Ainsi « La Riva », installée sous la charpente, adossée à un pan de mur aux arbres gris. Voilages Zara Home, rocking chair et fauteuil assorti à damier gris-blanc. Une bergère haute préfigure le mobilier de la chambre « Vintage » au magnifique siège en chevrons gris, clouté d'acier, escorté par un canapé d'Andrew Martin, par un bureau en faux croco et par une table habillée d'un jupon aux capsules de boissons. Une affiche des Beatles, façon Andy Warhol, et des oreillers orange marquent l'empreinte *sixties* des lieux. Dans la chambre « Asia », tout est subtilité… Depuis le papier peint aux fleurs de cerisiers jusqu'au vase en raku, en passant par le petit crapaud signé Missoni. Des libellules d'acier butinent le mur. Une fausse fourrure, des coussins imprimés de geishas habillent le lit. Le décor a été magistralement orchestré par Isabelle, d'origine italienne, arrivée dans le sillage de ses parents sur les rives du lac d'Annecy. C'est aussi ici qu'elle rencontra l'amour. Comme un heureux présage… À l'image de sa demeure inondée de lumières, apaisantes et relaxantes…

Coups de cœur de l'auteur :

Les audaces du design d'une vraie maison contemporaine. La vue.

À voir, à faire :

Les « Deuches du lac », où un chauffeur vous emmène faire le tour du lac d'Annecy en 2CV (tél. 06 81 60 73 16, www.lesdeuchesdulac.fr). Les activités nautiques sur le lac (www.lac-annecy.com). La randonnée dans les montagnes avoisinantes.

Plan p. 15, C1
Haute-Savoie

• Christine Heckler
181, Le Thoron – 74290 Talloires
Tél. 04 50 02 03 03
contact@chaletchristine.com
www.chaletchristine.com

• 4 chambres : 155-310 € selon le standing et la saison. 1 suite : 280-380 € selon la saison. Lit suppl. : 20 €.
Table sur résa. (avec terrasse) : formule hôtes à midi 18 €, menu soir 38 €.
Accès spa, sauna, hammam et piscine intérieure inclus. Massages sur résa. en sus.
–> Ouvert toute l'année.

Le Chalet Christine

Moins de ski, plus de spa...

On a connu Christine, dans une autre vie, recevant ses hôtes au Chalet des Troncs, dans l'un de ces bouts du monde dont la montagne a le secret, régalant ses visiteurs de plats gourmands. Christine a quitté les Aravis pour mieux s'ancrer sous l'aile de la Tournette, sur la partie la plus sauvage du lac d'Annecy. Christine ne s'est pas égarée en route. Elle a juste continué sa vie dans un autre paysage de montagnes, emprunté un autre chemin qui ouvre sur un univers mixant le bois ancien et le bois contemporain. Faisant cohabiter bois blond et bois d'étable... La réception déroule son labyrinthe de troncs coupés pour mieux cacher un petit salon. Tapis méché et lampes chapeaux, mais toujours un pétrin, un banc, un vaisselier, un coffre des Aravis, le tout réinstallé sur un socle plus contemporain. Des artisans du Grand-Bornand sont descendus pour aider Christine à concrétiser son rêve, encourager sa collaboration aussi sentimentale que professionnelle, derrière les fourneaux, avec son fils qui a quitté l'école pour vivre, lui aussi, sa passion. Dans cet univers qui twiste hier avec aujourd'hui, dans la continuité d'une histoire, on trouve un beau spa, où rien ne manque, et cinq chambres d'hôtes, écloses sur des planchers en chêne blanchi avec des lits emmitouflés dans des couettes gaufrées, des plaids polaires et des coussins tricotés de Zara Home, des oreillers givrés de Calvin Klein.

Coup de cœur de l'auteur :
Un vrai concept bien-être sur les rives les plus sauvages du lac.

À voir, à faire :
Relax au spa, piscine, massages en toutes saisons. Un tour du lac d'Annecy en bateau (www.annecy-croisieres.com).

Plan p. 15, C1

Haute-Savoie

• Nadine et Maud Bernard
1421, route du Chainet – 74540 Viuz-la-Chiesaz
Tél. 04 50 77 61 08 ou 06 60 67 18 92
domaineduchainet@yahoo.fr
www.domaine-du-chainet.fr

• 3 chambres : 79-100 € selon le standing.
2 suites : 99-110 € selon la saison. Lit suppl. : 20 €.
Restaurant sur résa. : dîner (plat et dessert) 30 €.
Plateau : 18 €. Pique-nique : 8 €.
Wifi gratuit. TV dans les chambres.
Vrai spa de toute beauté, hammam, Jacuzzi.
Massages : 35 €/30 min., 60 €/1h en solo,
100 € en duo.

–> Ouvert toute l'année.

Le Domaine du Chainet

Un duo mère-fille de haute volée...

Nadine et sa fille, Maud, exercent leurs talents en plein champ, dans une ancienne ferme reconvertie en auberge ultra-nature. Cadre à l'internationale, Nadine a eu envie, un beau jour, de poser ses bagages à Annecy-le-Lac. Les cimes des Alpes dans les brumes des petits matins lui rappelaient San Francisco – sans les montagnes –, où elle avait ancré sa vie d'avant... Après un BTS Hôtellerie, un passage dans de belles maisons (Anne-Sophie Pic, Georges Blanc), Maud s'est dit que travailler avec sa maman, dans le cadre des montagnes où elle avait grandi, était un défi à relever. Alors, Nadine à l'accueil, Maud en cuisine. Et le tour était joué pour faire revivre les vieux murs et accueillir les hôtes au cœur de trois chambres spacieuses et de deux suites de standing installées entre les murs blancs de l'ancienne ferme. Partout de douces tonalités de gris, de gris-bleu, de beige, de havane, de châtaigne, rehaussées par des plaids tricotés couleur charbon sous la charpente de la « Suite 4 ». Chocolat dans la « Chambre 3 », ensoleillée par un beau tableau d'Anna di Stella. Le mobilier en bois de chauffe, cerclé d'acier, est signé Cabane de Zoé. La « Suite 5 » jouit d'un bel espace, après avoir investi l'ancienne porcherie dans sa carapace de bois brut. La chambre sous les toits, comme dans un chalet brut de décoffrage, est escortée d'une adorable chambre d'enfants, façon cabane. Réchauffée par un poêle à bois, la salle de bains est dans la droite ligne des mazots alpins.

Coups de cœur de l'auteur :

Le Domaine du Chainet, c'est tout un ensemble qu'il faut vivre sans modération. L'accueil.

À voir, à faire :

Annecy à 15 min. Les pistes du Semnoz, une petite station familiale, à 20 min. Randonnée au Crêt de Châtillon.

Plan p. 15. C1

Haute-Savoie

• Christel et François Pernet
Le Chinaillon
74450 Le Grand-Bornand
Tél. 06 98 48 74 74 et 06 26 58 05 61
surlalpe@gmail.com
www.location-chalet-chinaillon.com

• Gîte pour 6 pers. : 690 € la sem. en BS, 990 € en MS, 1 300 € en HS.
Wifi gratuit.

–> Ouvert toute l'année.

Sur l'Alpe

La neige tombait à gros flocons...

Est-ce ce soir-là que Christel, relisant une énième fois le premier chapitre d'Heidi à sa ribambelle de petits-enfants, décida de rebaptiser ainsi son beau chalet ? Ou bien était-ce sur les dunes du Niger, où elle se bat au sein de l'association Tidène pour construire des puits, qu'un « Petit Prince » lui souffla l'idée ? Jadis, ici, c'était la ferme de Blanche et de Firmin, les parents de François, qui produisaient un fameux reblochon ! Deux ans et demi de travaux ont été nécessaires à François, aidé par Didier Perrissin, un artisan qui excelle dans l'art de la restauration, pour réaliser ce bel « Alpe » que revoilà : en bois brut et tonalités très actuelles. Zan, zinc, ivoire et bleu glacier, sans oublier le vert sapin et le rouge de Noël. Les rideaux de Charlélie Couture (!) donnent la réplique aux tissus d'Angel des Montagnes. Silhouettes appliquées aux toiles à beurre et cristaux impressionnés sur les coussins en laine rase. Dans cet univers de ouate et de neige, conçu pour que chacun s'y sente bien, même les enfants disposent de leur propre salle de bainss. Modulable en deux appartements ou deux chambres d'hôtes avec accès indépendant, cet « Alpe-là » est un amour de maison à savourer sans modération...

Coups de cœur de l'auteur :

La déco, les pistes du Chinaillon à portée de regard et pleine vue sur le Lachat et la Tournette.

À voir, à faire :

Les randonnées en raquettes au clair de lune, suivies d'un repas savoyard, organisées par l'École de ski (tél. 04 50 02 78 17).

Plan p. 15, C1

Haute-Savoie

• Marie-Claude et Régis Blanc
119, chemin au Daude – 74260 Les Gets
Tél. 04 50 37 20 90 et 06 71 26 14 93
contact@chezlafine-lesgets.com
www.chezlafine-lesgets.com

• 5 chambres : 90-180 € selon la capacité et la saison. Lit suppl. : 40 €.
Table d'hôtes : 29 €, boissons comprises.
Wifi gratuit. Sauna, hammam.

–> Ouvert toute l'année.

Chez La Fine

Les métamorphoses d'une ferme familiale bâtie aux premières lueurs du XVIIIe siècle…

Régis et Marie-Claude ont conservé toute son ossature après l'avoir démontée et rénovée. Carcasse d'autrefois, cadre d'aujourd'hui. L'ancienne étable a gardé la mangeoire avec ses chaînes qui attachaient les bêtes. Transformée en grand salon, on lui a offert des cuirs râpeux et des plaids douillets. Dans la salle à manger, une vieille cuisinière basse et émaillée ancre les lieux dans leurs racines savoyardes. Chez La Fine, on vit ainsi, à cheval sur deux siècles, sur des extrêmes... Cœur de pierre et tissus velours, cuirasse de bois brut et tartans douillets, plaids en couverture rugueuse d'alpinisme et fausse fourrure, planchers en bois brûlé et draps de laine bouillie aux fenêtres. Les tons oscillent, de vanille au chocolat, du gris au rouge. Toujours des tons chauds jusque dans la chambre d'enfants de la suite familiale, où les bambins disposent de leur propre bureau, de leur propre téléviseur. Espace remise en forme, sauna, hammam et nec plus ultra dans la salle de gym. Clin d'œil nostalgie sous la haute charpente de l'ancienne grange, qui expose baratte à beurre, bonbonne de gnôle, bayard et sac de randonneur façon trappeur. Tout ça pour dire aux hôtes de maintenant qu'il y a eu des gens avant... Que derrière la beauté d'un lieu, il y a du travail, de l'amour et de l'huile de coude ! N'est-ce pas Régis qui a mis – seulement – dix-huit mois à recomposer la superbe ferme de sa grand-mère Joséphine, qu'au pays on appelait « La Fine » !

Coup de cœur de l'auteur :

Une rénovation magnifique qui transcende les siècles.

À voir, à faire :

Grand ski sur le domaine des Portes du soleil, en hiver, et sentier en balcon sur la vallée depuis le mont Chéry, en été. Nombreux sentiers de randonnées (office de tourisme des Gets : www.lesgets.com).

Plan p. 15, C1
Haute-Savoie

• 136, impasse de la Grange-Neuve
74260 Les Gets
Tél. 04 50 75 80 50
info@crychar.com – www.crychar.com

• 15 chambres : 126-266 € selon la saison et le standing. Petit déjeuner : 15 €.
Demi-pension : 105-165 €/j. pour 1 pers.
Forfaits sem. tout compris en hiver.
Restaurant : menu à 37 €.
Table d'hôtes pour les enfants (demi-pension).
Wifi gratuit. Jacuzzi, sauna. Salle de jeux pour enfants.
Au pied des pistes.

–> Fermé de mi-avr. au 25 juin et 7 sept.-17 déc.

Chalet-Hôtel Crychar

Les générations se succèdent, l'art de vivre demeure…

Céline, à l'hôtel, et Greg, en cuisine, ont repris les rênes de ce petit hôtel de station créé en 1984 par les parents de la jeune femme. Les chambres aux boiseries, avec leurs tissus aux herbiers des alpages, les carreaux vichy qui avaient apporté leur note de fraîcheur, dans l'air du temps d'il y a vingt ans, sont à peine dépassées… Céline, pour coller davantage au temps présent, s'est attelée, avec la complicité de sa maman, au décor de nouvelles chambres. Ainsi, j'ai pu constater que « Nantaux », « Marcelly », « Mont-Chery » préfiguraient l'esprit de ce que donnera ce petit hôtel lorsque toutes ses alcôves auront été revisitées dans un style de bois clair, de salles de bainsss aux émaux blancs et mosaïques bleutées, de télés plus design. Les créations d'Angel des Montagnes, les silhouettes de Pierre Frey qui s'exposent au salon et dans la salle de restaurant sont à l'unisson de la métamorphose tout en douceur de l'établissement. Avec Greg qui mitonne des petits plats aussi inventifs que gustatifs, le Crychar s'inscrit dans la catégorie des hôtels de charme… Le tout dans un esprit écologique, puisque Le Crychar est le premier hôtel de la station à avoir adopté un système de géothermie.

Coups de cœur de l'auteur :

L'accueil et cette passation de direction entre générations tout en douceur, comme l'évolution du décor.

À voir, à faire :

Du shopping dans les boutiques de déco de la station, dont Angel des Montagnes est la plus emblématique. Le golf 18 trous des Gets.

Plan p. 15, C1
Haute-Savoie

• Laurence et Emmanuel Horclois
3050, route de Provence
74700 Sallanches
Tél. 04 50 58 02 87 et 06 64 88 01 64
info@lafermedemilienne.com
www.lafermedemilienne.com

• 2 chambres : 87 et 97 €. 2 suites : 100 et 127 € pour 2 pers., 130 et 155 € pour 4 pers.
Lit suppl. : 20 €.
Table d'hôtes : 25 €, apéritif compris, sauf vin.
Wifi gratuit. TV.

–> Ouvert toute l'année.

La Ferme d'Émilienne

Une ferme très gourmande sur les hauteurs de Sallanches...

Emmanuel, chef de cuisine, a donné des cours à Laurence, à laquelle les hôtes donnent le prix d'excellence pour ses plats typiquement savoyards (farcement, gratin de crozets, diots) et ses plats mijotés dans la grande tradition de la gastronomie française ! De l'ancienne ferme (jusqu'en 1890), rachetée par un curé pour être transformée en centre de colo, avant de devenir maison de vacances pour Citroën, puis pour les anciens combattants d'Afrique du Nord, susceptible d'accueillir jusqu'à cinquante personnes, Laurence et Emmanuel n'ont conservé pratiquement que la situation en balcon sur le mont Blanc et les aiguilles de Warens. Après avoir désossé les deux premiers étages, répartis sur une dalle, rhabillé la structure de vieux bois et de bois thermochauffé, puis brossé, ils sont passés de dortoirs à quatre chambres, auxquelles ils ont donné le nom des sommets environnants. Ainsi, les « Aiguilles de Warens » avec son balcon qui court autour de la maison, fleuri de géraniums aux beaux jours. Plaid chocolat, assorti aux rideaux, tableau au point de croix, dans les bleus du ciel mégevan. La suite « Mont-Blanc » et ses deux lits, a priori d'enfants, s'est entichée de nounours. L'« Aiguille du Midi » s'ouvre au soleil du matin. Beau mobilier Art déco pour les « Mayères », du nom des alpages environnants.

Coup de cœur de l'auteur :
La cuisine gourmande.

À voir, à faire :
Le ski à Combloux ou à Megève à 15 min.
Au-dessus de la maison, l'alpage avec la ferme refuge du Tornieux, qu'on rejoint en raquettes avant de redescendre en luge.
Balades commentées au pays du Mont-Blanc (www.terre2savoie.com).

Plan p. 15, C1
Haute-Savoie

• Armelle et Patrick Linglin
74300 Les Carroz-d'Arâches
Tél. 04 50 90 01 62
contact@servages.com – www.servages.com

• 6 chambres : 170-450 € selon le standing et la saison. 2 suites familiales : 205-450 € selon la saison. 2 suites prestige (avec spa et hammam privatifs) : 440-910 €. Lit suppl. : 30 €. Lit bébé gratuit.
Petit déjeuner : 23-25 €, enfant 12 €.
Possibilité de demi-pension. Restaurant à la carte.
Wifi gratuit.

—> Fermé de mi-oct. à fin nov. et fin avr.-début juin, sous réserve de modifications.

Les Servages d'Armelle

Des coupes de bois prises par le gel s'alignent sagement sous les auvents...

Un mazot au jardin a cloué une couronne de pommes de pin sur sa porte, un baluchon de foin patiente sur son seuil. Des toiles de jute emmitouflent des bacs à fleurs et des amarrages de galets retiennent les pans des toitures... C'est ainsi qu'il y a une décennie, Armelle, ancienne de l'équipe de France de ski dans les années 1970, avait planté le décor de ses premiers chalets d'hôtes, ravis de se réfugier dans le cocon douillet de chambres étoffées de tissus pailletés d'edelweiss, escortées de salles de bainsss en travertin, ouvertes sur les alcôves à la façon des solarets. De l'autre côté de la petite route qui grimpe vers les sommets, au-dessus de son restaurant gastronomique accessible à tous, Armelle a créé un nouvel espace hôtelier, toujours dans une carcasse de bois brut et de pierres à vif, mais dans un esprit plus contemporain. Des sièges en peaux de poulain, d'autres blancs comme neige de Cassina cohabitent avec des poêles en fonte aux lignes très actuelles. Dans une suite, un escalier en bois et acier, articulé à la façon d'un Meccano, dessert une mezzanine tandis qu'un hammam privé ravit les privilégiés. Les tonalités sont plus zen : gris perle ou ivoire. Les salles de bainsss sont en granit ou en grès cérame. D'élégants stores en bois ouvrent sur les balcons, juste au-dessus du départ des pistes. Tout schuss vers les cimes.

Coup de cœur de l'auteur :
Les salles de bainsss.

À voir, à faire :
Le ski en hiver, et Samoëns à proximité, une station de montagne et ses vieux hameaux à découvrir en toute saison.

Plan p. 15, C1

Haute-Savoie

• Brigitte et Jean-Jacques Ballet
138, rue du Mont-Blanc
74170 Saint-Gervais-les-Bains
Tél. 04 50 96 58 70 et 06 73 26 53 94
welcome@lafelineblanche.com
www.lafelineblanche.com

• 9 chambres : 89-145 € selon confort. Lit suppl. : 35 €. Petit déjeuner : 13 €. Wifi gratuit. Parking public couvert gratuit. Babysitting.

–> Fermé 15 sept.-30 nov. et 10 avr.-15 mai.

La Féline Blanche

Migrations au sommet...

Les grandes tribus, forcément, ça migre... Alors, après un tour du monde en bateau, l'aventure de la Bergerie dans la Drôme, les Ballet – qui savent bien valser – et leurs six enfants ont pris la direction d'autres alpages, plus urbains, s'installant cette fois au cœur de Saint-Gervais. Grand ski l'hiver sous le regard du mont Blanc et randonnées d'été en ligne de mire donc... D'une « Féline » à l'autre, celle-ci s'impose en habits blancs, bien évidemment. Toute la déclinaison des blancs... Celle immaculée des céramiques à têtes de cerfs ou de bouquetins d'Asiatides. Celle blanc-gris d'un drap de laine de la Filature Arpin qui épouse tout un pan de mur du salon à la façon des tavaillons... Blanc de blanc des chauffeuses Ghost, du volumineux lampion de Paola Navone. Et toujours ces longues tables de bois d'Heeremuis, ces rééditions de lampes années 1950, ces chevets et bancs de bois, exécutés par des artisans menuisiers de Dieulefit, qui sont la signature des « Féline(s) ». Un soupçon de métal pour corser le décor avec une table pouf d'Arbazoni... Le tout mis en scène par Maison Hand. Fidèles à leurs habitudes, ils ont privilégié l'épure et la sobriété. Dans les étages, les couloirs et les murs sont gris ou taupe. Les chevets et les bancs des chambres s'endorment sous les couettes épaisses, habillées de lin blanc par Caravane, assortis à certains rideaux et aux têtes de lit matelassées à rayures chemise. De grands draps à l'identique voilent les fenêtres et dérobent à la vue l'espace de salles d'eau ouvertes. Rectangle Duravit en lavabo, lino tressé blanc au sol. Minimaliste et, encore une fois, très réussi...

Coups de cœur de l'auteur :

Dès la porte franchie, cet hôtel à l'esprit maison d'hôtes avec la grande table conviviale ou le choix de quatre tables individuelles, la cuisine ouverte, le salon et la terrasse donnant sur la place.

À voir, à faire :

Le tramway du Mont-Blanc (www.compagniedumontblanc.fr), qui conduit au pied du glacier de Bionnassay. Randonnée sur les sentiers du baroque jusqu'à Saint-Nicolas-de-Véroce et Notre-Dame-de-la-Gorge.

Plan p. 15, C1
Haute-Savoie

• *Olivia Teisseire et Romain Desgranges*
198, route du Château
74170 Saint-Gervais-les-Bains
Tél. 06 15 56 97 78
lafermedecupelin@yahoo.fr
www.lafermedecupelin.com

• *7 chambres : 75-90 € selon le standing.*
Lit suppl. : 25 €. Petit déjeuner : 10 €.
Restaurant : ardoise du marché (entrée, plat, dessert) 27 €.
Wifi gratuit. Navette pour les pistes de ski en hiver.
–> Ouvert toute l'année.

La Ferme de Cupelin

Le 3 étoiles le moins cher de France ! Et pourtant…

Qu'il est charmant ce petit hôtel à l'esprit maison d'hôtes, où « le client de février ne sera pas plus important que celui de mai ! » Ici, les tarifs sont les mêmes en toute saison. C'est la volonté d'Olivia et de Romain, un jeune couple entreprenant qui, à eux deux, ne comptabilisent pas plus de cinquante ans. Ces deux-là se sont connus à l'École hôtelière de Paris. Romain, natif de Saint-Nicolas-de-Véroce, a fait découvrir à Olivia, la Bordelaise, ses montagnes. Un hiver entraînant l'autre, après avoir affûté leurs talents dans de grandes maisons, ils ont eu envie d'une affaire bien à eux. La Ferme Cupelin, ancien Clos Saint-Joseph – de haute réputation gastronomique – avait été rénovée dix ans durant dans les règles de l'art et du bio par Manuela Desmazière, une hôtelière à la pointe de l'écologie. Olivia et Romain n'ont plus eu qu'à se glisser dans ce beau cadre carrossé de bois clair, qui, des couettes aux rideaux, cultive à ravir les semis fleuris et le quadrillage *arty*. Chacune des chambres dispose d'un petit balcon, au regard du mont Blanc et de la vallée de Saint-Gervais. Olivia, à l'accueil, se réjouit de vous recevoir au creux d'un cuir râpeux, devant la cheminée auréolée d'une tête de cerf chromée faisant face au roi des forêts, en majesté sur l'autre pan de mur. Romain, des fourneaux à la salle de restaurant, élégante et racée sous ses lampions de papier, entre ses cœurs de tweed noirs et ses rideaux en laine bouillie, vous régalera de produits frais.

Coups de cœur de l'auteur :

Un univers frais et printanier dans lequel les enfants sont les bienvenus – ils disposent d'une pièce TV/vidéo, d'un coffre à jouets, des BD et des livres de montagne dans un cadre douillet – qui les canalise pendant que les parents dînent dans la salle à manger d'à côté.

À voir, à faire :

Le package avec les thermes de Saint-Gervais (www.thermes-saint-gervais.com). Balade à partir du mont d'Arbois, qu'on rejoint en téléphérique.

Plan p. 15, C1-C2
Savoie

• Emmanuel Lopez
81, route de Saint-Innocent – 73100 Aix-les-Bains
Tél. 04 79 63 59 18
lessuitesdulac@orange.fr – www.lessuitesdulac.fr

• 4 suites : 120 € en sem., 150 € le w.-e.
Studio : 95 €, petit déjeuner compris.
Lit suppl. : 50 €. Lit bébé : 10 €.
Loft : 195 € pour 4 pers. Petit déjeuner : 9 €.
Linge et ménage inclus.
Table d'hôtes : 25 €.
Wifi gratuit. Massages sur résa. Bateau pour balade sur le lac ou ski nautique (moins de 200 €/h), loué avec permis ou avec chauffeur.

–> Ouvert toute l'année.

Les Suites du Lac

Coups de cœur de l'auteur :

L'espace, la lumière, les suites du pont n °2 et du « Mont Blanc », le loft.

À voir, à faire :

Découverte des thermes et du casino, témoins de l'architecture Belle Époque. L'Aquarium du lac du Bourget, pour observer une quarantaine d'espèces de poissons d'eau douce (www.aixlesbains.com).

Un paquebot de croisière à l'ancre sur les rives du lac du Bourget…

Alors que le ciel faisait ce jour-là grise mine, c'est ainsi que me sont apparues les suites ! Dans un éclat de soleil venu de la Dent du Chat, qui, soudain, éclaira le lac et cette vaste demeure enchâssée de baies vitrées, englobant quatre suites très spacieuses imaginées par Emmanuel, un enfant d'Aix, fan de voyages, qui a posé ses bagages sur ses berges natales. De longs balcons, des passerelles métalliques sur plusieurs niveaux. Les coursives baignées de lumière plongent sur l'immense espace de réception, cœur névralgique de la maison qui démultiplie ses salons. Le deck va se perdre dans le jardin, autour des salons de piscine à débordement, en contemplation sur les mouvements du lac. Installées sur des parquets grisés, drapés de tapis bouclette, les suites de la « Dent du Chat » et du « Mont Blanc » se reposent sur des lits emmitouflés de plaids à caissons gris souris, oreillers assortis. Superbes tableaux contemporains de Jean-Baptiste Isambert pour la « Mont Blanc », qui a pris ses aises sous l'immense volume des six mètres de dénivelé de sa charpente. Sur le pont n° 2, les suites du « Nivolet » et du « Mont Revard » cultivent à l'identique cette épure parfaite qui donne la priorité à la vue sur le lac. À l'arrière de la demeure : un loft avec sa terrasse privative. En contrebas de la piscine : un studio. Ils complètent cet ensemble unique qui fait corps avec le lac…

Plan p. 15, C1-C2
Savoie

• Marie-Christine Bodiot
10, impasse des Acacias
73100 Mouxy
Tél. 04 79 54 47 10 et 06 89 64 26 53
lhermitage.mouxy@orange.fr
www.chambresdhotes-lhermitage.com

• 3 chambres : 80-105 € selon la saison.
Chambre « Romantique » : 115 € pour 3 pers.
Wifi gratuit. Piscine en saison.

–> Ouvert toute l'année.

L'Hermitage

Un jardin en espaliers entre lac et montagne...

Séduite par le lac du Bourget, Marie-Christine a ancré sa nouvelle vie au cœur de cette jolie villégiature noyée dans la végétation, qui démultiplie ses salons de jardin entre la Dent du Chat et le Revard. Ex-Parisienne, travaillant dans l'événement floral, elle a conservé de son premier métier cette passion pour le jardin, qu'elle souhaitait « du côté des Alpes mais pas trop haut, pas en station mais à proximité d'une ville ». Marie-Christine vous accueille dans une salle des petits déjeuners aménagée à la façon d'un bistrot, avec ses tables en bois, cadrées de murs rouges, posées en harmonie avec les carreaux de ciment. Une première chambre « Romantique » en tonalités beige et ocre, entoilée de jute, une seconde en gris-bleu, dotée d'un petit balcon, qui réembourgeoise les lieux tout en délicatesse dans un esprit XVIIIe revisité, avec tapis méché et commode aux pieds galbés, et puis de jolis carreaux rétro en camaïeux de pastels dans la salle d'eau. Un escalier en bois dessert un palier rouge coquelicot, ouvrant à gauche sur la chambre « Contemporaine », qui dévoile une petite vue sur le lac. Sur fond de violine et de fuschia, un lit argent glacé est assorti au fauteuil à capitons. La salle d'eau est noire. À droite, c'est la « Coloniale » qui hausse le ton, couleur chocolat et jaune anis pour la chambre, thé vert pour la salle d'eau. Un mobilier importé de Bali, des branches et des bambous, et puis un adorable bouddha pour veiller sur vos nuits...

Coups de cœur de l'auteur :

Une atmosphère intemporelle et des salons de jardin en espalier.

À voir, à faire :

Sports nautiques sur le lac du Bourget. Randonnées sur le plateau du Revard et jusqu'à l'abbaye de Hautecombe. En hiver, ski dans les petites stations du Revard ou du massif des Bauges.

Plan p. 15, C1

Savoie
• Anne-Christine et Frédéric Boulanger
73620 Hauteluce
(au pied des pistes de l'Espace Diamant)
Tél. 04 79 38 18 18
informations@lafermeduchozal.com
www.lafermeduchozal.com

• 10 chambres : 115-160 € pour 2 pers. selon la saison, 155-230 € pour 4 pers.
1 suite : 205-305 € pour 4 pers.
Demi-pension : supplément de 50 €/j. pour 1 pers.
Petit déjeuner : 15 €, enfant 10 €.
Wifi gratuit. Sauna, Jacuzzi, hammam.
Appareils fitness, salle de massage. Piscine en été.
Vélos à disposition.

–> Fermé de mi-avr. à début juin et de mi-oct. à début déc.

La Ferme du Chozal

Coup de cœur de l'auteur :
La fresque de lauzes réalisée par un artisan du pays qui dessine tous les sommets.

À voir, à faire :
Le parcours aventure aux Saisies avec force tyroliennes au-dessus d'un torrent (Escaladventure : tél. 06 11 27 76 72).
Et l'église au clocher à bulbe de Hauteluce.

Entre tradition et modernité...

Frédéric, ancien concierge de belles enseignes, et son épouse, Anne-Christine, achètent un chalet d'alpage dans le Beaufortain, tout en caressant le rêve d'une affaire à eux... Ils dénichent une ferme, pas à vendre mais inhabitée depuis plus de vingt ans. Quelques mois de persuasion plus tard et l'aide précieuse d'une sœur architecte, et les voilà inaugurant leur « beau cadeau » pour la Noël 2003 ! Le salon à la cheminée contemporaine fait la transition entre le bâtiment neuf en bois blond qui héberge la partie restaurant, cosy et élégante, et les onze chambres d'hôtel aménagées dans l'ancienne ferme. Pour habiller les chambres dans leur coffrage de bois, les rideaux et les tissus sont en drap de Bonneval de la filature Arpin, une institution savoyarde vieille de deux cents ans qui a su négocier les virages des modes et du style. Orientée plein sud sur la vallée et le Grand Mont, ou bien côté montagne, la grande majorité des chambres dispose d'un accès direct sur l'extérieur. Mansardées, ces dernières jouent avec la fuite de la pente ou avec les rondins d'origine qui confèrent aux familiales un petit côté bergerie, plein de charme.

Plan p. 15, C2

Savoie

• René et Maxime Meilleur
Hameau de Saint-Marcel
73440 Saint-Martin-de-Belleville
Tél. 04 79 08 96 77
info@la-bouitte.com
www.la-bouitte.com

• 4 chambres : 248-278 € selon le standing et la saison. 4 suites : 381-450 €. Lit suppl. : 65 €. Petit déjeuner : 22 €.
Restaurant gastronomique : 59-165 €.
Wifi gratuit.
Sauna, Jacuzzi, massages, bain vapeur ou lait-miel.

–> Fermé mai-juin et sept.-nov.

La Bouitte

Je suis un homme heureux,
je ne m'occupe que de gens heureux…

Il y a quelques lunes déjà que René Meilleur – rejoint aujourd'hui par son fiston tout aussi talentueux – a gagné ses galons hôteliers aux cimes de la gastronomie savoyarde, et qu'on dévale allégrement les pistes du domaine des Trois-Vallées pour goûter leur cuisine aussi savoureuse que personnelle. C'est en voulant combler « les gens heureux » que sont nées les « bouittes ». Bouittes d'« Émilie », d'« Anaïs », de « Léa », d'« Angeline » : des chambres et des suites aménagées à partir de planches reponcées, relavées et recirées. Des grandes sœurs ont pris le large pour vivre leur vie à Saint-Martin : « Mélanie », dans un style très cosy avec sa mezzanine suspendue, et « Delphine » qui affiche une vraie personnalité fashion entre colombages et baignoire à débordement sur tapis de galets. Tandis qu'à Saint-Marcel, deux petites sœurs ont vu le jour… « Lucie », la familiale, installée entre pans de bois et bois burinés et puis, la délicieuse « Léonie », pourvue d'un balcon, orientée plein sud, super douillette avec son petit salon-cheminée, son lit garni de couverture et sur-couverture en chevrons, sa salle d'eau ouverte en dalles d'ardoise. Sans oublier la salle des petits déjeuners à croquer, le spa au foin installé dans une cabane de berger qui rappelle à René sa jeunesse. On y prend un bain au miel. Ensuite, c'est repos sur un lit d'herbes…

Coups de cœur de l'auteur :

Une demeure qui s'embellit année après année. Un vrai relais gastronomique et déco montagne qui puise ses racines au plus profond de la Savoie.

À voir, à faire :

Les chemins du baroque en Savoie, qui recensent plus de soixante monuments, dont la chapelle Notre-Dame-de-la-Vie et son rétable du XVIIe à Saint-Martin-de-Belleville.

Plan p. 15, C2

Savoie

• Le Franchet de Tignes
BP125 73151 Val d'Isère Cedex
Tél. 04 79 06 26 99
contact@chaletcolinn.com
www.chaletcolinn.com

• 5 chambres : 90-140 € /j. pour 1 pers. en demi-pension en hiver, 100 € en été. Boissons non alcoolisées, goûter, bain nordique et navettes sans supplément en hiver. Labellisé « Gîte Panda ». Wifi gratuit. Sauna.

–> Ouvert de fin nov. à début mai et de mi-juin à mi-sept.

Chalet Colinn

Coups de cœur de l'auteur :

La chambre « arolle » : la plus petite est aussi la plus jolie. Le bain nordique au jardin.

À voir, à faire :

L'espace Killy (www.espacekilly.com) à vos pieds en hiver. Les randos en montagne dans les pas d'Élisabeth, la découverte de ce petit hameau du Franchet, placé sous la protection de saint Bernard de Menthon dont la chapelle précède les maisons.

Elles ont la foi qui soulève les montagnes !...

Et aussi celle qui remonte les murs, à mains nues... Une ancienne ferme dominant le lac de barrage de Tignes était à vendre. Inhabitée depuis 1950, la propriété château-branlante a pourtant su séduire Mylène, qui travaillait dans l'immobilier à Courchevel, et Élisabeth, accompagnatrice-guide de montagne, férue de patrimoine. Un maçon à la retraite a cru en leur projet. Les banques : pas vraiment... Acculées, elles prirent la situation en mains – au sens propre comme figuré. Observant le travail des anciens, aidées par un neveu, elles ont mis cinq ans à redresser leur nouveau patrimoine. La partie habitation, qui était réduite à l'espace congru, offre aujourd'hui une belle capacité d'accueil avec cinq chambres aux bois différents – pin, noyer, arolle, chêne, mélèze – qui, toutes, possèdent leur terrasse en surplomb du lac. Linge siglé dans les salles de bainsss, TV et lecteur DVD. L'ancien grenier à foin qui a conservé sa superbe charpente et réhabilité les portes de ses granges est devenu une immense pièce à vivre, très contemporaine, inondée de clarté, où les expos photos des copains, amoureux comme elles des grands espaces et des montagnes, contribuent à instaurer la convivialité tandis qu'un bain nordique au jardin attise la joie de vivre dans ce bel ermitage blanc...

Plan p. 15, C2

Savoie

• Rue du Soleil
73440 Val-Thorens
Tél. 04 57 74 74 74
contact@altapura.fr
www.altapura.fr

• 72 chambres : à partir de 292 €. Demi-pension : à partir de 340 € pour 2 pers. 16 suites : à partir de 622 €. Demi-pension : à partir de 670 € pour 2 pers. Wifi gratuit. Parking payant.

–> Ouvert toute l'année.

Altapura

Toujours pionniers !

Val Thorens, le fût, station de pionniers, il y a une quarantaine d'années avec une bande de fêlés entraînés dans le sillage de super-championnes – les sœurs Goitschel – et du regretté Jean Béranger, qui offrirent à la France, dans un désert blanc, la première station nouvelle au-dessus de 2000 m d'altitude. 600 km de pistes à dévaler sur le plus grand domaine skiable des Trois Vallées. 2011, une autre famille de pionniers : les Sibuet, troisième génération d'hôteliers, celle-là qui de Megève à Saint-Tropez, du Lyonnais à la Provence, ont associé le mot « charme » au mot « luxe ». Une révolution ! L'autre révolution, c'est d'avoir imaginé à Val-Tho ce premier hôtel alliant valeurs authentiques et technologies de pointe. Iceberg au cœur fusionnel, l'Altapura est minéral et givré à l'extérieur ; boisé, ouaté, douillet à l'intérieur avec force pelisses et fausses fourrures, têtes de cerf en osier et panneau de contreplaqué ciselé, poufs tricotés aux motifs ethniques, murs d'eau, de pierres tranchées à vif, de vieux skis décolorés, sièges profilés et poêle à bois gargantuesque. Dans chaque chambre : station iPod et TV Mac dans une unité de couleurs reposantes. Spa « Pure Nature », pur bonheur ! Et pas moins de trois restaurants pour rassasier les skieurs, dont un exclusivement réservé aux fromages : c'est mieux pour l'odeur ! À « La Laiterie », c'est pots à lait en acier et mitrons aux bérets vissés sur le crâne. Aux « Enfants Terribles », plus gastronomique, au clair de lune, lorsque les remontées mécaniques au repos s'invitent par les hublots, c'est un peu… l'empire des sens contre-attaque !

Coups de cœur de l'auteur :

Après avoir révolutionné, il y a trente ans, l'hôtellerie de montagne côté charme, les Sibuet viennent de passer dans une autre dimension… Nouvelle révolution ! D'accord, ce n'est pas accessible à tous les budgets, mais vous pouvez aussi simplement y aller pour vous restaurer…

À voir, à faire :

Y'a plus qu'à dévaler les Trois Vallées (les3vallees.com).

Plan p. 15, C2
Savoie

• Sandra et Hervé Saint-Bonnet
Rue de Tigny – 73450 Valloire
Tél. 04 79 59 00 57
info@christiania-hotel.com
www.christiania-hotel.com

• 22 chambres et 2 suites : 68-98 €/j. selon la saison pour 1 pers. en demi-pension.
Forfait hiver tout compris : 690-780 €/6 j. pour 1 pers. en demi-pension, incluant remontées mécaniques. Réduction enfant : 50 % moins de 6 ans, 25 % moins de 8 ans.
Restaurant : menus 22-42 €.
Wifi gratuit.

–> Fermé 20 avr.-12 juin et 14 sept.-14 déc.

Le Christiania Hôtel

C'est l'adresse de charme de Valloire…

D'entrée, l'ambiance est donnée autour du comptoir du bar, où les moniteurs viennent prendre le café du matin au milieu des clients, reviennent au retour des pistes avec les skieurs pour un chocolat chaud. L'origine de l'hôtel remonte aux années 1960, quand le bar n'était encore qu'une épicerie. Yvette prend toujours plaisir à tenir sa place derrière le zinc, se souvenant du temps où elle racheta en une demi-journée un étage de chambres et le rez-de-chaussée qui venaient juste d'être aménagés en hôtel par l'acquéreur précédent. Depuis, le petit hôtel a fait son chemin, récemment rénové de pied en combles par les neveux d'Yvette : Sandra et Hervé. Si la salle à manger, dans sa carcasse naturelle, a conservé les tonalités des années *sixties* qui l'ont vue naître, c'est dans un style lumineux et chaleureux qu'elle a été réinterprétée. À chaque étage, son code couleur. Moquette rouge au premier, marron au deuxième, chocolat au troisième sur fond de papier peint finition peaux de vache. Le tout emmitouflé de plaids en fausse fourrure tout douillets, de pelisses au velours châtaigne et de rideaux à effet Woodstock au deuxième. Avec, dans l'espace des enfants, des coussins ensoleillés de belles pétales de marguerites rouges. On l'aime cet hôtel… beaucoup… passionnément… Et on s'arrête là !

Coups de cœur de l'auteur :

L'atmosphère et le salon lounge entre ses murs de planches brutes et son décor bois flotté, ponctué de tabourets aux bonnets de fourrure et de banquette en peau rapée.

À voir, à faire :

Le Festival de sculpture sur neige et sur glace en janvier. L'église baroque de Valloire. Ski sur le domaine Galibier-Thabor. Randonnée au col du Télégraphe.

Plan p. 14, B2

Isère

• Sandra et Richard Sauvajon
Les Ritons – 38250 Corrençon-en-Vercors
Tél. 04 76 95 84 84
hotel-du-golf@wanadoo.fr
www.hotel-du-golf-vercors.fr

• 22 chambres et suites : 101-151 €/j./pers. en demi-pension selon le standing et la saison. Lit suppl. : 30 €, 2-11 ans : 20 €. Menus : 40-112 €. Piscine et golf 18-trous sur place.

–> Fermé de mi-oct. à mi-déc. et en avr.

Hôtel du Golf

Ils sont nés là, les pieds chevillés à leur Vercors, les traditions d'accueil ancrées dans leur cœur et toujours le regard tourné vers l'avenir…

C'est l'histoire d'une famille, partie d'une modeste ferme dans un coin reculé de la forêt, détruite par les Allemands, puis reconstruite plus près du village, transformée en petit bistrot, puis en restaurant. Sous l'impulsion de Gérard, le Bois Fleuri est devenu en 1988 l'Hôtel du Golf. Alors, c'est tout naturellement que Sandra et Richard, les arrière-petits-enfants d'Émilie et Philippe – qui offraient dans les années 1930 le casse-croûte et le « canon » aux bûcherons – ont repris les rênes de l'entreprise en proposant le gîte et le couvert dans le confort réactualisé de l'établissement familial. Et c'est à John, le benjamin de la famille, compagnon du Tour de France, qu'a été confiée la réalisation de l'extension. Bois blond des sols aux plafonds en passant par les murs et les sièges aux belles lignes géométriques. Évitant le « déjà-vu » des standards montagnards, Sandra et Richard ont pensé leur nouveau décor sur fond de comptoir en zinc ciré, de matériaux bruts et de couleurs naturelles qui s'harmonisent à leur environnement.

Coups de cœur de l'auteur :

Goûter les nectars de La Tacoulienne, fabriqués artisanalement et proposés au bar ou dans le coin salon contemporain aux cuirs et coussins de peaux.

À voir, à faire :

Golf à deux pas. Gérard, qui est aussi le maire du village, est à l'initiative – sur le domaine des Rambins – d'une maison pour les enfants où on leur apprend le ski, mais aussi l'approche de la montagne dans sa diversité.

Plan p. 15, C2

Isère

• Dimitri Joly
274, chemin de Fondfroide
Hameau des Girards
38250 Lans-en-Vercors
Tél. 06 08 01 59 53 et 04 76 94 08 85
info@grand-gite-vercors.com
grand-gite-vercors.com

• Demeure (20 pers.) : 2 000-2 500 € le w.-e. 3 500-6 500 € la sem. et le w.-e. du Jour de l'an. Linge et ménage inclus. Cuisine à dispo. Self-service ou service traiteur sur demande. Wifi gratuit. Piscine. Massages sur demande.

–> Ouvert toute l'année.

Le Château des Girards

Comme des Princes en leur demeure....

Profession : touche-à-tout. Enfant d'Autrans, ancien membre de l'équipe de France de combiné nordique, animateur de station, décorateur-designer, bientôt fabriquant de ravioles, par-dessus tout roi de la récup', Dimitri est un personnage, au demeurant fort sympathique, qui a donné un second souffle au refuge de chasse du duc de Sassenage. Construit au détour des XVII et XVIIIe siècles, le château, avec son toit à quatre pans, est plus typique du Dauphiné que du Vercors. Esbroufe d'entrée ! À l'époque, il fallait marquer qui on était... Ce fut fait face à l'escalier en pierre calcaire de l'Isère, qui dessine des arcades très ostentatoires, à effet de ruines, sous plafond à caissons ! Ne vous méprenez pas : revue et corrigée par Dimitri, même dans le respect de son auguste passé, la maison a du coffre, du charme et du tempérament à tous les étages. La demeure manquait de volume. Pour lui en donner, ainsi que de la lumière, Dimitri a fait ouvrir une galerie à rambarde de bois tourné, en plongée sur la salle à manger avec sa cheminée en pierre et brique mélangées. Un tailleur de pierre a travaillé un an ici, refaisant les fenêtres à meneaux et autres « menus » travaux. Dans chacune des suites et chambres ont été pieusement conservés, réalisés ou déposés, un mur de pierres, un mur de chaux, un mur de portes anciennes. Véritable showroom de nobles matériaux d'autrefois qui s'admirent au

travers des trois glaces piquées de la « Suite de la Terrasse ». Boutis velours orangé et baignoire lyonnaise grenaillée pour la remettre en état, puis la déposer sous une voûte chaulée, sur de jolis carreaux de ciment gris-jaune. Ils courent sur tous les sols. Là, couleur châtaigne ; ailleurs, maïs, vanille, olive, voire copie de mosaïques romaines dans la « Chambre de l'Escalier » industriel enguirlandé de leds de Noël, qui dessert une salle de bains en mezzanine avec sa baignoire à l'ancienne, marron glacé. Un velours rose bougainvillé réveille les murs épais de la « Chambre aux Persiennes », escortée d'une salle d'eau aux beaux carreaux de ciment bleutés et aux vasques posées sur un billot. Sous une impressionnante charpente de John Sauvageon, un Compagnon du devoir, originaire de Corrençon, la « Suite de la Tour », entièrement créée dans une dépendance, expose tout un festival d'essences de bois dans un esprit chalet réchauffé de peaux de vaches ou pelisse à effet ocelot. La « Chambre de l'Ours » est sur le même tempo quand la plus majestueuse des suites est celle du « Duc », toute en tonalités violine et mur de portes de château sablées. Cerise sur le gâteau : une piscine chauffée toute l'année à 28°, installée dans un cadre de briques sous voûte de bois de noyer et rehaussée d'une salle de massage en haut d'un escalier soutenu par des fi ins de voilier ! VIP et volupté : il n'est pas interdit de rêver...

Coups de cœur de l'auteur :

Une demeure véritablement exceptionnelle de beauté, autant que de commodités.

À voir, à faire :

En hiver les pistes de ski alpin, nordique ou de randonnée de Lans et de Corrençon-en-Vercors. En été , tous les sentiers de randonnées et les hauts lieux historiques du Vercors, y compris ses grottes.

Plan p. 14, B2

Drôme

• Florence et Cyril Morize
La Rolière – 26250 Livron-sur-Drôme
Tél. 04 75 61 89 74 et 06 25 14 21 39
leschambresdamis@orange.fr
www.leschambresdamis.com

• 5 chambres : 100 € en BS, 120 € en HS.
Lit suppl. : 25-30 € selon la saison.
Table d'hôtes (mer., ven. et dim.) : 25 €, apéritif compris ; enfant 15 €.
Wifi gratuit. TV.
Piscine toute l'année, chauffée avr.-oct.
Spa, hammam, Jacuzzi en libre accès (10h-12h et 17h-19h). Prêt de VTT. Cuisine d'été à disposition pour les longs séjours.

–> Ouvert toute l'année.

Les Chambres d'Amis

Elles ont emprunté leurs noms aux amis qui les ont aidés pendant la restauration...

Cet ancien domaine agricole se prêtait à leur nouveau projet de vie. Dans la grande pièce à vivre à l'atmosphère contemporaine, où jadis logeaient les moutons, Florence et Cyril ont préservé un pan de mur en galets de la Drôme posés en chevrons. Sur la desserte, une collection de chevaux en bois, passion de Madame. Toutes les chambres ont pour couleur de base : le gris. Teinté de vert pâle virant au kaki, au soir couchant, dans la chambre de « Dominique » habitée par un mobilier de famille et un coffre-fort japonais. Un grand pan de mur découpé en même tonalité délivre passage vers les sanitaires et la salle de bains à la baignoire en résine et longues vasques en harmonie. Lui faisant face, « Nicole », sa jumelle en gris-bleu, virant au lavande. À l'étage, deux chambres familiales disposent d'une mezzanine de 18 m². Les enfants ont leur propre télé avec DVD. « Alban », plutôt gris sauge et « Tara », un zeste de Polynésie en plus, sur fond de tableaux et de paréos. La dernière, installée sous la charpente de l'ancienne fenière prend le large avec sa salle de bains ouverte. Un second bâtiment, aussi vaste que le précédent, héberge une longue piscine aux reflets verts et son deck allongé sur des galets, un spa et une pièce de réception à l'usage exclusif des hôtes.

Coups de cœur de l'auteur :

L'espace dehors/dedans. Toutes les chambres sur le même concept.

À voir, à faire :

Le musée de la Chaussure à Romans.
Le donjon de Crest. Les villages perchés du val de Drôme : Allex, Saôu, Cliousclat, Mirmande.

Plan p. 14, B2

Ardèche

• Florence et Luc Lemaire
07120 Balazuc
Tél. 04 75 88 23 27 et 06 07 16 66 78
contact@chateaudebalazuc.com
www.chateaudebalazuc.com

• 4 chambres : 130-170 € selon le standing et la saison. Tarif dégressif de 10 € la 2e nuit, encore 10 € la 3e.
Table d'hôtes : « Assiette du château » 30 €, le sam. soir sur résa. ; assiette froide les autres soirs 20 €.
Apéritif offert à tous les hôtes.
Wifi gratuit. Bassin de natation, Jacuzzi. Partenariat avec l'aéroclub Aubenas-Vals-Lanas : 10 % de réduction sur les vols pour les hôtes.

–> Fermé en déc.-janv.

Le Château de Balazuc

Pour le plaisir des yeux...

La forteresse des XI, XII et XIIIe siècles regarde défiler du haut de ses quarante mètres de dénivelés la vague des canoës qui descendent les gorges de l'Ardèche. Quarante maisons visitées en deux semaines dans la Drôme pour Florence et Luc, et c'est finalement en Ardèche qu'ils ont eu le coup de foudre pour ce château de Balazuc, abandonné depuis une poignée d'années. La vénérable bâtisse avait du coffre, une carcasse ridée, mais tellement de caractère avec ses terrasses en espaliers, ses galets polis par le soleil, ses murs d'angle aux pierres embossées du XIIIe siècle qui faisaient ricocher les boulets. Alors, sans trahir ce site unique, amarré à l'Histoire, Luc et Florence ont glissé quelques touches personnelles dans la rénovation maîtrisée des anciens propriétaires. Toujours des tissus de Robert le héros aux rideaux, mais une cotte de maille en plus pour séparer la chambre de la salle d'eau des « Buis ». Si les beaux tableaux se sont estompés au profit d'autres plus rigolos, les vestiges du passé ont été pieusement conservés, comme ces marches de pierre à vif qui permettent d'accéder à la chambre « Ardèche ». Deux ou trois meubles se sont immiscés dans le mobilier design, entre une cheminée gothique et une meurtrière, désormais sympathique. Au jardin, l'ancien abreuvoir a été reconverti en couloir de natation. Un Jacuzzi s'est installé en terrasse pour mieux contempler les tuiles romaines d'un des Plus Beaux Villages de France, les crêtes acérées du défilé des falaises au-dessus de la rivière.

Coups de cœur de l'auteur :

Du caractère, le télescopage des siècles côté déco, la cuisine de Florence et la VUE !

À voir, à faire :

Base de canaoë (www.balazuc-canoe.com) en contrebas, terrain d'escalade sur les falaises d'en face et sentiers de randonnées au-dessus des gorges.

Plan p. 14, B2

Ardèche

• *Karine et Pascal Schluter*
07110 Sanilhac
Tél. 04 75 39 24 09 et 06 29 54 78 95
info@fayetardeche.com
www.fayetardeche.com

• *2 chambres : 90-100 € selon la saison.*
Lit suppl. : 20 €. Thé et café dans les chambres.
Cuisine à disposition.
Wifi gratuit. Sauna. Piscine.

–> Ouvert toute l'année.

Le Mas des Sources du Domaine du Fayet

Un petit paradis secret dans la châtaigneraie…

La source cascatelle de bassins en jardins, arrose les chèvrefeuilles et puis le grand tilleul odorant, planté pour la naissance de Pascal. Le jeune homme qui, depuis, a bien grandi, a remonté des kilomètres de murets, rétabli des restanques sur lesquelles s'organisent son art de vivre d'aujourd'hui, rebâti sur le même emplacement la maison d'antan en récupérant les pierres effondrées du vieux mas cévenol dont les murs remontent à l'âge d'or du ver à soie. Quand Karine l'a rejoint, ils ont décidé d'y installer leur vie. Deux adorables têtes blondes galopent désormais au travers des calades et des potagers. Et comme Karine adore chiner, le mas s'est magnifié sous le bel effet de meubles de métier. La suite, de plein pied sur la terrasse, déploie son vaste espace aux murs chaulés dans un cocon blanc et grisé. Aux murs, des portraits de gens qui ont habité Le Fayet au XIXe siècle. En guise de rideaux, des draps anciens monogrammés qui balaient les dalles de pierre réchauffées par un tapis méché, éclairées par un lustre à pampilles. Tout est épuré, sans excès. Un petit cheval qui a beaucoup basculé enchante l'espace. On accède à la seconde chambre par une traverse à la rigole de galets. On y vit entre ombres et soleil, entre une glace dorée, des meubles lazurés et une salle d'eau ouverte aux lavabos posés sur un socle de terres cuites. Dehors, la bambouseraie naissante épouse le dénivelé de la colline. Sérénité…

Coups de cœur de l'auteur :

Un jeune couple accueillant, un « jardin secret » plein de charme, grand ouvert sur la nature.

À voir, à faire :

Les villages de Balazuc, de Labeaume « En Musique » de mi-juillet à mi-août (www.labeaume-festival.org). Le musée de la Châtaigneraie à Joyeuse (www.musee-chataigneraie.fr). Le musée de la Chèvre et du Picodon à Planzolles (terracabra.com).

Plan p. 14, B3
Gard

• Sophie, Serge et Steve Schorgere
65-67, rue de la République
30400 Villeneuve-lez-Avignon
Tél. 04 90 21 51 07
info@hotellasuite.fr – www.hotellasuite.fr

• 6 chambres : 135-220 € en BS selon le standing, 175-245 € en HS. 3 suites : 215-295 € en BS, 255-355 € en HS. Canapé lit : 50 €.
Petit déjeuner : 8 et 15 €.
Wifi gratuit. Piscine. Parking privé. Exposition d'art cotemporain permanente.

–> Fermé 15 oct.-15 avr.

Hôtel La Suite

Eclectique et magique !...

Ils sont dingos des couleurs de Miró, des compressions – superbes – de Malbec, de mobilier industriel années 1970, des designers années 1950. Chez eux, on trouve beaucoup de copies de Picasso. Quand il fait beau, les nains de jardin quittent la quiétude de la cheminée pour retrouver leur élément naturel. Sophie, native de Villeneuve, et Steve, d'Avignon, ont investi une ancienne biscuiterie, elle-même installée dans l'ancien couvent des religieuses bénédictines de la cité. Leurs six chambres et trois suites témoignent de leurs goûts débridés où se mélangent styles, couleurs et époques, tout en réussissant le tour de force de créer un vrai concept d'hôtellerie décalée. Ça part de coussins imprimés de visages provençaux dans la chambre « A », jusqu'aux tonalités flashy violet-prune-fuschia des chambres « D » et « G » où s'agrippent des porte-manteaux *fifties*. Tête de lit à l'ancienne, table de nuit industrielle, baignoire ovoïde en corian et siège de cocotte en velours. Ça se poursuit avec la suite « B » à la tête de lit en planches et table en bois brûlé, son banc à pieds de girafe qui fricote avec une tête d'éléphant en carton. Suite urbaine déboussolée, la « E » a marié un vieux frigo américain avec une vieille porte d'armoire. La suite « F », en terrasse, de facture plus classique, se dévergonde avec un cliché Côte d'Azur, traité à la manière de Palm Springs. Dans la « H », qui intègre le mur de toiture de la maison et se délecte d'acier brossé, le papier peint bleu canard chante son hymne aux *sixties*. Une expérience... *Arty !*

Coup de cœur de l'auteur :

Le tableau en portes de 2CV bleu violet de Mike, alias Steve, passionné de voitures anciennes qui exprime à merveille « l'esprit maison » !

À voir, à faire :

Puisque que Avignon est à deux pas...
Le pont du Gard.

Plan p. 14, B3
Hérault

• Stéphanie Diaz
36, boulevard Pasteur
34340 Marseillan
Tél. 04 67 11 26 37et 06 20 78 82 55
info@leschambresdandrea.fr
www.leschambresdandrea.fr

• 3 chambres : 110-130 € selon le standing en BS, 130-150 € en HS. 2 suites : 165 € en BS, 195 € en HS. Lit suppl. : 15 €.
Wifi gratuit. Piscine. Garage.
–> Ouvert toute l'année.

Les Chambres d'Andréa

Une belle bourgeoise rebaptisée au nom de la jeune fille de la maison.

Stéphanie, originaire du village voisin, a acheté récemment cette maison de famille – depuis trois générations –, pour la transformer en demeure d'hôtes. Les volumes s'y prêtaient. Portes et volets ont été repeints en rouge éclatant. Les sols en carreaux de ciment aux tons de gris ont été conservés. Stéphanie y a assorti la couleur de ses murs où, au salon, une grande horloge rythme en douceur le temps... Celui de la paresse, pour le visiteur installé dans un rocking-chair un peu bohême ou sur le grand canapé en lin, qui fait face à la cheminée... Celui champêtre qui débouche sur le jardin... Celui plus sportif qui incite à quelques brasses dans la piscine... L'heure est à la convivialité pour une partie de pétanque ou pour un déjeuner de soleil, un dîner grâce à la cuisine d'été. Et puis vient le temps du repos, en haut de l'escalier aux tomettes de pays, qui dessert des chambres aux douces tonalités. Lampes de chevet aux bras articulés pour une chambre épurée à la blanche salle d'eau. Soleil noir, sièges pied-de-coq en harmonie et luminaires industriels pour l'une des suites, tandis que la seconde s'est posée, un étage au-dessus, sur un sol en parefeuilles laqué rouge, éclairée de lustres en céramique. Reste une chambre en rez-de-jardin bénéficiant d'une terrasse privative. Émaux nacrés et verdure à souhait...

Coup de cœur de l'auteur :

Le charme d'une maison douce entre ombres et lumières.

À voir, à faire :

Les chais de Noilly Prat. Promenade sur le canal du Midi (www.bateaux-du-soleil.fr). La villa gallo-romaine de Loupian (www.villa.culture.fr).

Plan p. 14, B3

Hérault

• Christine et Philippe Escrouzailles
30, rue Hérail – 34410 Serignan
Tél. 04 67 26 16 27
contact@domainedeslayres.com
www.domainedeslayres.com

• 3 chambres : 95-105 € selon la saison.
2 suites : 95-130 € selon le standing et la saison.
Lit d'appoint : 20 €.
Wifi gratuit. Piscine encadrée de mobilier multicolore. Vélos à disposition.

–> Ouvert toute l'année.

Le Domaine des Layres

Sur le chemin des « brigands ». Et pourtant...

S'il en a la chanson (puisque *layres* signifie « brigands »), il est loin d'en avoir le ton, cet ancien domaine viticole racheté par un couple d'authentiques héraultais. La maison traditionnelle du XIXe est flanquée d'une tour crénelée néo-médiévale, édifiée en 1913 à usage de réserve d'eau. Une fois la demeure rénovée, Philippe et Christine se sont sentis un peu perdus dans leur 500 m² pour deux. Comme ils avaient expérimenté avec plaisir la chambre d'hôtes, ils se sont dit qu'ils avaient trouvé la solution... Heureux d'accueillir à leur tour des hôtes dans une suite en rez-de-jardin, personnalisée par les suspensions de Pescatore, qui caressent de leurs douces lumières un lit rond recouvert d'un boutis aux losanges de couleurs tendres. Un poisson orange fait des bulles sur un tableau. Une grande gerbe de roseaux ponctue le sol béton. Juste au-dessus, la seconde suite s'est logée dans l'espace vidé de l'ancienne réserve d'eau. Esprit plus colonial sur fond de tonalités havane et tableau aux faux toreros. À l'étage, on trouve trois chambres. Rideaux bayadères rouge catalan, armoire en pin pour l'une, Art déco pour sa voisine, tandis qu'une troisième s'endort dans des nuances de gris sous des lustres argent. On prend un petit déjeuner de soleil en terrasse, close de végétation méditerranéenne, ou bien dans le cadre contemporain d'une salle où s'expose une collection d'affiches et de dédicaces de musiciens, de chanteurs qui ont leurs habitudes au domaine.

Coups de cœur de l'auteur :

Une demeure à la fois élégante, confortable, contemporaine et pleine de gaieté.

À voir, à faire :

Le théâtre de la Cigalière (www.lacigaliere.fr) tout proche, à l'excellente programmation. Le jardin « Rayonnant » de Buren à 40 min. à pied. Le restaurant Harmonie (www.lharmonie.fr). Le musée d'Art contemporain dans l'ancienne caserne. La plage à 3 km.

Mon Jardin en Ville

Plan p. 14, B3
Hérault

• Marie-Josée Épis
23, avenue de Palavas – 34070 Montpellier
Tél. 06 16 24 20 77
contact@monjardinenville.com
www.monjardinenville.com

• 1 chambre : 140 €. 2 suites : 160 €.
Lit suppl. : 35 €. Kitchenette commune et plancha à disposition. Piscine d'eau salée. Parking.

–> Ouvert toute l'année.

Juste ce qu'ils auraient aimé trouver... Marie-Josée, Montpelliéraine d'adoption et de cœur, après avoir beaucoup voyagé, cherchait une maison avec un jardin. Lorsque Marie-Josée et son mari, architecte, découvrirent ce lieu et son jardin aux arbres classés, il furent immédiatement séduits par le potentiel qui s'offrait à eux, malgré une demeure austère et fatiguée. Ils lui ont offert une extension contemporaine où logent désormais leurs hôtes. Chambres blanches, épurées, éclairées de lampes d'archi aux bulles indigo ou lampadaires métals... À vous de composer votre bouquet nocturne entre « Orchidée Papillon », au petit salon design équipé d'un canapé de cuir blanc, et « Tulipe Noire », aux rideaux argent et tête de lit velours perlée de nacre blanche. « Fleur de Lune », aux rideaux en ailes de libellules, accueille les familles grâce à sa seconde alcôve en mezzanine. Lampes fleurs et poufs blancs damassés.

À l'Ombre des Pins

Plan p. 14, B3
Hérault

• Jean-Luc Padovani
361, montée des Pierres-Blanches – 34200 Sète
Tél. 06 87 57 80 36
alombre@dbmail.com
www.alombredespins.com

• 2 chambres : 110 € en MS, 120 € en HS, 170 € les 2 nuits en BS.
Table d'hôtes l'été sur résa.
Wifi gratuit. Piscine.

–> Ouvert toute l'année.

En balcon sur le jardin et la piscine, plein cadre sur la Méditerranée, la maison édifiée par les parents de Jean-Luc dans les années 1960 est dédiée à ses artistes préférés... La « Chambre Matisse », hymne aux années 1950, expose ses trésors passionnément chinés – fauteuil style Bauhaus ou René Herbst – avec la complicité de Patrice Popu, fan de mobilier années 1930 et 1950. Y cohabitent un lampadaire en forme de héron et une table de chevet années 1930 de Jacques Adnet provenant de la succession de Suzy Solidor. Une nature morte aux poissons a été reproduite en fresque murale par Claire Aton dans la « Chambre Dufy ». Sur fond de gris, de jaune et touche vert d'eau, un tableau italien inspiré de De Chirico lui fait pendant, face à un vase aux oiseaux en terre de Louvières.

Plan p. 14, B3

Bouches-du-Rhône

• David Karoubi
46, rue des Petites-Maries
13001 Marseille
Tél. 09 54 32 74 37
contact@casa-ortega.com
www.casa-ortega.fr

• 5 chambres : 80-100 € selon le standing.
Wifi gratuit.

–> Ouvert toute l'année.

Casa Ortega

David adore l'Espagne, la corrida et la movida, le flamenco et le tango...

C'est une maison d'hôtes, à deux pas de la gare Saint-Charles, dans un quartier interlope qui bouge et dans un ancien bouge, dont David a conservé le vieil escalier en granito et la rampe aux céramiques rouge piment et coquille d'œuf. Il a recréé les cimaises d'origine, couleur charbon, qui se réveillent au fil des paliers aux tonalités rouge corrida, dévoilant des chambres en harmonie graphique, aux papiers peints anglais de Graham & Brown et Cole & Son, ici biseauté, là jaune maïs. Mobilier années 1940-1950, lampes d'architecte. Dans chacune, un bac lavabo en perspective et une petite salle d'eau assortie. Chez Ortega, les fixés sous verre, les beautés singulières des belles de Shanghaï, années 1940, cohabitent avec les toreros de la féria de Nîmes année 1989. « El Senor Juan » dispose d'une loggia avec vue sur les toits de Marseille et le Roucas en toile de fond. Mais qui était Juan Sébastiàn Ortega ? « Plus grand joueur de castagnettes de tous les temps et ardent ambassadeur de la ville de Marseille au temps où il séjournait ici en bonne compagnie... Picasso, Hemingway, Django Reinhardt auraient été de ses amis. Ce sont les portraits de ses ancêtres qui veillent sur la Casa et celui de sa dernière femme, rencontrée à Buenos-Aires, qui vous toise à l'accueil »... Moi, je penche plutôt pour une maison d'hôtes, qui ne porte pas son nom, dont l'histoire a été imaginée de toutes pièces par David. Je ne m'inquiète pas, certaine qu'au prochain ou à la prochaine journaliste qui passera par là sera servie une autre « authentique » biographie. Après tout, si ça lui plaît... N'empêche : Casa Ortega, super sympa !

Coup de cœur de l'auteur :

La chambre 21 tapissée d'une géométrie serpentine sur fond de murs rouge brique.

À voir, à faire :

Le Vieux-Port et la montée à Notre-Dame-de-la-Garde. La Canebière. Le quartier du Panier. Les Puces pour leur incroyable capharnaüm de mobilier vintage (130, chemin de la Madrague).

Plan p. 14, B3
Bouches-du-Rhône

• *64, rue de la Loubière*
13006 Marseille
Tél. 04 84 35 20 00
www.mamashelter.com

• *126 chambres : à partir de 79 € selon le standing et la saison. Lit suppl. dans les chambres « Family ».*
1 suite : 199 €.
Patio, restaurant sur place et bar apéro : plats 12-25 €. Brunch : 33 €.
Wifi gratuit. Vidéo à la demande gratuite.

—> Ouvert toute l'année.

Mama Shelter

La Mama agrandit la famille...

Après le galop d'essai et le succès du Mama Shelter Paris, le trio composé de Serge Trigano (ex-Club Med) et fils, Philippe Starck (designer qu'on ne présente plus) et Cyril Aouizerate (agitateur d'idées) ont exporté à Marseille leur concept de kibboutz urbain à la sauce « pagnolesque ». Pour preuve, le dictionnaire des expressions marseillaises qui tapissent l'ascenseur, et tous les symboles de la ville qui courent sur les moquettes. Le « marseillais » est encore plus réussi, à mon goût, que le « parisien ». Avec son patio à pastis, sa brochette de bouées en plastic fluo qui chapeaute le bar. Au restaurant drapé de rideaux de sardines, il faut goûter absolument aux hamburgers de ouf que j'ai savouré avec délice (habituellement, c'est plutôt l'inverse...), aux babas au rhum pantagruéliques. La quincaillerie est toujours suspendue, les cocottes sont toujours conviviales. Ce Mama-là est encore plus coloré, plus aéré. Avec le même principe de chambres design et épurées, posées sur lino à effet tags de parking, éclairées là encore par les frimousses de BD : Titi et Gros Minet en lampes de chantier. Les moins chères (79 €) sont sous les combles, mais inondées de lumière avec effet miroir qui agrandit l'espace. Coton, cocon et tout béton, travaillées haute technologie. Dans les suites, un canapé-lit dépliant permet d'accueillir deux enfants. En déco, paniers mexicains et résine lumineuse. C'est radieux, depuis les chambres jusqu' au patio équipé de chaises scoubidou avec, sur les murs la carte postale de Marseille mise en chopines...

Coup de cœur de l'auteur :

Une telle bonne idée ne pouvait que faire des petits. De nouveaux Mama Shelter ont vu le jour : à Lyon près du stade Gerland, à Istanbul sur les hauts de Galata, à Bordeaux et Los Angeles prévus pour 2014...

À voir, à faire :

La Cité radieuse de Le Corbusier (www.marseille-citeradieuse.org). Le GR 2013 qui traverse Marseille suivant le parcours architectural et muséographique de la Capitale européenne de la culture 2013.

Hôtel 96

Plan p. 14, B3

Bouches-du-Rhône

• Alice Denoix et William Racine
96, chemin de la Soude
13009 Marseille
Tél. 04 91 71 90 22
contact@hotel96.com
www.hotel96.com

• 10 chambres : 94-129 € selon la saison. 2 suites junior (4 pers.) : 114-139 €. 1 suite : 144-179 €.
Petit déjeuner : 12 €.
Wifi gratuit.
Salle des petits déjeuners en jardin d'hiver. Espace salon dans l'ancienne bibliothèque de la maison. Piscine dans la végétation.

—> Ouvert toute l'année.

Et que pénètre la lumière qui monte de la mer, escalade les rochers…

À l'origine, cette maison de famille était la conciergerie d'une propriété italienne, édifiée sur les anciens marécages des faubourgs de Marseille, à l'orée des calanques de Sormiou et de Morgiou. Alice et William, sœur et frère, y ont installé un petit hôtel. Déclinées en six thèmes, les dix chambres et les suites ont investi deux bâtiments contemporains. Dans la catégorie chambres de luxe, honneur à « Marseille », dont la carte de la ville expose sa topographie entre deux persiennes. Baie vitrée, sol et salle d'eau en béton avec lavabo en authentique pile de Cassis. Un ban de sardines navigue sur une mer rêvée. À l'identique de toutes celles en rez-de-jardin, la chambre dispose d'une terrasse. « Haute-Couture », lumineuse entre ses tapisseries aux robes esquissées, sa table de nuit broc, années 1930, et ses couvertures de magazines de mode, vogue dans un univers à la fois rétro et très actuel. Graphisme *seventies* en inclinaison de verts et d'oranges pour une belle « Rétro-Color ». Une « Grecque » en bleu, une « Marocaine » en mauve, accessible aux handicapés. La « Fer » se pique de fantaisie industrielle, qui ferraille sur son dallage oxydé, qui fait maille avec des silhouettes de monuments architecturés. La « Bois » s'affirme autour de son mobilier naturel, exposant sa récolte de bois flotté et bois de charpente, sous un lustre de branches entre un filet de pêche et un panier d'écorce. Avec vue sur les roches plongeant dans le bleu calanque de la Méditerranée.

Coups de cœur de l'auteur :

À la fois ludique, poétique et aéré…

À voir, à faire :

Randonnée sur le chemin des calanques.
Les îles du Frioul et le château d'If (www.frioul-if-express.com)

Plan p. 14, B3

Bouches-du-Rhône

• Alice Monnier et Bernard Coloma
Ancienne Voie Aurélia
13210 Saint-Rémy-de-Provence
Tél. 04 90 94 47 82
contact@mas-amarine.com
www.mas-amarine.com

• 3 chambres : 180-260 € selon la saison.
2 suites entre 260 et 360 €. Lit suppl. : 30 €.
Petit déjeuner : 20 €.
Demi-pension : + 85 €/pers.
Restaurant : au déjeuner, menus 29 et 35 € (sauf dim.), carte ; dîner à la carte.
Wifi gratuit. Piscine. Massages sur demande.

–> Fermé 15 janv.-1er mars.

Mas de l'Amarine

Alice, Bernard et leurs hôtes au pays des Merveilles…

Dans cet ancien mas agricole noyé dans le paysage des Alpilles, qui étale ses terrasses entre cyprès, lauriers et arbres de Judée, à deux pas de Saint-Rémy-de-Provence s'installa dans les années 1950 le peintre céramiste Roger Bezombes. C'est à lui que l'on doit nombre d'affiches créées pour Air France, qui émaillent les murs de la maison et puis, cette fantastique céramique qui fait tapis au salon, face à la cheminée structurée à partir d'une fenêtre à meneaux « empruntée » – il y a des lustres ! – au palais des Papes en Avignon. C'est cette céramique qui a fait craquer Alice, ancienne de l'École hôtelière de Lausanne, et Bernard, tous deux passés par de grandes maisons et autres demeures de charme fréquentées par la jet-set. Le couple, rompu donc aux pratiques de l'hôtellerie de qualité, a pris comme fil rouge cette céramique que voile désormais une draperie corail, pour recomposer le cadre de la demeure, cette fois bien à eux. Ni tout à fait hôtel, ni tout à fait maison d'hôtes. Même si trois chambres et deux suites hyper spacieuses, embellies de douces tonalités, dotées de grandes

terrasses, suffisent à son bonheur. Les chambres sont plus toniques, jouant de couleurs qui donnent du peps à leurs intimités : violet, rouge baiser ou orange à vif sur fond de tapis de sol flammé et brulé dans l'une d'entre elles. Alice qui est fan du vintage années 1950, 1960, 1970 a apporté un soin particulier aux luminaires de designers : grappes de boules, boule de tagliatelles, globes de verre, perles de méduse. Sur chaque lit, des plaids en cuir Hermès, dont les chutes ont servi à la maman d'Alice artiste elle aussi, pour imaginer de joyeux tableaux floraux piquetés d'yeux globuleux... La dame est tombée par hasard sur un stock d'yeux de poupées anciennes, qui lui ont donné l'idée de mobiles, éparpillés au restaurant en lieu et place des traditionnels bouquets de fleurs. D'autant qu'ils s'accordent à merveille à ces tables aux couleurs de Miró, en forme de haricots, modulables à souhait, où Bernard dépose ses créations gourmandes, renouvelées à chaque saison. À quatre mains, ils ont créé un univers féerique qui doit sans doute beaucoup au prénom de l'hôtesse des lieux : Alice !

Coup de cœur de l'auteur :

Un lieu...unique !

À voir, à faire :

Sur place, les soirées jazz tous les jeudis de mi-juin à fin août, bar à champagne et grignotages à la piscine ou restaurant à la carte en terrasse. À Saint-Rémy, les Antiques et le site archéologique de Glanum.
Randos dans les Alpilles (www.parc-alpilles.fr).

L'Hôtel Gounod

Plan p. 14, B3
Bouches-du-Rhône

• Igor Maurin
Place de la République
13210 Saint-Rémy-de-Provence
Tél. 04 90 9206 14
contact@hotel-gounod.com
www.hotel-gounod.com

• 30 chambres et suites : 140-230 € selon le standing et la saison. Petit déjeuner inclus. Wifi gratuit. Salon de thé jusqu'à 19 h. Massages sur résa. Piscine.

–> Fermé en nov. et janv.-mars. Se renseigner pour déc.

Le plus vieil hôtel de Saint-Rémy rend hommage au compositeur de l'*Ave Maria* et de la messe de Sainte-Cécile, qui y résida et y composa *Mireille*. Le provençal est revisité par le baroque. Il marie béton lissé avec candélabres allumés, mannequins aux collages saint-sulpiciens et statues de la Vierge et des saints, des sièges kitsch avec des moulures rococo, des glacis mauves et des rideaux moirés.

Le Sommeil des Fées

Plan p. 14, B3
Bouches-du-Rhône

• Adrien Ricard – 4, rue du 8-mai-1945
13210 Saint-Rémy-de-Provence
Tél. 04 90 92 17 66 ou 06 98 01 98 98
angesetfees@angesetfees-stremy.com
www.angesetfees-stremy.com

• 5 chambres : 59-79 € en BS, 68-94 € en HS selon le standing. Lit suppl. : 16 €. Restaurant : menu 28 €, carte. Wifi gratuit. TV. Climatisation.

–> Ouvert toute l'année.

… et la cuisine des Anges… Un restaurant-patio charmant du cœur de Saint-Rémy-de-Provence. Entre les toits, des coursives qui desservent de petites chambres aussi simples que raffinées, telle « Les Elfes » au boutis gris et salle d'eau gris-orangé. Mêmes tonalités pour la « Dame du Lac », plus mini mais très sympa sous son boutis framboise. « Mélusine » possède un ton de rouge profond. « Brocéliande », la plus spacieuse, s'est établie sous les toits. Boutis gris et coussins bronze. On se hisse par un escalier aux carreaux de ciment, on glisse sur un sol aux tomettes d'origine, on a à disposition une kitchenette et, en mezzanine, un salon de télévision. Ma préférée, c'est « Merlin », éclairée par deux fenêtres, allumée par un luminaire marocain, enjolivée de jolis cadres et vêtue d'un ravissant jeté de lit en patchwork rose et courtepointe aux roses.

Mas Lou Figoulon

Plan p. 14, B3

Bouches-du-Rhône

• Magdeleine Peybernes-Landrin
12, quartier des Jardins
13210 Saint-Rémy-de-Provence
Tél. 04 90 92 30 40
contact@mas.loufigoulon.comr
www.masloufigoulon.com

• 3 chambres : 80-90 € selon le standing.
Lit suppl. enfant : 30 €.

Cuisine réservée aux hôtes. Wifi gratuit.

–> Fermé de nov. à déc.

La petite route des jardins, qui musarde dans les Alpilles, débouche sur un mas élégant, au centre d'un immense jardin habité d'ifs, de cyprès, de palmiers, de lauriers. Ici, on cultive le style traditionnel. À l'image de la chambre « Garance ». La « Magnanerie », marquée au sceau de la Provence, prend ses aises au grenier. « La Belle Jardinière » a été ainsi baptisée en souvenir de la sœur du grand-père de la propriétaire, qui avait coutume de s'habiller en provençale et posa même pour une affiche lors d'une exposition sur le costume. Éclairée par un beau lustre de Murano, elle dispose d'un grand dressing-boudoir avec coiffeuse en miroir. Terrasse-barbecue, cuisine à dispo entièrement équipée et décorée « très Provence », avec sa collection de cigales et de pots à gras vernissés.

Côté Lourmarin

Plan p. 14, B3

Vaucluse

• Christine et Pascal Delatour
Impasse du Pont-du-Temple – 84160 Lourmarin
Tél. 06 09 16 91 80
cotelourmarin@gmail.com
www.cotelourmarin.fr

• 1 chambre : 155 €. 1 suite : 250 €. Lit suppl. : 35 €.
Brunch compris.
Wifi gratuit. Navettes aéroport-gare avec supplément et sur résa.

–> Ouvert toute l'année.

Christine a croisé la chance, un vendredi soir, sous forme d'une annonce immobilière, en Provence... Et, c'est ainsi qu'avec son mari, elle s'est retrouvée face à ce bel hôtel particulier du XVIIIe situé dans une impasse au cœur de Lourmarin. Bonnes entreprises, bons artisans... Christine a fait mentir Peter Mayle ! Désormais, dans la fraîcheur du grand salon, éclairé de hautes fenêtres, des canapés aux capitons Napoléon III invitent à paresser face à la cheminée. Une glace-loupe démultiplie l'espace. Les petits déjeuners sont servis dans la superbe cuisine typiquement Provence XVIIIe. Dans la « Suite Lourmarin », une ancienne porte sculptée fait office de tête de lit, auréolée par un ciel en toile à beurre, frangé de velours moiré. Deux bergères en lin, couleur amande, conversent face à la fenêtre. Une porte vitrée à l'ancienne dissimule une agréable salle de bains. Avec ses têtes de lit gothiques, taillées dans d'anciens paravents, la « Chambre Lavande », aux murs bleutés, est éclairée de chevets à chapeaux.

Plan p. 14, B3
Vaucluse

• Géraldine et Jérôme Thuillier
Cours Louis-Pasteur
84190 Beaumes-de-Venise
Tél. 04 90 62 75 49 et 07 87 13 85 35
contact@lamaisondesremparts.com
www.lamaisondesremparts.com

• 2 chambres et 3 suites : 160-220 € en BS selon le standing, 220-280 € en HS. 5 % de remise à partir de 7 nuits. Lit suppl. : 40 €.
Wifi gratuit. Terrasse et solarium. Piscine.
Vraie cuisine à dispo. Chef à domicile à partir de 20 €.
—> Ouvert toute l'année.

Les Remparts

Du glamour entre les murs...

Les Dentelles de Montmirail cisèlent le paysage face au Ventoux. Au cœur de Beaumes-de-Venise, Géraldine et Jérôme viennent de redonner corps et âme à une vieille demeure des XVe et XVIe siècles que les affres du temps avaient cachée aux passants. Avec une belle surprise à la clé : le chemin de ronde dévoilé, jusqu'alors occulté par un mur de brique intérieur, que se partagent aujourd'hui les chambres « Légende d'Orient » et « Secret de Brumes ». La première dissimule sa salle de bains derrière des portes indiennes. La seconde s'est installée dans le bel espace du grenier aux tonalités grisées. Si les tomettes provençales sont d'origine, comme tous les murs de la maison, le grand salon voûté, ouvert sur la cour, nous entraîne dans un glamour plus XVIIIe, revisité par les matériaux d'autrefois détournés. À l'exemple de cette grande table basse exécutée à partir d'une longue planche de porte presque fossilisée. Une atmosphère que l'on retrouve dans toutes les chambres et suites aux dénominations poétiques. Qu'il s'agisse de la douce « Perle de Coton », veillée sous les toits par un oiseau en cage, de « Terre de Safran » aux couleurs des ocres de Provence ou de la familiale « Évasion Ivoire » aux lanternes bouchonnées, escortée par une chambre d'enfants aux lits en fer brossé superposés, disposant d'une vaste terrasse surplombant la cour-jardin. Les Remparts ont soigné leur revers avec ce bassin-piscine à débordement, d'une élégance à l'italienne, à effet fontaine...

Coups de cœur de l'auteur :

Un lieu rare, à la fois historique et glamour, orchestré par Ludivine, efficace et attentionnée.

À voir, à faire :

La route des caves de côtes-du-rhône, les villages de Vacqueyras, Gigondas, Sablet, le village de santons de Séguret, Suzette. Les sentiers de randonnées des Dentelles de Montmirail.

Plan p. 14, B3
Vaucluse

• Aude et François Fabre
94, chemin de Roumèses
84260 Sarrians
Tél. 04 90 12 18 49 et 06 19 57 15 32
aucoindes figuiers@sfr.fr
www.aucoindesfiguiers.com

• 3 chambres : 80 €, 90 € en juil.-août.
Lit suppl. : 20 €.
Cuisine d'été.
Wifi gratuit.

–> Ouvert toute l'année.

Au Coin des Figuiers

Un style atelier à l'ombre des figuiers...

Mais aussi des platanes, du tilleul, en regard du potager, du verger qui alimente en fruits frais la table du petit déjeuner. Il y a aussi cette allée de pins délimitant la propriété face au long mur bétonné ponctué de bois flottés, qui sert de façade aux trois chambres d'hôtes aménagées par François et son épouse dans une ancienne ferme maraîchère. François aime les matériaux bruts. Aude est décoratrice. Ils ont combiné leurs goûts et leurs talents pour aménager leurs chambres dans un environnement de sols en bolon ou en ciment lissé, de meubles de récup relookés « *made in* fantaisie », comme cette vieille commode aux boutons rouge coccinelle, de pans de têtes de lit béton qui dissimulent les espaces salle de bains. Des sièges années 1950, une lampe industrielle accrochée à des branches, et puis des meubles de métier. Voilà pour la « N° 1 ». La « N° 2 » est pimentée de zestes d'orange, côté rideaux ou côté céramique face aux lavabos. La « N° 3 » a peint ses murs en ciment couleur nougat. Une glace s'est piquée d'une touche de groseille sur fond de béton assorti. La penderie est suspendue à des bois flottés et des panneaux de jute sont auréolés de feuilles de chêne imprimées au pochoir par Aude, tandis que le lavabo de la salle d'eau a été hissé sur une ancienne table de cuisine. Chaque chambre dispose d'une petite terrasse face à un mini-jardin de... côtes-du-rhône. François, ancien de l'automobile, ne regrette rien... Trouvant que les gens en vacances sont bien plus agréables que les gens en panne !

Coup de cœur de l'auteur :

Le petit côté bohème d'un mobilier industriel ou bricolé.

À voir, à faire :

Orange et son théâtre. Carpentras, le marché très animé du ven. matin.

Plan p. 14, B3

Vaucluse

• Réjane et Richard Mortreux
1, rue Pasteur – 84800 L'Isle-sur-la-Sorgue
Tél. 04 90 92 69 32 et 06 11 26 30 98
richard.mortreux@wanadoo.fr
www.leclosviolette.fr

• 4 chambres : 120-180 € selon le standing.
1 loft : 300 €. Lit suppl. : 50 €.
Wifi gratuit. Piscine en toute saison.

–> Ouvert toute l'année.

Le Clos Violette

Bourgeoise et coquine !...

Au temps des papes en Avignon, c'était en quelque sorte leur maison de campagne, dans laquelle les prélats venaient goûter la fraîcheur de la Sorgue en été. La demeure fut par la suite propriété d'une congrégation religieuse. D'ailleurs, en découvrant le mur de façade, ses nouveaux propriétaires ont mis à jour un tour, où on abandonnait les bébés. Depuis, qu'ils l'ont acquis, dans ce bel hôtel particulier, rassurez-vous, plus rien n'est à l'abandon ! Ni le grand jardin, ni les dépendances qui abritent un bassin-piscine intérieur chauffé, où l'on se baigne face à un tableau de Dimas Bontempo, un surréaliste brésilien. Entre ces murs séculaires, Richard et Réjane ont réinventé le style de la bourgeoisie du XVIIIe, recréant un salon aux superbes boiseries, avec piano à queue et beaux tableaux. L'escalier, et même un ascenseur, conduisent aux chambres, comme cette surprenante « Nomade » très retour des colonies, avec force malle, pierre de Bouddha, croco, œuf d'Éthiopie et lit monté sur boules de bois. « Le Loft », immensément blanc avec sa salle de bains en mezzanine et sol transparent, équipée de lavabos éclairés par des pieuvres de perles, s'échappe en terrasse sur les toits. A contrario, la « Sarah Bernhardt » a été imaginée à partir d'un décor de théâtre. Les portes s'ouvrent sur une salle de bains aux vasques en galuchat ornées de volumineux coquillages et flacons à parfums. Le plus étonnant, c'est la salle de bains de « Marquis de Sade » avec ses études coquines pour lesbiennes : la dame qui a mal aux pieds, celle qui a la migraine, etc. Et puis, les petits coins qui affiche le menu d'une fille de joie du XIXe, ainsi que le prix d'amour de mademoiselle de la Pompe, avec gâteries... tarifées !

Coup de cœur de l'auteur :

Le petit côté délicieusement suranné de bourgeoisie désembourgeoisée !

À voir, à faire :

La vieille ville et la collégiale Notre-Dame-des-Anges. Une balade autour de l'Isle et de ses quatorze roues à aube. Les antiquaires évidemment...

Plan p. 14, B3
Vaucluse

• *Carole et Joël Gayet*
11, rue Denfert-Rochereau
84800 L'Isle-sur-la-Sorgue
Tél. 04 90 20 81 51 et 06 38 28 83 43
contact@lacarolisle.com
www.lacarolisle.com

• *1 chambres, 1 suite et 1 loft : 150-200 € en BS, 200-240 € en MS, 250-290 € en HS. Réduction de 10 % à partir du 5e jour. Lit suppl. : 50 €. Wifi gratuit. Espace bien-être. Massage sur résa. : 42 €/30 min., 70 €/1h. Piscine intérieure chauffée. Parking privé sécurisé sur résa. (15 €/j.)*

–> Ouvert toute l'année.

La Carol'isle

Parce que… Carole !

Qui, jadis, avait créé dans un ancien prieuré les plus belles chambres d'hôtes en Vaucluse… Carole habite désormais au cœur de l'Isle. Carole aime les grands volumes, le mobilier et les objets surdimensionnés, des verres aux rideaux, des lustres aux bibelots. Dans cette demeure de ville, elle n'a pas hésité à maintenir un patio avec fontaine en amputant la cour de moitié, pour créer un immense jardin d'hiver avec séjour, salle à manger et cave vitrée posée sur un tapis de graviers. Elle a compensé l'espace extérieur perdu par une longue terrasse suspendue, plantée d'oliviers qui affichent une belle quarantaine d'années ! Sols en pierre, murs blanchis à la chaux, les oliviers ont donné leur nom à la suite de 60 m² au ton de blanc et de ciment. Tout y est apaisant. Tempo blanc sous poutres grisées pour le loft de l'étage, où le lit s'appuie sur un pan, couleur de cuir rouge. Bac ciment et douche à l'italienne en travertin. Au couchant, on grimpe sur la petite terrasse privative, en plongée sur les oliviers. Une indienne pastel couvre le lit de la « Chambre aux Deux Terrasses ». Entre les tuiles romanes, pleine vue sur le Ventoux, les monts du Vaucluse et du Luberon, plein cadre sur la collégiale voisine. Il y a aussi cette extraordinaire piscine intérieure surélevée et chauffée. Aquabike, double nage à contre-courant face à un écran de TV. Et, si on se faisait une toile en nageant ?

Coups de cœur de l'auteur :
L'espace, l'innovation.

À voir, à faire :
Descente de la Sorgue en canoë (www.canoevaucluse.com). La fontaine de Vaucluse. Gordes.

Plan p. 14, B3

Vaucluse

• Yves de Montigny
9, rue Denfer-Rochereau – 84800 L'Isle-sur-la-Sorgue
Tél. 04 32 61 07 95 et 06 88 87 32 26
info@maisonartishow.com
www.maisonartishow.com

• 4 chambres : 260-320 € en BS, 620-400 € en HS, selon le standing. Lit suppl. : 50 €. Lit bébé gratuit. La réception des hôtes est assurée par Isabelle qui gère la demeure. Possibilité de plateaux-repas. Wifi gratuit. Terrasse. Jacuzzi. Massage sur résa. Piscine chauffée avec nage à contre-courant. Visite guidée de la région : 50 €/h. Parking privé : 20 €/nuit.

–> Ouvert toute l'année.

Artishow

Coups de cœur de l'auteur :

Explorer Artishow est un voyage en soi ! Et puis dormir dans un berceau d'œuvres d'art, se réveiller avec, en prime, un solarium avec Jacuzzi sur le toit, avec vue sur la Provence qu'on embrasse à la ronde.

À voir, à faire :

Savez-vous comment se nomme un collectionneur de boules d'escalier ? C'est un scalaglobuphile ! Et quand vous en aurez fini avec la collection d'œuvres d'Yves, il y aura toutes celles des antiquaires de la cité à découvrir...

Vingt ans d'art à New-York, ça laisse des traces...

Même s'il concéda un clin d'œil à sa Bretagne natale en choisissant le nom de sa nouvelle maison, c'est la Provence qui retint l'attention d'Yves après un long séjour américain. C'est ainsi qu'il jeta l'ancre sur un bras de la Sorgue qui cascade sous le balcon de cette demeure du XVe. Dans ces pièces grandes et sombres, Yves a d'abord créé un puits de lumière, installé une piscine chauffée, deux tiers intérieure et un tiers extérieure, et puis une véritable galerie d'art intégrant toute la demeure. Depuis la cour jusqu'à la cuisine, en passant par l'enfilade des salons, c'est un festival de couleurs voilées de rideaux argent, dévoilant ses trésors à chaque pas, comme cette majestueuse tête de cerf, ce funambule animé de Pablo Pares, cette fantastique collection de boules d'escalier. Grimpons-le justement pour découvrir la suite « Prével », du nom d'un ami peintre qui fit découvrir à Yves la Provence et dont les toiles ornent les murs du salon autour d'une table années 1980 et d'une armoire chinoise. La vaste chambre, en concordance avec « l'éternelle errance du regard de l'artiste », mixe mobilier ancien et contemporain, et même art africain jusque dans la salle de bains. Une authentique lithographie signe la suite « Vasarely », installée sur un sol en céramiques blanches pour que puissent s'exprimer toute la fantaisie et les couleurs du maître de l'art cinétique. Peinture de la Sainte-Victoire, magnifiquement interprétée par Tony Ramos, dans la chambre « Cézanne ». « Mondrian » est raccord avec les couleurs primaires et la géométrie de l'artiste, illuminée par les lumières du pont de Brooklyn et ponctuée de chevets signés Piero Fornasetti. Un concept très abouti dans lequel Yves n'a pas hésité à glisser quelques œuvres d'artistes locaux. Chapeau l'artiste !

Plan p. 14, B3

Vaucluse

• Claude Loubet
Route d'Apt – 84160 Lourmarin
Tél. 04 90 75 98 52
reservation@legalinier.com
www.bastidedugalinier.com

• 4 gîtes. « Loft Rouge » (2 pers.) : 800-1 850 €/sem. selon la saison. « Fenière » et « Galinier » (6 pers.) : 2 000-3 400 €/sem. « Maison du Chef » (6 pers.) : 2 300-3 900 €/sem. selon la saison.
Linge et ménage inclus.
Pool house avec cuisine et salle à manger d'été. Service traiteur sur demande. Massages. Baby-sitting. Piscine chauffée. Parc de 6 ha. Cours de cuisine. Centre équestre à 200 m.

–> Ouvert toute l'année.

Le Galinier de Lourmarin

Une aristocratie provençale…

Mlle Guelpa-Veyrat, qu'on appréciait déjà virevoltant dans ses jupons au chalet de la Croix-Fry à Manigod, devenue Mme Loubet, épouse du chef réputé du Domaine de Capelongue à Bonnieux, troque, au gré des saisons, tenues savoyardes contre look provençal. Isabelle, restée elle-même, n'en finit pas de nous épater, partageant sa vie d'épouse, de jeune maman et de chef d'entreprise(s) entre montagnes des Aravis et champs de lavandes au pays de Bosco. En son nouveau domaine, nourri de soleil, habitèrent jadis des gens, sans doute moitié princes, moitié paysans. De ce lieu à l'aristocratie à peine fanée, Isabelle et Édouard ont fait un lieu d'art de vivre composé de quatre gîtes, qui peuvent être loués en totalité. Tout l'art était de transformer la bastide en demeure d'aujourd'hui, la fenière et l'écurie en lofts contemporains, le *galoubet* en appartement dans l'air du temps. Alors, les Loubet ont fait leur petite révolution de palais sur tous les paliers… À grands traits d'acier, de béton ciré, couleur mortier, beige, aubergine… À grands coups de mobilier contemporain, de baroque italien, de sièges africains, de vieux projos réhabilités, de tapis en détritus de cuirs, de cuirs améthyste ou rouge incandescent. Les canapés cargo en velours anthracite, les lins froissés, les bleus tendres, les vert amande, les tons de taupe, de sauge et de fenouil tempèrent le tourbillon des couleurs que l'on retrouve au jardin, autour de la piscine ouverte sur les monts du Luberon.

Coups de cœur de l'auteur :

Le charme de l'authenticité d'une demeure racée liée à l'art de vivre d'aujourd'hui. Un havre de calme au cœur d'un des villages les plus courus du Luberon.

À voir, à faire :

Le château de Lourmarin (www.chateau-de-lourmarin.com). Le musée de la Boulangerie à Bonnieux, celui du Tir-Bouchon à Ménerbes.

Plan p. 14, B3-C3
Vaucluse

• Nathalie et Jean-Bernard Masset
66, faubourg du Ballet – 84400 Apt
Tél. 06 86 73 39 32
nathalie.masset@club-internet.fr
www.lamadone.net

• 5 gîtes (2-4 pers.) : 100 €/nuit, 300 €/w.-e., 500-900 €/sem. selon la saison.
Linge et ménage inclus.
Un autre gîte, plus spacieux, avec jardin privatif, situé dans le plus ancien hôtel particulier d'Apt : mêmes tarifs pour la nuit, 600-100 €/sem. selon la saison.
Wifi gratuit.

–> Ouvert toute l'année.

La Madone

Coups de cœur de l'auteur :

Tout est exquis ! Même le prix...

À voir, à faire :

Découvrir le vieux quartier d'Apt. Une escapade à Lourmarin pour la boutique de Jean-Bernard. Tous les villages du Luberon pour des randonnées à la fois patrimoniales, culturelles et gourmandes.

Majestueuse et bohême...

Trônant dans sa niche, depuis le XIXe siècle, au faîte de cette vaste demeure bourgeoise de l'ancien quartier des confiseurs, édifiée par une riche famille religieuse. À ses pieds, une jolie marquise ouvragée en zinc coiffe la superbe verrière d'un jardin d'hiver ouvert, enlacée de lierre et de roses. En face, une piscine ponctuée de cyprès au milieu d'un jardin sauvage. Jean-Bernard et Nathalie sont antiquaires. Ces deux-là font la paire, qui se sont connus au CP, se sont reconnus au temps des premières boums de l'adolescence et ne se sont plus quittés. Et, c'est ainsi qu'ils ont composé à La Madone leur cadre de vie à la mesure de leur passion professionnelle, tout en le faisant partager à des hôtes de passage. Leurs gîtes, qui peuvent être proposés à la nuitée, sont un peu le showroom de tous les trésors de Jean-Bernard, mis en scène par Nathalie... Au gîte « Baroque », on s'endort sous un ciel de lit au drapé en Jouy rose enveloppant deux lits Louis XVI cannés, assortis à une table aux pieds galbés. Le « Contemporain », posé sur une moquette violette, a été magistralement orchestré autour d'une grande toile en grisaille, décor de photographe 1900, et de draps en lin brodés, qui emmitouflent tout, depuis les canapés jusqu'aux cache-pots, s'exposent en tombés de rideaux. Le « Lin » drape un décor de bois naturel. Au « Chanvre », on a entièrement démonté, puis remonté la cuisine du rez-de-chaussée avec son potager et ses portes de mangeadou. Derrière les persiennes couleur lavande se dévoile la chambre aux chandeliers suspendus. Les lumières diffuses enchantent les petites tables de nuit Napoléon III, les anciens rideaux de château au style très Marie-Antoinette. Entre boiseries patinées et mises en scène maîtrisées, une Madone au charme fou, à la fois tendance et surannée !

Plan p. 14, B3-C3

Vaucluse

• Patrizia et Olivier Massart
Les Andéols
84490 Saint-Saturnin-lès-Apt
Tél. 04 90 75 50 63
info@andeols.com – www.andeols.com

• 10 maisons (2 pers.) : à partir de 230 € en BS, 550 € en HS. Lit suppl. : 90 €, enfant 60 €.
Petit déjeuner : 25 €.
Restaurant gastronomique avec carte élaborée par Guy Martin. En été : restaurant dans un platane multicentenaire : 45 €.
Wifi gratuit. Spa. Piscine. Immense domaine planté de vigne et d'oliviers.

–> Ouvert toute l'année.

Le Mas des Andéols

Dormir et voyager autour de l'art…

Tel fut le projet ambitieux concocté par Patrizia et Olivier Massart, amateurs et passionnés d'art autour d'un fantastique domaine familial. Venus de l'univers de la mode et de l'événementiel, ils étaient si attachés à ce territoire d'enfance qu'ils l'ont métamorphosé avec des œuvres contemporaines, admirées mais aussi aimées… Qu'ils ont essaimées au fil de la dizaine de maisons ouvertes aux hôtes, pour un partage esthétique dans lequel cohabitent art, cultures et sentiments… À l'image de cette œuvre d'un grand sculpteur à laquelle s'appuya le fils de la maison, encore bébé, lorsqu'il fit ses premiers pas. Au-delà d'une valeur sonnante et trébuchante entre les œuvres et les Massart, il y a d'abord l'affectif qui s'exprime… Chaque maison est le fruit d'une belle rencontre entre les artistes et le couple. Que l'on se love dans la « Maison des Amoureux », que l'on s'emballe du design librement consenti de la « Maison Rouge » ou plus minimaliste de la « Maison des Lointains », chaque *home* est un havre pour rêver son voyage. À plus forte raison, dans la « Maison du Voyageur », ethnique et atypique, composée à partir des clichés de Peter Beard. Bleu cobalt ou blanc mystique, libertine et culottée comme la « Maison des Terrasses », « Maison d'un Jour » ou « Maison de Toujours », chaque univers rayonne sous le ciel de Provence avec les monts du Luberon qui moutonnent sur l'horizon…

Coups de cœur de l'auteur :

Un lieu unique, un accueil délicieux, une cuisine raffinée.

À voir, à faire :

Les ocres de Roussillon. Le colorado de Rustrel. Le rétable de Goult. L'art contemporain africain à la fondation Blachère à Apt (www.fondationblachere.org).

Plan p. 15, C3

Var

• Herminie Vatelot
Avenue des Anthémis
83240 Cavalaire-sur-Mer
Tél. 06 75 50 72 58
chateaudesable83@wanadoo.fr
www.chateaudesable.net

• 6 chambres : 250-300 € en BS, 350-400 € en HS selon le standing. Lit suppl. gratuit.
Petit déjeuner : 20 €, offert sur présentation de ce guide. Tea time offert de 16h30 à 18h.
Table d'hôtes le soir : 45 €.
Wifi gratuit. Massage sur demande.
Terrain de pétanque.

–> Fermé de mi-oct. à Pâques.

Le Château de Sable

Les vagues de la Méditerranée trottinent en rangs serrés vers la plage...

Herminie a succédé à France, sa grand-mère, qui avait édifié ce beau « château » sur le sable de Cavalaire... Un peu pour sa famille ancrée au pays depuis des lustres, beaucoup pour ses hôtes, enchantés par le privilège rare d'un accès direct à la plage. Depuis, les années ont passé et France s'est effacée après avoir transmis le flambeau pour un repos bien mérité. Épaulée par sa maman Stéphanie, Herminie a revu le Château de Sable, toujours dans un esprit cabanon chic mais avec plus de confort et de légèreté, davantage d'espace. Des cloisons ont été abattues. Elles ont ouvert le salon sur le jardin, repositionné au maximum les lits face à la mer. Plaids en lin gris, rose, ardoise, jaune soleil. Avec toujours cette particularité de têtes de lit en cuir ou en planches de grange importées du Canada, de tables imaginées par Mathilde Labrouche à partir de bois lessivés, illustrées de poissons, langoustes et crustacés, de décors bricolés avec des filets de pêche, des bouées multicolores en bois flottés. Un petit mobilier chinois, des abats-jours à pois pimentent ici et là cet univers de marine provençale. On peut prendre son petit déjeuner sur le balcon de sa chambre ou bien en terrasse au jardin qui, nouveauté, à certaines heures est sans barrière avec la mer... Pour une communion directe avec la Méditerranée !

Coups de cœur de l'auteur :

Un luxe unique : le jardin en accès direct avec la plage, les chambres vue sur la mer à quelques mètres.

À voir, à faire :

Saint-Tropez, à 20 min.
Randonnée sur le sentier du Fenouillet.

Plan p. 15, C2

Hautes-Alpes

*• Allée des Petits-Plans
Chantemerle
05330 Saint-Chaffrey-Serre-Chevalier
Tél. 04 92 24 01 89
www.hotel-alphand-labalme.com*

*• 15 chambres : 100-160 € selon la saison.
5 suites : 160-200 €, 240-300 € pour 4 pers.
Petit déjeuner buffet : 10 €.
Wifi gratuit.*

–> Fermé de fin avr. à fin juin et de début sept. à mi-déc.

Hôtel La Balme-Alphand

Une histoire qui continue dans le sillage d'une famille de champions...

C'est là qu'a grandi Luc Alphand, presque en face de la piste qui désormais porte don nom. Et c'est Anna-Karin, son épouse, venue de Suède, rencontrée à Serre-Che alors qu'elle était jeune fille au pair, un jour de ski où des amis communs leur avaient « posé un lapin », qui a repris le petit hôtel familial. Propriété de Josiane et Aimé, les parents de Luc, – dont la cheminée a été pieusement conservée –, il avait été abandonné pendant dix ans à des Anglais. Plus très aux normes... Un jour, il a fallu prendre une décision. Le relouer ? Bof... Beaucoup de complications... Alors, Anna-Karin est « allée au charbon », parce que c'était la meilleure solution. Puis, dès que la décision a été prise, tout schuss, à l'exemple de son champion de mari, elle y est allée à fond. Est venu le plaisir, puis la passion d'un métier nouveau pour elle. L'hôtel a été revu de fond en combles. Derrière ses rideaux de cristaux de neige, qu'on aimerait aussi voir pleuvoir, côté façade, la réception a été relookée en bois blond, poufs en racines, mobilier nature et contemporain. Un ascenseur a été installé, qui dessert les chambres sur deux étages. Toutes conçues dans un style épuré, emprunté aux ambiances scandinaves, familières à la jeune femme, avec de douces tonalités de blanc-beige. L'ancienne chambre de Luc a été reconvertie en bar convivial, où, assis sur des poufs en peau, on peut suivre sur écran géant les exploits des descendants de Luc Alphand et pourquoi pas, rapidement, ceux de leur fille, Estelle, prête à relever le défi de papa !

Coup de cœur de l'auteur :

À la fois fun et apaisant.

À voir, à faire :

Tout le domaine skiable de Serre-Chevalier (www.serre-chevalier.com) en hiver. Randonnées VTT en vallée de la Guisane en été. Un lac biotope à Chantemerle. La chapelle Saint-Arnould et ses peintures xve. La filature Longo Maï, dernière filature qui fonctionne grâce au courant de la Guisane.

Plan p. 15, C2

Hautes-Alpes

• Famille Bonnaffoux
4, rue Centrale
05100 Briançon
Tél. 04 92 21 10 37
hotel-de-la-chaussee@wanadoo.fr
www.hotel-de-la-chaussee.com

• 15 chambres :70-85 € selon le standing et la saison. Demi-pension : à partir de 70 €/j./pers. Lit suppl. : 15 €. Petit déjeuner : 9,50 €. Restaurant : menus 18-50 €. Wifi gratuit. Parking : 2,50 €.

–> Fermé 20 avr.-8 mai et 20 oct.-8 nov.

Hôtel de la Chaussée

Raymond : 6ᵉ génération d'hôteliers passionnés…

Chez les Bonnaffoux, l'hôtellerie, c'est une histoire de famille depuis… 1892. Depuis Alexandrine, qui créa l'établissement tenu aujourd'hui par Jean-Joseph, Marie-Ange et leur fils Raymond qui a tout revu sur trois étages, des planchers aux plafonds. D'abord, l'œil est attiré, depuis la chaussée, par deux vitrines décorées en fonction des saisons. À Noël, c'est la forêt enchantée sur fond de neige et de cervidés, de nounours et de pommes de pin enguirlandés de lumière. À Pâques : petits lapins, nids et cloches hantent le décor. On pousse la porte et l'on découvre deux salles de restaurant. L'une : bistrot de pays, sous un plafond de chaudrons en cuivre, face à un comptoir garni de bibelots mercurisés. L'autre : tissus Pierre Frey, couleur sépia, du plus bel effet. Nappes, sets de table et rideaux en total look qui collent à merveille à l'établissement, lequel réinvente son passé sans le dénaturer. De la même façon, les chambres ont été réaménagées par Raymond dans un esprit montagne. Les vieux planchers en pin tapissent les murs. D'antiques mangeoires et établis de récupération, des portes-fenêtres décapées, rescapées d'une démolition, habitent les espaces. Entre lits clos et vieux outils, mais pas trop, pétrin quand il est beau, table à couper les choux et objets d'art populaire, l'hôtel possède autant de caractère que de confort pour vous retenir au pied de la célèbre citadelle Vauban.

Coup de cœur de l'auteur :

Le bois, l'art populaire magnifiquement remis en scène.

À voir, à faire :

Visiter la vieille ville, la collégiale du XVIIIᵉ siècle, la maison des Templiers. Relire Une Soupe aux herbes sauvages *d'Émilie Carles (éd. Poche).*

Plan p. 15, C3

Alpes-de-Haute-Provence

• Géraldine Manivet
Rue René-Cassin – 04500 Riez
Tél. 04 92 72 29 24 et 06 18 29 39 02
contact@hoteldescolonnes-riez.fr
www.hoteldescolonnes-riez.fr

• 2 chambres : 80 et 100 €. 1 suite : 120 € pour 2 pers., 160 € pour 4 pers. Lit suppl. : 20 €. Table d'hôtes (4 pers. min.) : 30 €, vin compris. En été : « apéro-dinette » : 20 €. Wifi gratuit. Brocante.

–> Fermé fin nov.-début avr.

Hôtel Les Colonnes

Une atmosphère à la « Hussard sur le toit »...

À proximité des gorges du Verdon, une halte incontournable chez Géraldine qui a racheté ce bel hôtel particulier au noble escalier fin XVIIe, qu'on dit au pays avoir appartenu à la comtesse Grimaldi. D'hôtel particulier, le bâtiment était devenu hôtel tout court pendant un siècle, avant d'être abandonné en 1970. De retour après dix ans en Australie, Géraldine souhaitait poser ses bagages en Provence. Le propriétaire ne souhaitait vendre qu'à elle. Alors... Elle a d'abord créé une brocante sous les passages du rez-de-chaussée, qui a peu à peu grapillé l'espace d'un jardin foldingue, où tout s'embroussaille jusqu'aux tables du petit déjeuner dressées sous la tonnelle. Comme sur la façade il était écrit « Hôtel », tout le monde lui demandait des chambres... Géraldine en a créé trois dont une établie sur les tomettes provençales d'origine, réchauffées de tapis ficelle. Belle perspective, depuis la cheminée perlée de menus objets jusqu'au lit pour « Rêver ». On se glisse avec délice sous ses boutis mauve et ses duvets matelassés. Une chambre pour enfants en dégradés de pastels lui fait suite, éclairée par des appliques réalisées à partir de planches d'imprimerie de soyeux lyonnais. Lit coquille XIXe, mobilier de broc et cabinet de toilette de soubrette pour la suivante. La troisième nous reçoit sous un soleil d'église. Bénie par la Vierge Marie, le sommeil se pose sur fond de lit aux couleurs de fonds marins entre bondieuseries et cabinet de curiosités. Alléluia!...

Coups de cœur de l'auteur :

Le grand salon avec sa cheminée aux gypseries ciselées, peuplée d'animaux empaillés, dont une antilope récoltée dans une décharge, et puis un renard, des faisans, un écureuil, une chouette, un blaireau récupérés d'une ancienne école pour aveugles.

À voir, à faire :

La fête de la Transhumance en juin, quand 2 000 moutons traversent le village pour monter aux alpages. Les champs de lavande du plateau de Valensole en juin-juil. Les gorges du Verdon. (www.lesgorgesduverdon.fr)

La Bouscatière

Plan p. 15, C3

Alpes-de-Haute-Provence

*• Virginie et Boubou
Chemin Marcel-Provence
04360 Moustiers-Sainte-Marie
Tél. 04 92 74 67 67
reservations@labouscatiere.com
www.labouscatiere.com*

*• 2 chambres : 140 et 190 €. 2 suites : 195 et 230 €. Restaurant : menu midi 19 €, menu 24 € et carte 20-25 €/plat le soir.
Wifi gratuit. Hammam, Jacuzzi, sauna dans l'ancienne chapelle des Pénitents Gris. Soins et modelage sur résa.*

*–> Ouvert toute l'année.
Restaurant ouvert Pâques-fin sept.*

Quand deux oiseaux des îles font leur nid sous une étoile...

Celle de Moustiers-Sainte-Marie tendue entre les deux versants d'un canyon... Comme tous les visiteurs, Boubou et Virginie ont sacrifié un jour à la grimpette, qui consiste à aller faire ses dévotions à Notre-Dame de Beauvoir. En contrebas, un jardin dans l'échancrure des rochers... Ça avait l'air d'un restaurant ? Ils s'y sont attablés. À tout hasard, ont demandé s'il était à vendre... Banco !!! Entre bassin et terrasses en restanques, entre les ifs et la végétation, le décor du resto a été illico-presto réaménagé à leur façon dans une atmosphère décontractée avec bar ouvert et tables d'été sous parasols balinais. La maison qui fait corps avec la roche possédait des chambres d'hôtes. Ne restait plus qu'à suivre les penchants bohêmes et métissés de Boubou, pour recomposer le décor avec un mobilier ethnique rapporté de voyages, qui a trouvé sa place sur les tomettes provençales d'origine. Un escalier en colimaçon, qui se déhanche, distribue les étages. La chambre « Lula » est installée dans l'ancienne cuisine du faïencier. Elle a conservé sa hotte et ses Salernes couleur châtaigne. Tons de rose fanée pour l'une, de bleu-gris pour une autre. « Ambre », aux patines couleur d'or et de fumée, s'embourgeoise autour de sa cheminée aux moulures de plâtre, se déracine au regard de ses chapeaux de rizières. Lueurs fauves, bois de liane et parfums de savane pour « Roman », qui voyage de l'ancienne Abyssinie à Zanzibar, cultivant un brin d'atmosphère littéraire, entre Marguerite Duras et Henry de Montfreid. Franchement, à la nuit tombée, entre les rochers, on se croirait dans un décor de James Bond !

Coups de cœur de l'auteur :

La chambre Roman avec sa mini-terrasse sur le village dans une excavation de la roche. Un parfum d'ailleurs...

À voir, à faire :

*Une grimpette à Notre-Dame de Beauvoir.
Un plongeon dans le lac de Sainte-Croix.
Paresser aux terrasses de Moustiers.*

Plan p. 15, C3

Alpes-Maritimes

• Alexandra et Alain Dupoux
12, rue Docteur-Dautheville
06160 Juan-les-Pins
Tél. 04 93 61 31 34
info@hotelmademoisellejuan.com
www.hotelmademoiselle.com

• 14 chambres : 100-220 € selon le standing et la saison.
Petit déjeuner : 14 €.
Wifi gratuit.

–> Fermé 1er déc.-15 janv.

Hôtel Mademoiselle

Fantaisie girly pour des nuits gourmandes…

Dans la seule rue piétonne de Juan-les-Pins, située entre plages et pinède. C'est un petit hôtel de charme à l'esprit de maison d'hôtes ouvert en mai 2012, où le rouge illumine des espaces intimes et *fashion victims,* qui marient design chaleureux, touches baroques et clins d'œil *girly.* Passé le puits de lumière sous la verrière multicolore qui domine l'escalier intérieur, les quatorze chambres aux identités différentes, conçues par Alexandra et Alain Dupoux, se répartissent à l'étage. Murs fleuris ou exotiques, univers de relais de chasse anglais, espace doré bling-bling ou déco infantile et rêveuse, l'univers de Mademoiselle cherche à surprendre et reste tendrement lié à l'enfance. Peluches, poupées, jouets vintage et petites cloches sur pieds avec biscuits maison se faufilent jusqu'au jardin clos, qui pointe le bout de ses parasols japonisant rose fuschia sur un parterre en bois clair, avec quelques lattes en couleur, car ici la fantaisie est partout. Là un buste de chevreuil qui porte un collier, ailleurs des stickers à messages adressés aux clients, cette adresse *arty,* glamour et *trendy* se démarque aussi par l'humour. Mademoiselle a tout pour plaire…

Coup de cœur de l'auteur :

L'espace salon de thé proposé en fin de semaine de 14h à 19h, avec un choix de douceurs maison, confectionnées à partir de produits naturels et bio.

À voir, à faire :

Le Festival du jazz (www. jazzajuan.com) en juil., pour nicher dans des lieux en accord avec la musique. Balade au Fort-Carré à Antibes.

Plan p. 15, C3
Alpes-Maritimes

• Route du Télésiège
06420 La Colmiane
Tél. 04 93 03 00 00
info@greenecolodge.com
www.greenecolodge.com

• 6 chambres : 100-190 € selon le standing et la saison, gratuit pour les moins de 7 ans. Lit suppl. : 25 €. Petit déjeuner : 15 €, 20 € en chambre. Demi-pension (repas bio) : supplément de 40 €/pers., 10 € pour les 7-14 ans. Restaurant : formule 19,50 €, menu 25 €. Wifi gratuit. Accès privé au spa : 20 €/1 h par chambre. Modelage suédois sur résa. : 45 €/30 min., 80 /1 h.

–> Ouvert toute l'année.

Green Ecolodge

Coups de cœur de l'auteur :
Unique, imaginatif, féerique ! L 'écologie au sommet quand elle sait être de toute beauté !

À voir, à faire :
Qu'attendez-vous pour chausser les spatules ou pratiquer le VTT en été ? Le Parc national du Mercantour (www.mercantour.eu) attend pour de superbes randonnées.

Au plus près de la nature et de la récup !...

Un concept hors normes, concocté à quatre mains par l'Iranien Kavous et son épouse lettonienne, Eva, qui se sont rencontrés sur la Côte d'Azur. Écologique à tous les degrés ! Ici, aucun meuble, aucun objet n'a été acheté. Tout a été récupéré. À commencer par les bois de caisses qui, assemblés en briques, constituent l'ossature de la cheminée du restaurant, la tête de lit la plus imaginative de l'hôtel. Explosion de palettes et de bois flottés qui se déhanchent, s'enlacent, s'embrassent au fil des escaliers, en support de mezzanines, de tables ou de bureaux. Ici, une corne récupérée ponctue une rampe, une scie enfoncée dans le bois sert de poignée de porte. Là, une ancienne friteuse en acier galvanisé, de socle à une grande casserole étamée reconvertie en lavabo. Dans cet univers où les bois, les sources et les mousses chantent leur ode à l'écologie, les tables sont taillées dans des troncs d'arbres, les vasques des salles d'eau dans des racines. La cuisine, les lits sont bio, les toilettes japonaises à récupération d'eau.

La mOma

Une bohême qui fait chambres à part... Cet ancien hôtel particulier Belle Époque transformé en maison d'artistes adresse un drôle de clin d'œil au MOMA de New-York ! Il abrite les ateliers des artistes niçois Valérie Arboireau et Peter Larsen et deux chambres d'hôtes à l'esprit bohême, l'une aux murs bleu Klein avec estrade en mezzanine, l'autre plus intime connotée Jazzy et années 1970. Entre les deux, une salle de bains rose malabar et, partout, un décor éphémère, car ici tout est à vendre : objets kitsch accumulés, mobilier de récup ou vintage chiné dans les brocantes, luminaires en crystal créés par Valérie (http://arboireau.com), barres au mètre colorées de Peter (www.peterlarsen.fr). Lieu de rencontre et espace de création, cette demeure-showroom abrite une cuisine au charme provençal, qui s'ouvre sur le jardin clos planté d'un palmier altier et cerné de couleurs et de fragrances délicieuses : orangers, figuiers, bougainvillées...

Plan p. 15, C3-D3
Alpes-Maritimes

• Valérie Arboireau et Peter Larsen
5, avenue des Mousquetaires
06100 Nice
2013@moma-nice.com
www.moma-nice.com

• 2 chambres : 90 et 100 €.
Wifi gratuit.

–> Ouvert toute l'année.

Moulin Saint-François

Plan p. 15, C3
Alpes-Maritimes

• Liliane Leroy
60, avenue Guy-de-Maupassant – 06130 Grasse
Tél. 04 93 42 14 35 et 06 09 39 99 04
contact@moulin-saint-francois.com
www. moulin-saint-francois.com

• 2 chambres : 220 € en BS, 250 € en été.
1 suite : 320 € en BS, 350 € en été.

–> Fermé Noël-2e sem. de janv.

De miel et d'or... La demeure, installée dans le quartier des parfumeurs et des nez, dans le cadre d'un ancien moulin à huile, bénéficie d'une vue quasiment ignorée des Grassois... À couper le souffle ! En contrebas des hautes falaises dentelées, un amphithéâtre naturel, avec son torrent qui dévale en cascades, un jardin en restanques planté d'oliviers, ponctué d'ifs et de cyprès. Chambres au ton de blanc et de miel. Grands balcons et successions de salons voûtés aux perspectives démultipliées par des piliers. Tout, en sa demeure, respire l'espace... Et, particulièrement, la suite avec sa chambre aux chevets échevelés, sa salle de bains en accès direct et en total look émaux verts avec la piscine.

Plan p. 15, C3

Alpes-Maritimes

• Caroline Bazetoux et Nicolas Corniglion
2, rue des Portiques – 06140 Vence
Tél. 04 93 24 42 58 et 06 15 37 22 40
contact@le2avence.fr – www.le2avence.fr

• 2 chambres : 90 et 105 € selon la saison.
1 suite(3 pers.) : 110-135 €. 1 loft (2-4 pers.) : 130-165 €.
Bistrot : plat du jour 11-15 €, tapas le ven. soir à partir de 8 €.
Wifi gratuit.

–> Ouvert toute l'année.

Le 2 Bed & Bistrot

Coups de cœur de l'auteur :

Une déco originale dans laquelle on évolue à l'aise, une situation au cœur de la vieille ville.

À voir, à faire :

Se balader dans la vieille ville, admirer la « tribune » de la cathédrale, jeter un œil aux « miséricordes » qui valent leur pesant d'humour, s'arrêter à la chapelle des Pénitents Blancs. Saint-Paul-de-Vence.

Carrément arty...

Cette adresse confidentielle est située place de la Cathédrale. À l'origine, resto, bistrot, concerto, elle s'est dotée de quatre chambres réparties au fil des quatre étages de cette demeure toute en hauteur du vieux Vence. Au premier, la « Chambre de l'Évêque » ouvre sur un univers à la fantaisie toute monacale et ultra-design entre des murs gris tourterelle et une salle d'eau aux céramiques immaculées. Ne manque que le portrait du Masque de fer pour faire pendant à l'antique grille, qu'on croirait échappée d'une prison ! Au second, la « Suite Bohême » dévoile une atmosphère presque hollywodienne autour de ses coussins et de son canapé-lit d'appoint. Très colorée sur fond de poufs-carton et tête de cerf à l'unisson, de kilims orangés et vases coordonnés. Chaise noire laquée et sol en ciment ciré. La grimpette se poursuit au troisième, où la « Chambre des Trophées » se révèle en violet entre un ancien évier en pierre pieusement conservé, des lampes boules et un tapis fleuri d'esprit slave. Design urbain encore au dernier étage, où un loft évoque le chic et le glamour des années *fifties,* hippies, chantées par Serge Gainsbourg – époque Jane, côté alcôve –, éclairée par des appliques suspendues à des tendeurs industriels – époque Bardot –, côté salle d'eau aux carreaux noirs et blancs, ensoleillés par un pan de mur jaune citron. Dans l'escalier, les tomettes cassées, volontairement laissées dans le jus de leur âge, ont cédé la place, pour quelques marches, à un ciment brut et une mini-terrasse entre les tuiles canal. Pleine vue sur le cadre des montagnes d'Azur...

Plan p. 15, D4

Corse

• Emmanuelle Vincentelli
Route de la Mer
20240 Ghisonaccia
Tél. 06 25 10 30 40
uquarcoi@yahoo.fr – www.uquarciu.com

• Chalet sur pilotis : 350 €/sem. en BS, 1 090 € en HS. Studio duplex : 400-1090 €/sem. selon la saison. Studio africain : 300 €/sem. en BS, 690 € en HS. Appartement (4 pers.) : 450 €/sem. en BS, 1 390 € en HS. Villa (6 pers.) : 750 €/sem. en BS, 1 990 € en HS. Tente lodges de luxe (de juin à mi-oct.) : 550-1 150 €/sem. selon la saison.
Draps 8 €/paire, linge de toilette 4 €/pers.
Ménage (option) : 35 €.
Piscine. Potager.

–> Ouvert toute l'année.

U Quarciu

La campagne à la mer…

On se croirait dans un bayou avec l'Azeta , un bras du Fium' Orbu, qui coule à la Méditerranée. Les hôtes d'Emmanuelle vont à la plage en barque… La jeune femme, dont les parents exploitent l'un des plus beaux campings de l'île, a été initiée dès sa petite enfance à l'art des vacances et du bien recevoir. Alors, dans son domaine à elle, sous les eucalyptus d'un vaste parc, elle a imaginé un lieu entre le ciel et l'eau, entre deux eaux, où elle a aménagé un chalet sur pilotis. On y vit à deux dans un cocon de lazures blanches, ensoleillé d'une touche coquelicot. Sur la propriété était érigé un bâtiment central. On l'a étêté pour lui dessiner une géométrie précise. Il déploie ses ailes aux enduits de terre et feuilletage de pierres. S'y sont logés quatre gîtes au décor raffiné, aux tonalités zinc et chocolat. En son centre, un studio, très retour de safari, où malles et bagages de voyage font office de placards et de table basse. Au-dessus, le plus beau des lofts avec sa mezzanine et son escalier industriel qui conduit à la chambre au lit de cuir blanc adossé à un parefeuilles noir de fumée. Mais le nec plus ultra, c'est la Villa, dernière réalisation d'Emmanuelle, au design impeccable, éclairé par des lustres Artishow sur fond de mobilier blanc. Trois chambres et deux salles d'eau au-dessus de la rivière, à deux pas de la piscine veillée par un Bouddha au sourire énigmatique qui en dit long sur la sérénité qu'il transmet aux lieux…

Coups de cœur de l'auteur :

La situation, le caractère contemporain, la manière exotique de se rendre à la plage.

À voir, à faire :

Goûter impérativement la remarquable cuisine du jeune chef au camping de Papa. Explorer les villages en nids d'aigle du Fium'Orbu.

Index alphabétique

A

B

C

D

EF

G

H

IJKL

MN

OP

RS

TUVZ

Index par prix

Sauf mention contraire, les tarifs correspondent à une nuitée, tarif de base en chambre double, en basse saison.

Moins de 70 €

Entre 70 et 80 €

Entre 80 et 100 €

Entre 100 et 150 €

Entre 150 et 200 €

Plus de 200 €

Tarifs des locations

Fourchettes de prix indicatives, se reporter aux pages des établissements pour les autres possibilités d'occupation.

Vos commentaires nous intéressent, ils nous aident à améliorer le guide.

Merci de renvoyer ce questionnaire à l'adresse suivante :

HACHETTE TOURISME
Questionnaire chambres d'hôtes
43, quai de Grenelle – 75905 Paris Cedex 15

ou guideschambresdhotes@hachette-livre.fr

1. À quelle occasion logez-vous en chambres d'hôtes ?

❏ En week-end ❏ En vacances ❏ Autres
Combien de fois par an : ....

2. Quelle source d'information utilisez-vous quand vous recherchez une chambre d'hôtes ?

❏ Des guides d'hébergement
lesquels ? ....
....

❏ Les guides de voyage
lesquels ? ....
....

❏ La presse
quels magazines ? ....
....

❏ Les sites internet
lesquels ? ....
....

3. Pourquoi avez-vous acheté ce guide ?

❏ Le titre vous a attiré
❏ La couverture vous a plu
❏ Le guide est agréable à consulter
❏ Vous connaissez le premier guide *Chambres d'hôtes secrètes* de Marie-Dominique Perrin
❏ Vous en avez entendu parler dans la presse

4. Connaissez-vous l'émission de Marie-Dominique Perrin ?

❏ Oui ❏ Non

5. Connaissez-vous les autres guides Chambres d'hôtes *de Marie-Dominique Perrin ?*

❏ Oui ❏ Non

6. Si oui, les avez-vous achetés ?

❏ Oui ❏ Non

7. Notez votre guide sur 20 :

....

8. Avez-vous apprécié ?

• Le choix des adresses sélectionnées
❏ pas du tout ❏ peu ❏ beaucoup ❏ énormément

• La quantité d'adresses proposées
❏ pas du tout ❏ peu ❏ beaucoup ❏ énormément

• La présentation du guide (les photos, la maquette)
❏ pas du tout ❏ peu ❏ beaucoup ❏ énormément

• Les textes descriptifs des adresses
❏ pas du tout ❏ peu ❏ beaucoup ❏ énormément

• Le détail des infos pratiques
❏ pas du tout ❏ peu ❏ beaucoup ❏ énormément

9. Vos commentaires, vos suggestions...

....

Vous êtes :
❏ Homme ❏ Femme
Âge ....
Profession ....
Nom ....
Prénom ....
Adresse ....
....

Vos suggestions, vos bonnes adresses

Nom de l'adresse : ....

Adresse : ....
....
....

Descriptif :..
....
....
....
....
....
....

Prix des chambres : ....
....
....

Nom de l'adresse : ....

Adresse : ....
....
....

Descriptif :..
....
....
....
....
....
....

Prix des chambres : ....
....
....

Vos suggestions, vos bonnes adresses

Nom de l'adresse : ....

Adresse : ....
....
....

Descriptif :..
....
....
....
....
....
....

Prix des chambres : ....
....
....

Nom de l'adresse : ....

Adresse : ....
....
....

Descriptif :..
....
....
....
....
....
....

Prix des chambres : ....
....
....

Vos suggestions, vos bonnes adresses

Nom de l'adresse : ....

Adresse : ....
....
....

Descriptif :..
....
....
....
....
....
....

Prix des chambres : ....
....
....

Nom de l'adresse : ....

Adresse : ....
....
....

Descriptif :..
....
....
....
....
....
....

Prix des chambres : ....
....
....

Vos suggestions, vos bonnes adresses

Nom de l'adresse : ....

Adresse : ....

....

....

Descriptif :..

....

....

....

....

....

....

Prix des chambres : ....

....

....

Nom de l'adresse : ....

Adresse : ....

....

....

Descriptif :..

....

....

....

....

....

....

Prix des chambres : ....

....

....

Marie-Dominique Perrin parcourt le monde depuis plus de vingt ans pour la chronique « Partir » de Télématin sur France 2. Mais son pays de prédilection, c'est la France. Et sa passion, dénicher les plus jolies maisons d'hôtes, gîtes et petits hôtels de charme. Pionnière en la matière, elle a collaboré à de nombreux titres de presse écrite et remporté un vif succès avec la collection des *Chambres secrètes* (Hachette). Vous pouvez aussi retrouver sa plume dans les magazines *Avantages* et *Campagne Déco*.

Marie-Dominique Perrin
Chambres
coquettes
pour
week-ends
coquins
hachette

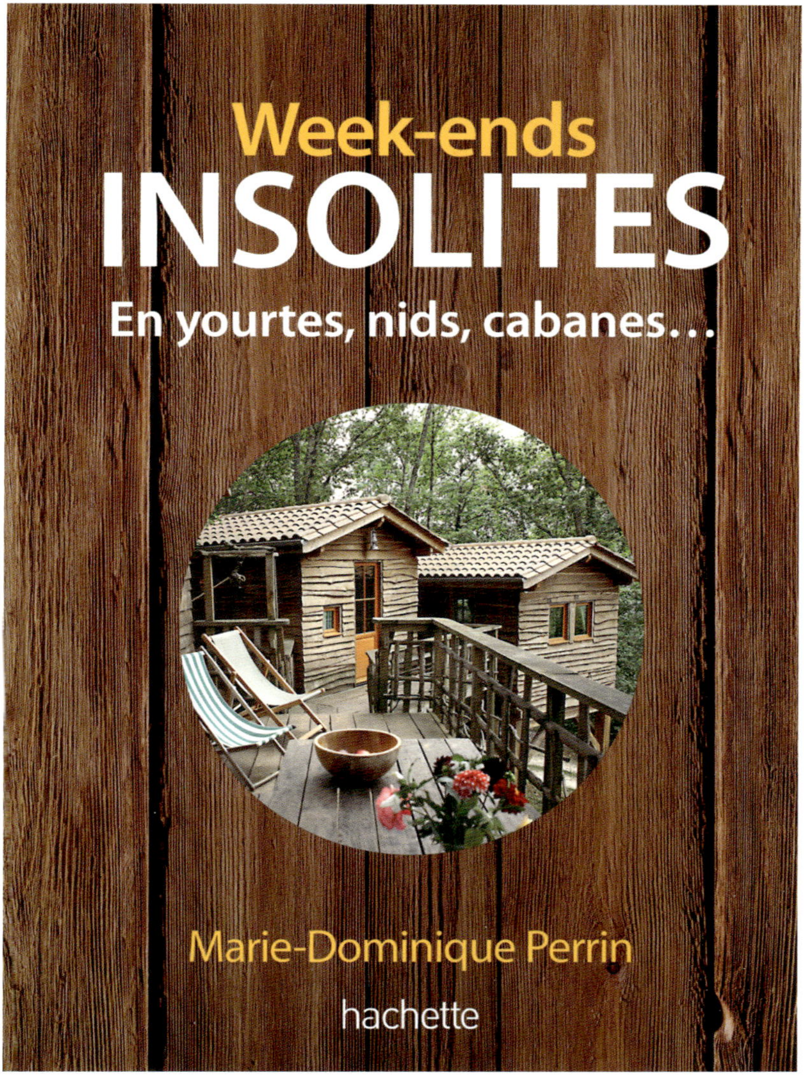
Week-ends
INSOLITES
En yourtes, nids, cabanes...
Marie-Dominique Perrin
hachette

Crédits photographiques

© Christophe Bielsa : p. 19, 20, 23

© Romain Boutiller : p. 111, 146, 168, 179, 180, 181, 182, 183, 187 (b.), 188, 189, 190, 191, 194, 195, 196

© Alain Escudier : p. 139, 142, 171

© Patrice Hauser : p. 7, 29, 30, 31, 32, 33, 34, 35, 36 (h.), 37, 39, 40, 41, 42, 43, 44, 45 (h.), 46-47, 58, 93, 94, 95, 96, 98, 141, 143 (h.), 161, 162

© Emma Luvisutti : p. 27, 66, 68, 69, 70, 74-75, 79, 80, 81 (h.), 82, 83, 84, 85, 86, 87

© Christophe Valentin : p. 16, 25, 26, 28, 45 (b.), 48, 49, 50, 51, 63, 64, 76, 77, 78, 91, 92, 97, 114, 116, 117, 118, 120, 121, 122-123, 125, 127, 128, 129, 132, 133, 134, 135, 136, 137, 143 (b.), 144, 145, 148, 153, 154, 156, 157, 158, 159, 159, 160, 164, 165, 166, 167 (b.), 176, 177, 184-185, 186, 187 (h.), 199, 200, 201, 202, 203, 204

© Jacques Lebar p. 18 ; © Hôtel Fabric p. 21 ; © François Le Prat p. 22, © Jimmy Delpire p. 24 (h.) ; © Lise-Laure Batifol batifol.e-monsite.com p. 24 (b.), © Pauline Le Goff p. 36 (b.) ; © La Corderie SPB p. 38 ; © zoo de la Flèche pp.52-53 ; © La Maison d'Élise - Le Doyenné p. 54 ; © Le Grand Monarque p. 55 ; © Arnaud Berterau - Agence Mona p. 56 ; © Franck Schmitt p. 57 ; © Marc Broussard p. 59 ; © Benjamin Dubuis www.benjdubuis.net p. 60 ; © Henri Deroche - www.henri-deroche.fr p. 61 ; © Hôtel Biencourt p. 62 ; © Steeve Richard p.65 ; © Anne Chalant p.71 ; © Matthieu Langrand - www.matthieulangrand.com p. 72-73 ; © La Villa 1901 p. 81 (b.) ; © Villa Élyane p. 88 ; © Michael Weick p.89 ; © Le Sainans p. 90 ; © Hôtel Océan p. 100 ; © Hôtel Napoléon p. 101 ; © La Maison du Baloir p. 102 ; © La Maison de Compostelle p. 103 ; © Hôtel du Verrou p. 104 ; © Mady Chastagner Prieuré du Puy-Marot p. 105 ; © La Creuzette pp. 106-107 ; © André de Lherm pp. 108-109 ; © Didier Daarwin p. 110 ; © La Singulière pp. 112-113 ; © Les Pesques p. 115 ; © Françoise Laborde p. 124 ; © José Ferré p. 126 ; © Châteaux dans les Arbres pp. 130-131 ; © Hôtel Côté Sable p. 138 ; © Fleur des Pins p. 140 ; © Annie Froumajou p. 149 ; © Le Château de Champlong p. 150 ; © Hôtel Les 4 Épices p. 151 ; © Vincent Meunier p. 152 ; © Chalet Christine - Talloires p. 153 ; © La Ferme de Cupelin p. 163 ; © La Bouitte p. 167 (h.) ; © Tristan Shubis - www.tristanshu.com p. 169 (h.) ; © Di Oriobis - www. ludovicdiorio.com p. 169 (b.) ; © Christiana Hôtel p. 170 ; © Ronan Kerloch www.ronan-kerloch-photo.fr pp. 172-173 ; © Cyril Morize - Chambres d'Amis p. 174 ; © Olivier Perrot p. 175 ; © Cathy Photographie www.cathy-photographie.com p. 178 ; © Jacques Bourboulon p. 192 ; © Manuel Zublena -www.manuelzublena.com p. 193 ; © Agence Zoom p. 197 ; © Marie-Hélène Carcanague p. 198 ; © U Quarciu p. 205

COUVERTURE :
Plat I : © Christophe Valentin (g. et d.), © Emma Luvisutti (c.)
Plat IV : © zoo de la Flèche (g.), © Romain Boutiller (c.), Christophe Bielsa (d.)

PORTRAITS DE L'AUTEUR :
© André de Lherm (couv., p. 219)

Écrivez-nous

Aussi soigneusement qu'il ait été établi, ce guide n'est pas
à l'abri des changements de dernière heure, erreurs ou omissions.
Ne manquez pas de nous faire part de vos remarques.
Informez-nous aussi de vos découvertes personnelles,
nous accordons la plus grande importance au courrier de nos lecteurs.

guideschambresdhotes@hachette-livre.fr
Hachette Tourisme
Guides Chambres d'hôtes
43, quai de Grenelle
75015 PARIS

Édition : Nohémie Szydlo
Direction artistique : Thibault Reumaux
Lecture-correction : Dorica Lucaci
Cartographie : Frédéric Clémençon et Aurélie Huot
Fabrication : Audrey Detournay

A également collaboré à ce guide : Anne-Sophie de Précourt.

Contacts Hachette publicité
Publicité : Valérie Habert, vhabert@hachette-livre.fr

Édité par Hachette Livre (Hachette Tourisme – 43, quai de Grenelle – 75905 Paris Cedex 15), 2014

Imprimé en Espagne par Gráficas Estella – Ctra : Estella – Tafalla n°2 – 31132 Villatuerta – Navarra
Achevé d'imprimer en mars 2014
Dépôt légal mars 2014
ISBN 978-2-01-245456-9 – Code article 24-5456-9 – Édition 01